北東アジア観光の潮流

大藪多可志・大内 東　編

KAIBUNDO

まえがき

経済圏がいくつかのグループに分割されるとともに観光動向も変化しつつあります。観光や環境分野におけるこれら経済圏の取り組みは、圏内のGDPなど経済指標にも強く影響を受けます。現在，北アメリカ（NAFTA），ヨーロッパ（EU），アジア（AU），アフリカ（AU），南アメリカ（メルコスール）などが一つの経済圏を構築し，各国の経済や観光交流を連携して改善・推進する努力がなされています。21世紀はアジアの世紀と称されています。将来を目して東アジアサミットが開催され，環境問題を中心に議論が行われ成果を上げつつあるところです。また，今世紀は観光の世紀とも呼ばれ，アジアにおける交流人口が指数関数的に拡大してきています。2003年4月に，日本において国土交通省が中心となりビジット・ジャパン・キャンペーン（VJC）が始まりました。これは，2010年までに訪日外国人が1000万人に達することを目標としたものです。日本の交流人口の増加は，このVJC政策によるものです。この目標を達成するためには，アジア圏からの交流人口拡大を図ることが必須です。2008年は全訪日外国人900万人（2006年は735万人）が推定され，順調に目標に向かって進行しつつあります。この目標達成にはテロや地震など災害がなく，観光地が安全・安心・快適な環境を維持していることが重要です。安全・安心な環境を維持するためにも気軽に訪問できる観光交流が重要です。地方の観光地においてもVJCの趣旨に連動し政策を構築していくべきです。アジア地域，とくに北東アジア地域においては経済や観光などの連携が可能な歴史的土壌を有しています。今世紀はアジアの世紀であり，まず，北東アジアを中心とした観光交流についてさまざまな視点から示唆を与える必要があります。

国境を越えた観光交流促進には，情報技術（IT）の利用が必須です。インターネットを利用した宿泊施設や観光施設利用予約，それほど知られていない海外観光地調査などにかなり利用されています。メジャーでない観光地もインターネットを利用すれば平等に情報を発信することができます。携帯電話や携帯端末（PDA : Personal Digital Assistant）を利用し観光情報を入手するシステムも構築されてきています。ICタグやQRコードなどを利用することにより地域ごとの詳細な情報が簡単に入手できます。地震など災害が発生すると復旧に時間が掛かり国内外訪問者の減少が続き，観光産業にとって大きな痛手となります。現状を瞬時に発信し風評被害などを軽減するのがインターネットをコアとした情報技術です。2007年に発生した能登半島・中越沖地震においても観光地の情報発信が重要な役割を果たしました。

本書は，「北東アジア観光」という括りでさまざまな視点から専門の意見を記述したものです。学問として「観光」は緒についたばかりです。観光産業に携わる方，観光を専攻する学生諸君の参考になれば幸いです。また，不備な点や不整合な点が多々あると思います。読者諸兄のご批判ご叱正をいただければ幸いです。

最後に，本書の出版にあたり終始変わらぬご尽力とデータなどの確認をいただいた海文堂出版株式会社編集部・岩本登志雄氏に心より感謝申し上げます。なお，本書の一部は2007年度文部科学省私立大学学術研究高度化推進事業，金沢星稜大学オープン・リサーチ・センター整備事業（代表 金沢星稜大学・藤井一二教授）により行われたものです。

平成20年3月

大藪　多可志
大内　東

執筆者一覧

第1章　**王　　艶平**（Wang Yan Ping）
中国・東北財経大学 旅遊興酒店管理学院 教授
旅遊学博士

第2章　**佐藤喜子光**（さとう きしみつ）
平安女学院大学 国際観光学部長

東野　　大（ひがしの だい）
日本貿易振興機構 海外調査部 国際経済研究課 課長代理

前川　直行（まえかわ なおゆき）
日本貿易振興機構 対日投資部 対日ビジネス課 課長代理

第3章　**敷田　麻実**（しきだ あさみ）
北海道大学 観光学高等研究センター 教授
博士（学術）

第4章　**堂下　　恵**（どうした めぐみ）
金沢星稜大学 経済学部 講師

第5章　**河原　俊昭**（かわはら としあき）
京都光華女子大学 文学部国際英語学科 教授

第6章　**平野嘉代子**（ひらの かよこ）
金沢工業大学 基礎英語教育センター 講師

大薮多可志（おおやぶ たかし）
金沢星稜大学 経営戦略研究科 教授
工学博士

第7章　**沢田　史子**（さわだ あやこ）
北陸先端科学技術大学院大学 知識科学研究科 研究員
金沢星稜大学 非常勤講師
博士（知識科学）

第8章　**大薮多可志**

第9章　**孫　　莉佳**（Sun Li Jia）
中国・大連民族学院 外国語言文化学院 助教授

第10章　**小磯　修二**（こいそ しゅうじ）
釧路公立大学 学長 地域経済研究センター長

第11章　**畠中　利治**（はたなか としはる）
大阪大学 大学院 情報科学研究科 助教
博士（情報科学）

第12章　**大内　　東**（おおうち あずま）
北海道大学 大学院 情報科学研究科 教授
工学博士

目　　次

第1章

中日間観光交流の促進策

「観光は平和へのパスポートである」ということがあちこちで言われています。これに関し異論を唱える人や疑問視する人はいないと思います。課題は，この「パスポート」を如何に活用していくかです。中日間の観光交流を促進するためには，その総論的意義を明らかにし，実践的アプローチを開拓していく必要があります。しかし，これまでに行われた実践は成功したとはいえません。まだ，中日間観光の繁栄期を迎えるには程遠く，いくつも難しい課題があります。

成功していない原因の一つとして，専門家の議論はただ総論的次元の問題を巡って検討し続けることに止まり，実践されていないことが挙げられます。実践に進まないということは，政策が実行されないということです。ところが，観光研究は問題解決型の学問です[1]。そのため，国際観光を研究するには，高い次元に立って総論的問題を客観的に把握・認識し，同時に観光対象に関し現状をよく観察し，実践の出発点と目標を定め，方策を立てる必要があります。本章は題目のとおり，中日観光交流を進めるため，いくつかの実行可能な方策を提供するものです。

1.1　国民の国際観光交流への期待

中国と日本の観光交流を通して，両国民が期待しているものは何でしょうか。お互い等価で交換できるものは何かを確認する必要があります。この問題と関連する以下の判断は，本章の内容的展開の基本的立脚点となります。

先進国においては，人々が，物の溢れている裕福な暮らしを送っているように見えますが，日々幸福に暮らしているとはいえないと思います。高度消費時代の到来に伴って，人間の幸せの素となる少し不足な感覚と辛抱の感覚が徐々に失われつつあります。これ以上，物的，金銭的な富を増やすのは高度消費段階にある社会において容易ではありません。先進国の国民は無くなってしまった過去の感覚を回復すると同時に，物的裕福を超えた新しいものを求めています。

途上国においては，人々が貯金を増やすために日々の暮らしを生き生きと送っています。貯金目標は，日本人から見れば大した金額ではないと思いますが，その貯金額を達成するために彼らは一所懸命に頑張っています。途上国の人々は，自分の生活環境に，先進国で回復しようとしているさまざまな豊かな生活資源が多くあるのに慣れてしまっています。中国国民も同様に未だに金銭欲や物欲の縛りを脱出していません。つまり，日本人が過剰に持っているものの中に中国民衆が欲しいものがあります。逆に中国人が過剰に持っているものに日本人が欲するものが多々あります。ところが，必ずしもその相互補完性を可能にする交易が十分に行われているとはいえません。中日間関係について考える出発点は，「友達は選択できるが隣家を選べない。隣同士が友になれば一番いい」ということにあります。この諺に従って，中日両国は近隣国として友達になるために，お互いに余裕あるものを相手の余裕あるものと交換すればよいわけです。日本の経済活動が中国に役立つこともあり，中国の生活様式が日本に貢献することもあると思います。一言でいえば，金銭と情熱，物と実感，有形と無形（心）などの交換は，中日観光交流の原動力です。

1.2　政府の国際観光交流への期待

中国政府も日本政府も両国間観光交流の大切さを認識していることは確かです。しかし，共通の認識を持っているといっても，中日観光を推進する目標の達成プロセスは，お互いに期待しているものと立場により微妙に異なります。

すなわち，共通の高次元目標を実現するために，これらの違いを認識し「大同」を求め「小異」を認め両国の立場を尊重する方策が必要です。

1.2.1　日本政府の政策的苦境

（1）表裏の相違

同一人物の表での言行と裏での言行がまったく違うことを中国では「表裏不一」といいます。このような人格は世界のどこでも褒められるものではありません。日本政府の国際観光についての言行が場所によって異なっているように思われます。たとえば，国際観光も含め発展途上国と交流を行う場合には，まず，相互理解や異文化に対する学習を通して世界平和維持を図り，大義名分となる理念を表明する必要があります。たとえば，日本国民に対しては，「2020年に中国の海外旅行者数が1億3000万人に達すると予測され，それを無視してはいけない」[2]という経済的な狙いを表明しています。すなわち，国内で議論する場合は外国観光客の財布を覗き，国外で発表する場合は友好理解を強調しています。日本に長期間滞在したことがある者としては，日本側のこうした二面性を理解できると同時に，その表裏が異なることは受け入れ難い感もあります。しかし，多数の中国国民がこのことを理解できず，「日本はずるい」という印象を持つ可能性があります。

同一の物事に対して，場合に応じて違う基準を持って考えることは，大和民族のかなり得意なことです。私はこれを「別々に」の思考法と呼んでいます。この「別々に」思考法に従って，「表裏不一」について整理すれば，日本は中国などの外国からの観光客誘致を行う場合においては経済効果を目標とし，日本人観光客を海外へ送る場合においては国際理解・親善友好などを目標とすることになります。もし，こういう「別々に」の考え方を国内外にはっきりと表明すれば，「表裏一致」をどの国からも理解してもらえ，さらに「日本は誠実だ」との高評を得るかも知れません。

（2）大切にすべきだが，軽視されるもの

日本など先進国は，コンピューター技術の導入と普及に伴い情報社会が形成され数十年が経過しています。今後，ポスト情報化社会を迎えるには，かなり

の時間を要すると思われます。情報社会に代わる新技術革命はいつ到来するのか，それはどのようなものかなどについては不明です。その飛躍的技術革新を待っている時期においては，経済成長率が低く，経済発展が現状維持の状態が続き，社会的に不安定な状態が徐々に増加します。その対策の一つとして，国際観光客を呼び込むことにより，ある程度その危機を緩和できると思います。しかし，以前より日本は経済的成功に浸り，国際観光の持っている経済社会的振興などプラスの意義を十分に認識していません。むしろ軽視しているのではないかとの感があります。一方，中国人観光者からの不法滞在者など国際観光のマイナスの効果に対し意識的，政策的に心配し過ぎるのではないかと思われます。つまり，中日間あるいは北東アジア地域における国際観光資源が持っている可能性を100％活かすのではなく，たかだか8割程度しか活かしていません。とくに，北東アジア諸国に対して日本がこのような中途半端な政策ビジョンを採用している印象を与えることは望ましいことではありません。

(3) 後現代病への処方箋

日本国民は，豊かな物質に溢れた日々を過ごすことに飽きてきています。長年，余裕ある生活により日本国民がしだいに無感覚になっていると思います。一方，少子・高齢化の進行，さらに無差別殺人事件頻発などを後現代病と呼びます。これにより先進国型社会的問題が相次いで起きています。国際観光の推進は，これらの問題に対する処方箋の一つとして，日本社会に新鮮な刺激を与え，無感覚な国民の心を温めるのに役立つと考えられます。

たとえば，2005年5月28日に和歌山大学で開催された持続可能な国際観光フォーラムにおいて，当時の日本内閣の閣僚である経済財政政策と郵政民営化担当大臣・竹中平蔵氏が特別講演を行い，重要な観点を強調しました。すなわち，日本の直面している少子化などの社会的問題の深刻さは，外国からの観光者を増やすことにより緩和できるということです[3]。日本に外国の若者を呼び，街に若い人を増やすということです。これは，日本政治家の素晴らしいアイデアだと思います。

1.2.2　中国の認識的錯覚

途上国として，中国では国際観光が国内経済発展の重要な手段であるという認識が常識となっています。ところがよく考えると，この認識は単純であり不十分です。この認識に関しあまり議論されていない次の二つの論点を指摘したいと思います。

(1)　日本より可能性のある中国経済発展

日本と中国を比較すると，経済発展を図るには，どちらがより困難であるか。絶対比較として両国の現状を述べるならば，やはり先進国として日本のほうが中国より発展しやすいと考えられます。しかし，将来の展望を相対的に比べると，先進国の代表である日本がたいへん厳しい社会的問題に直面しているといえます。一方，中国は発展レベルが劣っていますが，日本など先進国から先端技術を導入，吸収，普及することを図り，自主開発もスタートしたので発展の可能性が高いといえます。つまり，外国からの技術吸収と自主技術創造という二本足で走る中国経済は，創造のみの一本足で歩く日本経済より早く発展できる可能性があります。それゆえ，日本は国際観光促進策に関し発展の可能性が高い中国に頼っているといえます。

ところが，中国自身が政策として経済発展を国際観光事業の促進に頼り過ぎると，それは相当危険です。つまり，観光資源を持っている多数の地域が経済発展を図るのに，それを支える基盤産業と支柱産業の発展に投入する力が不足する可能性が高い。もし，全中国国民が短期金銭収入の小利のために国際観光に全力を投入し，工業や農業発展への努力を怠れば，長期的持続発展の可能性という大利が失われてしまいます。これは，「鶏を割くのに牛刀を使う」「蚊のため鉄砲を持ちだす」という例え通りの損失となります。

(2)　国際観光の正しい軌道に乖離する金銭目的

先進国から高い水準の技術を導入・学習することができるとしても，その技術を吸収するために人の資質を高めることは一日や二日ではできません。改革開放後，約28年経過した今日の中国おいて，いかに人の素質を向上させるかが大きな問題となっています。こうした現状より，具体的な地域振興戦略を策定する場合，工業技術開発を促進することの難しさを恐れ，単に目先の金銭を目的とした国際観光を重点政策に置くことは非常に高いリスクがあります。これは，国際観光が本来の道から外れる可能性もあります。なお，途上国の単に金銭を目的とする国際観光事業に，最初は日本国民も面白いと思って観光に出かけると思います。しかし，日本人も継続してお金を使っていけるほどの金持ちではなく，行きたくなくなり，本来の国際観光による国際友好交流は継続しません。

1.3　中日観光交流のモデル

これまでの分析より，中日観光事業推進に関し，両国には共通な認識もあれば，交流発展における環境面の相違もあります。これらの共通性と相違性を十分に理解し，各自の目標と方針を各々明確にし，次のステップへ進むことは北東アジア観光活性化のポイントです。

人的交流に伴って交換できるものは金銭，物質，催事，風俗です。観光の場合，景観も交換できるといえます。この4種類のものは量的にも質的にも国によって異なるので，国際補完性を持つことが必要です。中日間では，その補完性に加えて地理的近接性も相まって，この4種類のものを資源とする「観光貿易」は十分に可能性があります。

両国の4種類の観光“貿易”の差異をまとめて示すと相互に何を交換できるかがわかります。中日観光貿易資源を表1.1に示します。

表1.1に示されているように，日本人は中国へ観光に出かける場合に，お金と現代技術というお土産を持って，中国で雄大な景観を鑑賞し，美食の醍醐味を味わい，地元の中国人と交流するのが望ましいといえます。中国が提供できるものとしては，自然景観や歴史・伝統的なものです。それに加えて，田園の風景や田舎の素朴な情熱と暮らし方なども補完的な観光資源となります。中国

表1.1　中日観光貿易資源の比較

種類	中　国	日　本	分　析
金銭	全体的に多く，個人的に少ない	個人も全体も余裕	中国富裕層は出国可能
物質	お土産類	工業製品	観光記念品の補完性
風俗	田舎など伝統的風習	現代的な催事	交換可能
景観	雄大	繊細な小景観	お互いに補充

富裕層が日本へ出国する場合は，日本の工業製品を買い，景観や住民の生活に触れることを中心に観光します。

このように，中日観光交流は簡単に行うことができると思われます。重要なことは，このような観光交流が持続し，人々の交流情熱がずっと継続されるかです。観光交流は人的交流の重要な要因です。観光という舞台に民衆を組織し，両国間に人脈が作られ，持続的なコンセプトを次々と創生することが最も重要です。単調な日常生活から交流の情熱を喚起し高めていくことこそ観光のポイントです。

1.4　中日観光交流の技術的ポイント

1.4.1　縁

中日観光において，両国間にある近隣性のみならず歴史的な「縁」も大切です。この「縁」により中日間にしかない国際観光の特徴を示すことができます。つまり，中日観光を中韓観光や中露観光と差別できるものが必要です。ただし，北東アジア地域における国際観光のテーマがあまりにも関連性がなくばらばらであると，一体性に欠け発展しないと思われます。中韓観光においては，韓国からは「韓劇」などのTVドラマを介して，韓国の美しい自然風景が中国に送られ，観光誘因となっています。中露観光を考えると，やはり旧ソ連時代の革命事情が中国人に多く記憶されていますが，その時代についてはそれほど知られていません。そのため，中露両国政府が主導し，2005年度を「中露観光年」とし，年度内に200以上の行事を行い，大きな効果が得られました。ところが，中日観光の関連イベントには日本から多くの国会議員などの関係者，中国からは局長や市長レベルの関係者が個別に参加していますが，国家レベルの政府関係者はほとんど顔を出しておらず，政府の政策が見えない状況にあります。中韓・中露間の関係と比較すると，中日関係はマクロ的には親密であると思います。しかし，ミクロ的に具体的な分野は弱いといえます。これは，日本からの中日間観光事業推進が実効性のある具体的プログラムとして見えないものであり，中韓や中露のそれより遅れていることを意味しています。

歴史的に暗い戦争はとりあえず別として，中日の歴史的な「縁」には昔の唐朝時代の「遣唐使」があり，1978年からはさまざまな交流もあります。中日関係に整合した歴史的プラス要因をまとめ，中日観光をきれいな脈に沿って促進する必要があります。日本の衆議院議員・二階俊博氏が長年にわたって一人で「観光立国」に力を尽くしてきています。一例として，日中観光の「蓮の道（ロータス・ロード)」の構築[4] を進めておられます。それは日中友好の物語といえます。一人の政治家として，国民の税金を使ってこのような活動を行うのは当たり前のことであると思われるかもしれません。これを一例として，歴史の縁を整理すると同時に，現代の縁を創出すべきことを強調したいと思います。

縁は物語です。既存の中日間の物語をまとめることから始め，その物語キャリアー（story carrier）を確認し，形にすることにより中日観光を進めていくべきです。

たとえば，大連市内の南部海浜に「北大橋」という橋があります。それは，北九州市と大連市の友好都市締結を記念するため，1984 年に建設が始まり，1987 年に竣工しました。長さ 132 m の大型橋です。このような中日友好交流を記念するシンボルは中国各地にありますが，しだいに歴史的なものになってきています。北大橋はすでに 22 年の歴史を持ち，大連・北九州市の現代的縁の一キャリアーとして中日観光の一名所となりつつあります。いま一つ言いたいことは，このような縁の記念となる建築物を地域住民がよく出かける場所で建設してほしいと思います。というのは，いままで日本からの援助プロジェクトは，住民が見えないところで建てられたものが多く，公衆効果がよくないからです。

1.4.2　戦争の陰影

中日観光は，戦争の歴史的事実を回避して進めることはできません。小泉元総理大臣が在任中に数回，靖国神社参拝を行いました。中国と韓国はその参拝に反対を表明してきています。国家間の政治関係は海の波のようなもので，永遠に静かになれないものです。一般民衆や学者がコントロールし難いものです。ところが，最近，戦争の陰影を放置し中日民間観光交流を進めるべきだと強調されています。それは，未来性がなく一時的な対策です。すなわち，中日観光推進においては戦争の歴史的事実を無視するのではなく，反省と批判のみでもなく，未来志向として積極的に進めていける道を段階的に拓かなければなりません。

まず，反省と批判を通して歴史を正しく認識することは避けられない第一歩

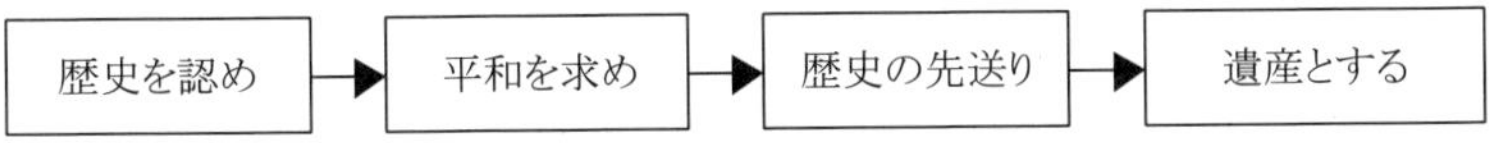

図1.1　侵華戦争に関する認識の4段階

です。第二歩は，中日両国民が平和を求める段階です。第三歩は，戦争の陰影を歴史的に過去のものとして扱うことです。最後の第四歩は，歴史の中から重要なものを選択し，遺産として博物館や記念館に保存すべきです[5]。このような戦争認識の段階的転換を軸にした中日観光事業推進の共通ビジョンを公表し，両国民がそれを共に認め，未来の道や方向がわかれば，感情対立がなく，将来のため共に力を尽くしていくことができます。

1.4.3　場所

中日観光事業は空中楼閣で行われるわけではありません。たとえば，東京でも北京でもよいのですが，現実的な場所を必須の要素としています。いままでは，中日観光を，東京や北京などのような中核都市を拠点にして進めてきて良かったといえるかもしれません。しかしながら，それらの都市は観光資源としての魅力がなくなりつつあると判断されています。この意味において，中日観光は，その観光魅力が広範囲に潜在している地方へ展開する必要があります。たとえば，中国の約1000以上の地方観光地が国際観光交流が展開できる条件を有する日本の地方と交流を始めることにより，多くの人々が中日観光の舞台に上がることができます。この国際地方間観光ルート構想は，中日観光ビジョンづくりに不可欠な新しい視点です。

先にも述べたように，改革開放により日本から中国へ経済援助プロジェクトが数多く実施されましたが，その友好関係強化が予想を下回っているのが現実です。その原因を私見として考えると，プロジェクトの立地選定がよくなく，配置も分散しており，その効果が思い通りに見えないことが挙げられます。

中国の地方観光地としては，渤海国，東北地区（旧満州），細菌受害地（ハルビン），沿岸部，経済中心地などと数多くあります。地方間中日観光地として，その観光資源の違いにより，もたらす観光効果が異なります。南の沿海地域は経済発展が進んでおり，観光地として市場性が高いが，交流性は低い状況にあります。それに対し，北方の東北地区は市場性が低いが交流性が高い。国際観

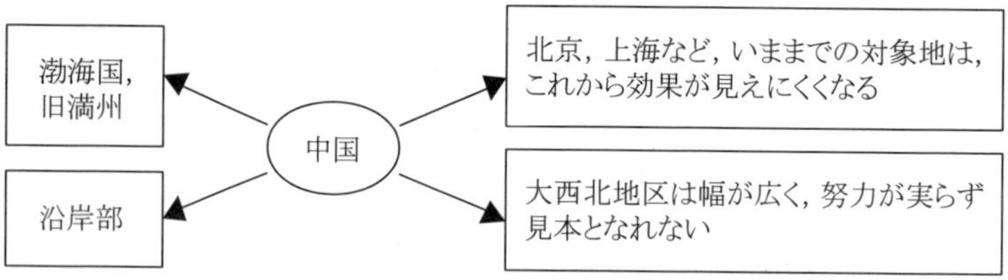
渤海国,
旧満州
沿岸部
中国
北京，上海など，いままでの対象地は，
これから効果が見えにくくなる
大西北地区は幅が広く，努力が実らず
見本となれない

図 1.2　日中観光の視点による中国地域分類

光の効果を考える場合，その交流性を重視すべきです。人口が多く，歴史的に日本との関係が深く長い東北地区は，最良の観光地であるといえます。とくに遼寧省は適地です。

遼寧省は中国東北地域の南部にあり，東は朝鮮半島と隣接し，日本と比較的近い位置にあります。その中で最も活力がある地域は，「北方の金三角」と呼ばれる遼東半島であるといえます。歴史的には，遼寧省は戦国時代に燕国に所属し，遼東郡と遼西郡に管轄されていました。それ以降，漢時代には幽州，遼金時代には東京，元時代には遼陽行省と呼ばれました。清時代初めに盛京と呼ばれ，後に奉天省と改称され，1929 年からいまの遼寧省となりました。現在，行政的には省庁都市が瀋陽にあります。その他，14 の地区級の市，17 の県級の市，19 の県，8 の自治県から構成されています。現在，全省の土地面積が 15 万 km^2 です。

遼寧省の中部が東北平原の南部に位置し，全省の地勢が南へ傾斜する地形となっています。東部と西部には高さ 500 m 程度の丘陵が多く，代表的なものとして千山と医巫閭山があります。遼西の錦州に約 100 km の臨海長廊があり，華北地域への重要な交通路となっています。気候に関しては，温暖陸地のモンスーン気候地帯に分類され，冬季が約 6 カ月と長く，年間降水量は少なく 500～1000 mm です。

農産物としては，玉蜀黍，稲，高粱，粟，大豆，落花生，タバコなどの農産品の耕作規模と生産量は黒竜江省や吉林省よりも多く，その上，遼東半島は中国果物の産地です。とくに，林檎の輸出量は全国の 3/4 を占める地域です。また水産物の海老なども全国的に有名です。

本章において，遼寧省の中で中日観光の適地として取り上げたいのは，瀋陽，大連，丹東，錦州と鞍山の下記 5 地域です。いずれも特徴のある地域です。

（1） 瀋陽

瀋陽市は遼寧省庁所在地であり，東北地域で最も大きな工業都市です。遼寧省の中心部よりやや北東に位置しています。瀋陽市は渾河が貫通し，北京–ハルビン鉄道，瀋陽–丹東鉄道，瀋陽–吉林鉄道と大連–ハルビン鉄道が交差しています。

悠久の歴史を持っている瀋陽は，紀元前200年から相当規模の都市として存在していました。明の末期1625年に清太祖ヌルハチが遼陽から瀋陽に遷都を行い，城中の皇宮（現在の瀋陽故宮）建築に取りかかりました。1643年，清の太宗皇太極が瀋陽を盛京と改称しました。日本の侵入時に，瀋陽が奉天と呼ばれるようになりました。

1949年から瀋陽市が正式に設置され，新民市などの県級の行政地方を3つ管轄し，総面積が8515 km^2 で，都市人口が約400万人です。地理的特徴としては，東が丘陵，西が遼河を軸とする河川流域です。中部が沖積平原で，北東から南西へ傾斜しています。1月は，平均気温が約-12 °C前後で一番寒い時期です。7月頃は平均気温が約25 °Cで最も暑い時期です。降雨は7，8月に集中しています。全国的重工業基地の一つとして，産業種が多く，河北省，北京，天津，内モンゴルと東北の他の地域とは密接な商業的関係を築いています。

日本と瀋陽との歴史的な関係は，1904～1905年の日露戦争の日本「勝利」から始まったといえます。その代表な機関が満鉄株式会社です。当時の「奉天市地鉄計画書」がいまも大阪公文書館に保存されています。その中で，地鉄を基軸とした市内外交通ネットワークが，都市部の住宅難解決をも視野に入れ，都市周辺部と住宅地区との交通手段として計画されています。具体的に，(a) 市内交通渋滞の緩和，(b) 郊外住宅地との交通手段整備，(c) 防空上の必要性，(d) 都邑計画との一体関係などの計画目的が明確に確立されています。(b) を除けば，瀋陽市の都市発展の現状と対比してみると50余年後のことを予見していたかのように将来性のある都市構想であったといえます。たとえば，市内の各主要地鉄路線区の整備計画には，路面電車や他の鉄道などとの連絡，衛星都市の配置問題も勘案されています[6]。この事例から，瀋陽の持つ日本との悠久な歴史関係が説明できます。

観光資源としては，清前期の故宮，北陵・東陵などが瀋陽の代表的な名勝です。それらは各々清時代初期に建てられ，皇宮建築群，清太宗皇太極と孝端文皇后・博尔済吉特氏の寝陵，清太祖努尔哈赤と皇后叶赫那拉氏の寝陵として知られています。2004年に世界遺産に登録されました。なお，北陵の中には東北抗米援朝戦死記念陵園も建造されています。

(2) 大連

大連市は遼寧省遼東半島の南部に位置しています。6区3市1県および開発区，保税区，金石灘国家観光リゾート，高新開発園区から構成され，総面積が1万2574 km^2 もある大規模海浜都市です。行政区画の総人口が約540万であり，市内6区の人口は約240万です。地理的には遼東背斜区に位置し，丘陵地形で，山地，平原と低地が散在しています。山地は千山山脈として北東から南西方向へ延びており，半島の背骨となっています。全長約1287 kmの海岸線には，川の河口が30余り，島が226個あります。また，港湾都市として温暖気候で，年平均気温が9.5 °C，年間平均降雨量が600～950 mmです。

大連の元の名称は清泥窪でした。20世紀初頭に大連と改称しました。その後1945年まで日本に占領され，大連駅や日本人町，中山広場などがいまも和風スタイルを保持しています。旅順にある203高地は日本人がよく知っていますが，中国人もよく訪れる戦争の遺跡となっています。海運関連工業区，商業区および軍事的要所として，大連の経済発展は全省でトップにあります。代表的な産業は，造船，機械，石油精錬，服飾，食品と漁業などですが，最近IT産業も著しく発展しています。

観光資源として棒槌島，老虎灘公園，星海公園，白雲山荘公園，夏家河子海水浴場，老鉄山，蛇島などの名所があります。とくに，涼水湾にある金石灘国家観光リゾートと旅順は有名です。前者は30 kmの海岸線に沿って天然海水浴場，美しい海岸，海食柱，洞窟，石林，ゴルフ場，各種博物館などがあり，観光資源が非常に豊富な名勝でもあります。

恵まれた資源条件と優れた立地条件を有する大連は，日本・韓国人にとって魅力的な観光地となっています。インバウンド（inbound）の外国人の中で日本人と韓国人の訪客数が約80 %にも上っています。これは他地域の観光客構成とは明確に異なっています[7]。大連を訪れる日本人は瀋陽より多い。表1.2に遼寧省と大連市の訪問日本人数を示します。2003年のSARSの影響で訪問者数が落ち込んだものの，復帰傾向にあります。

表1.2　遼寧省と大連市の日本人訪問者数（万人）

年	遼寧省	大連市
2002	32.01	23.4
2003	24.11	17.6
2004	38.3	19.2
2005	40.0	20.0

注：大連旅遊局担当者からのヒヤリングにより著者が作成。
なお，2004年の大連の数値と2005年の数値は，調査当時の推計数字。

(3) 丹東

丹東は軽工業紡織都市として有名であり，遼寧省東南部の鴨緑江デルタにあり，朝鮮民主主義人民共和国・新義州市と接しています。1947年に安東市として設置され，1965年に丹東市に改称しました。現在，2市と1県があり，面積が1万9176 km^2，都市人口が約58万です。75％以上が丘陵地帯であり，北高南低です。気候は大連市とほぼ同じですが，降雨はやや多く870～1200 mmくらいです。水資源が豊富で大小河川が1000本以上あり，ダムが54個も作られ，水域面積が多い地域です。

景色も気候も良く，多くの観光資源が存在しています。「東北の小蘇杭」と別称されています。1988年3月に中国政府より沿海経済開放区に指定されました。国家級鴨緑江風景区，甲午戦争遺跡，大孤山，鳳凰山，および五龍背温泉など多くの名所があります。

(4) 錦州

錦州は遼寧省の南西部に位置しています。1947年に市が設置され，現在2市と2県を管轄し，面積が1万7466 km^2，都市人口が65万人となっています。地勢としては北西から南東へ傾斜する形状です。その北西部は標高400 m以上の山地，中部が丘陵，南東が平原となっています。温暖陸地気候で，年間平均気温が10 °C前後です。400 kmにも及ぶ砂浜の海岸線があります。海産物と鉱産物が豊富にあります。元来，瀋陽と同様に中国重工業都市でした。現在では周辺鉱産資源枯渇と環境汚染などの問題が生じ，産業構造の転換を図り，地域再振興のために観光産業に重点的政策が行われています。

錦州の観光資源としては，明時代の万里の長城，清時代の柳条辺遺跡，秦漢遺跡と碣石，海浜，温泉，菊花島，興城，筆架山，医巫閭山，遼瀋戦役記念館，北魏の万仏堂石窯など多くの資源があります。なお，林檎と梨が特産として有名です。

(5) 鞍山

鞍山は遼寧省の中部に位置しています。1945年に市が設置され，現在，4642 km^2 の面積を有し，1市2県を管轄する人口128万の都市です。地形としては南東が高く北西が低い形状であり，南東から北西へ傾斜しています。東部に千山丘陵区があり，西部が平原です。中部がやや波浪状の平原です。気候は瀋陽とほぼ同じです。国家的鋼鉄生産基地の一つとして，「鉄鋼の都」とも呼ばれ，鉱業と関連産業が発展していました。現在，不況の状態にあります。

鞍山はきれいな観光地でもあります。とくに国家級風景区に指定された千山は，その険しさに加えて，「五寺，九宮，八観，十二庵」といわれる仏教観光資源を有することで有名です。なお，湯崗子温泉，千山温泉もかなり人気が高まっています。

鞍山の周辺には多くの中型都市が集まっています。それらは撫順，遼陽，営口，本渓などです。これらの都市の観光資源も，鞍山を中心とする国際広域観光交流形成に活用できます。その他の代表的な観光資源として，撫順の石炭採掘場，山の城，大火房ダム，営口の鮁魚圏海水浴場，金牛山猿人遺跡，熊岳温泉，本渓の水洞，温泉寺温泉などがあります。

1.4.4 観光資源リスト

中日観光産業にとって，各種観光資源の果たす役割が異なります。これらの観光資源の特徴的な役割としては，日中観光者の見る目線から表1.3のようにまとめることができます。中国の観光資源に注目して，本章では雄大な景観，植

表1.3 観光資源における中日観光者の目線的関係

観光資源類型	目線的特徴	政策的示唆
温泉	放散	交流できる雰囲気
植民地遺跡	対立・集中	目線対立がよくなく，前向きな引導が必要
雄大な景色	遠見・仰視	共存できるが交流不可
民俗	環視	良い交流雰囲気
演出性資源	平行	観光後の活動が必要，ホール類施設が必要

民地遺跡，温泉と民俗など4種類を重要視しています。

(1) 雄大な景観資源

雄大な自然景色を目的とした観光は中日両観光者にとって魅力があり，これまで多くの人が訪問しています。今後もこの傾向は変わらないと思われます。しかし，景色観賞のみの観光となれば，三峡，桂林，シルクロードなどの名所に限定されてしまいます。新しい観光対象を見いだすことができません。景観と交流を連携したさまざまな変化が期待できる観光資源開発が必要です。

(2) 植民地遺跡資源

日本では，しばしば植民地遺跡観光を「思い出のコース」と呼んでいます。中国では，この表現は民衆に受け入れられにくく通用しません。それらの遺跡には侵略戦争の陰影があるからです。日本国民の多くは，反省することは難しく，平和を祈ることは容易だと思います。植民地遺跡観光を考える場合，未来志向コンセプトを掲げ，多くの遺跡を修繕し保存する行動が必要です。行動しないと中日観光者にとって望ましくない結果となります。

遼寧省では日本にかかわる植民地遺跡が多い。現在，他用（事業機関占用）されているものもあれば，建築工事のため壊されたものもあります。現代化が進行する中で，多くの遺跡が消滅する危機に瀕しています。その主な建築を瀋陽，大連と丹東について以下にリストアップしておきます。

1. 瀋陽

- 張作霖府：瀋河区瀋陽路帥府巷にあり，面積が1万6163 m^2。1912年に建設。
- 北大営：大東区二台子にあり，1907年に建設。当地で1931年9月18日に抗日戦第一銃弾が発射。2005年に残った最後の遺跡も都市建設のため区画整理。住民からは，歴史的記念となるものをなくさないようにと批判が噴出。
- 柳条湖事件発生地：北大営から800 m ほど離れた旧南満州鉄道株式会社に位置。1931年9月18日に日本軍が鉄道破壊を理由に北大営中国軍隊へ攻撃開始。

- 黄姑屯張作霖被爆死亡地：瀋陽から東の撫順方面へ60 km余りに位置。ここで1928年6月4日に日本関東軍が中国軍閥張作霖を殺害。
- 日本関東軍司令部瀋陽遺跡：瀋陽市中山広場の東側にあり，現在は商業銀行の事務所。
- 大和（瀋陽）ホテル：瀋陽市中山広場にあり，現在は遼寧賓館。「満州」創立のための準備と創立宣言が宣誓された。1909～1937年まで，日本は旅順，瀋陽，長春，ハルビン，大連で5つの大和ホテルを建造。
- 奉天会戦記念碑：瀋陽蘇家屯区ヴェジャロジ付近の煙龍山の頂上に位置。日露戦争で日本が1905年3月10日ここで勝利記念のために建設。その上に“日本軍第四軍戦績碑”と記述。
- 南満州鉄道株式会社遺跡：瀋陽太原南街にあり，1934年に南満州鉄道株式会社ビルがここに建設された。現在は瀋陽鉄路局が使用。
- 奉天神社：瀋陽八一劇場の近くにあり，1920年代に建設。現在，遺跡はなし。
- 日露戦争記念碑：瀋陽中山広場の真ん中にあり，碑文は“明治37年日露戦役記念碑”と書かれ，1945年に潰された。
- 日本駐奉天総領事館：瀋陽市瀋河区北山経9号にあり，1906年に建設。1907～1917年にロシア領事館になり，1931年から日本駐奉天総領事館。その頃，日本は瀋陽，遼陽，鉄嶺，丹東，吉林，長春，延吉，ハルビン，チチハルで3つの総領事館と8つの領事館を建設。
- 南満医科大学：瀋陽中山広場の南東にあり，1911年に南満州鉄道株式会社がここに満州医科大学を建設。当年，日本軍がここで細菌人体実験を行った。現在は中国医科大学。
- 盛京拘留所：清時代の末に造られ，遼寧精密機械工場の近くに位置。満州時代に日本軍がここで大勢の中国人を拘留・殺害。
- 北陵映画館：瀋陽皇姑区に位置。1956年6月9日～7月20日まで，日本戦犯人を裁判した場所。
- 奉天市役所ビル：1931年9月18日以降に建設。土肥原賢二がここで満州瀋陽の初代市長に就任。現在このビルは瀋陽市役所の一部として利用。

2. 大連

- 白玉山塔：大連旅順の本町中心にある白玉山の上に位置。ここで戦死した日本兵の記念として建設。当時の碑銘は“表忠塔”。高さが66.8 m。山の130 m の高さを加えると塔の標高が196.8 m。町のどこからでも見える。
- 水師営会見所：日露戦争の終わりに日本・乃木司令とロシア軍司令がここで終戦に調印。
- 万忠墓：1894年11月21日，日本軍隊がロシア軍に勝ち旅順口を占領。その後，4日間に約2万の中国庶民を殺害。
- 日露牢屋：ロシア軍が1902年に建設し始め，1907年から日本軍が拡大。面積が22.6万 m^2，253部屋ある。一つの部屋は幅1.45 m，長さ1.7 m，高さ2.38 m と狭い。朝鮮民族義士・安重根もここで亡くなった。
- 東鶏冠山：ロシア軍が1898年に旅順口を占領し陸地防戦を強化するため建設した軍事施設。1997年，ここに日露戦争陳列館が建設。
- 203高地：旅順西部の高いところで，港を管理できる軍事的要所。海抜は203 m。1904年9月から12月にかけて日本軍が1.7万の兵士損失で203高地をロシア軍から奪還。乃木希典の息子もその戦役で死亡。
- 関東軍司令部旅順遺跡：旅順太陽溝万楽街に位置。1905年に日本関東軍都督府陸軍部所在地。1919年に関東軍司令部。
- 大和（旅順）ホテル：新市区文化路に位置。1931年に9.18事件後，満州皇帝溥儀が日本軍に連れられて105日間滞在。
- 紅房子：1911年から100棟の赤い建築物が大連市内寺児溝で強制された中国労働者用に建設された。苦しい生活状況の中で1942年までに3520名の「労工」がここで過労死。

3. 丹東

- 鴨緑江断橋：1911年に日本人が建設。鉄道橋で長さが944.2 m，幅が11 m。港運には影響を与えない構造。朝鮮戦争期間に米軍の空爆で断橋。

- 五龍背温泉：満州時代に湯岡子温泉と熊岳温泉とで満州三大温泉と呼ばれた。

4. 錦州：9.18 事件後，日本軍は北へ攻撃を進めると同時に，南東の錦州を経て熱河（河北）に向かう戦略を採用。1931 年 9 月 23 日に張学良が錦州に東北辺防司令官公署（戦時臨時省役所）を設置したが，4 カ月も経過しない 1932 年 1 月 2 日に錦州は日本兵に占領された。
5. 鞍山：鞍山鋼鉄公司は 1916 年に設立。当時は鞍山製鉄所とか昭和製鋼所と呼ばれた。

（3） 温泉資源

どこにおいても日本人と中国人は一目で見分けることができます。両国経済格差により生じた見分けやすさである「外観」は中日観光交流にとって望ましくありません。その視点から温泉を中日観光資源として薦めたいと思います。日本人観光客，中国人観光客および地元住民が共に温泉に入ると，交流の雰囲気が自然に湧き出てきます。日本人は温泉好きな民族です。戦時中に中国東北地区において温泉開発をしたこともあります。現在もその温泉技術は中国観光業に役立っています。大連周辺温泉開発と日本資本の関係を表 1.4 にまとめて示します。

表 1.4　大連周辺温泉開発と日本資本

温泉	大連からの距離	温泉データ	プロジェクト	日本資本の参与度
安波	150 km	73℃	スキー場と温泉	単独資本スキー場
老鉄山	50 km	43℃，日本式	温泉	井戸掘り工程
竜門湯	85 km	64℃	温泉	景観設計と管理
大黒山	45 km	25℃強	温泉リゾート	計画中，日本人参加
開発区	40 km		温泉リゾート	日本人参加予定

注：現地調査により作成

（4） 民俗

日本人観光客は中国民俗が好きだといいます。温泉や民俗的なものを体験，実感できるところにいると，良い交流の雰囲気や感情が自然とでてきます。しかし，日本人客がこのような所に行くときは必ず団体です。安全上の問題で，一人や数人の場合でも接待機関を介しています。この意味で，交流仲介機構の設立，つまり現地友人作りと接待地指定などの充実を図り，組織作りが重要な課題です。

1.5　これからの政策

1.5.1　互助型資源整備

「日本の観光客は何に興味があるのでしょうか？」このような質問をよく耳にします。中国の観光業者は何回も日本へ見学に行き，日本型観光開発の複製を行ってきました。それは，ただ「形似」（形の似）に達した複製であり，「神似」（精神的似）には程遠いものです。何百年の発展過程により蓄積し形成してきた観光文化を「神似」に模倣するのは短期間にできるものではありません。自然に発展するためには長い期間が必要です。さもなければ，中国側が日本の観光業者を招請し，中国で日本人観光客向けの施設をデザインし建設してもらうことは効率の良い構想です。また，日本側が同様に中国専門家を招請し，日本で中国人観光客向けの観光施設開発を行うことは効果が見込めます。

1.5.2　民間観光組織の建設

政治は一般庶民がコントロールできない分野です。その意味において，民間観光交流は政治と一線を画して別の推進策を採用する必要があります。日本では，このような組織が多くなりつつありますが，中国ではまだ少ない状態です。中日民間観光組織の創設を行うとき，基本作業として，まず中日関係の人脈ネットづくり，次に組織づくりと運営資金調達が必要です。そのため，中日間の民間観光事業推進基金のような資金助成体制を設置することが重要です。資金助成がなければ，民間発の中日観光交流事業促進において，「日本が積極的，中国が消極的」という中日間の組織面の不整合によって生じるアンバランスな状態を改善するのはたいへん難しくなります。中日間の国際観光は単なる観光のみとなり，真の交流を深めることができません。

中国の国土は広く，このような組織づくりを全国的に一気に進めていくことは無理があります。まず，モデルとなる組織を作り，その効果を活かして展開してみることが必要です。また，最初に作ったモデル組織が分散しないよう配慮すべきです。たとえば，前述した5つの観光地域の田舎でいくつかの村を選び，専門家の指導に従って組織づくりとその運営を試みていけば，民間観光組織の拡大が順調に進められます。

1.5.3　3対1の交流

中日両国間には日本海があり，交流には交通費が掛かります。中日間1往復に掛かる費用は，日本の観光客にとって問題にはなりませんが，中国国民にとっては大きな負担です。ところが，いつまでも日本人が訪問し中国が接待するだけの国際観光は本来の交流ではありません。ここでは，両国とも賛同できる対策として，「日本人が中国を3回訪問するのに対し，中国人が日本を1回訪問する」という「3対1型交流」を提案したいと思います。この案を実現するため，中国観光が地域的に必要以上に分散しないことが必要です。たとえば，中国の田舎は経済的余裕がなく，中国観光が分散し過ぎると経済効果が低下します。日本人観光客が何回訪問しても，中国住民はこれまでと同じ経済的制約で一回も日本へ行くことができません。したがって，中国への観光は集中しないと，観光は観光のみで終わり，他の意味での効果が出てきません。要するに，観光を超えた文化交流や価値観の交換，さらに観光による貧困脱却などの機能を持つ中日観光モデルを創出・実施することが必要です。

1.5.4　日本文化観光村

以前，中国東北地区の一部の都市において，日本人町（旧市街）が存在していました。それは日本が占領時代に造ったものです。現代の中国人にとって，「日本人町」の概念には，文字通り生活要素が含まれているので，それに対して中国庶民はあまり反感はありません。

現在，大連市開発区に入ると日本語の看板も韓国語の看板も町の至るところに別々に集中して並んでいます。日本語の看板が集中して並んでいる所はまったく日本国内と同じ町の形式と雰囲気をしており，日本そのものといっても過言ではありません。改革開放以来，日本資本の中国進出に伴い，日本の文化も根付いてきており，無職の日本人も大連に登場しています。しかし，それは主に中国側の小規模資本商業に対する政策対応によるもので，そこには日本側からの対策は見えません。

大連開発区には「五彩城」という町があります。それは，改革開放初期に小商業集中区として造られた商店街で，高級感があり知名度も高かった。経済発展に伴い当時の高級が現在の低級になっています。この町も低収入者や無職者などの暇を潰す場所になり，高級ではない町になっています。ところが，このように変化しているうちに，表通りの向こう側に一面の日本人向けの娯楽街が出現しました。そこに並んでいる店の看板，扉，窓，壁などに日本語のみが書かれ，日本国内でよく見られる駅裏と同じです。2003年に大連市内から開発区へ電車が開通しました。そして，このような五彩城駅も出現し，日本人に最も人気のある場所となっています。

それにより，大連市内に住んでいる日本人赴任者が通勤する場合，電車に乗らなかったとしても，自家用車かタクシーを利用し，彼らの「家→工場→駅→歓楽街→駅→家」という平日の仕事・生活スタイルは日本国内のそれと酷似しています。

このような現象に対し，日本文化が自然に中国へ侵入していることを憂慮するより，むしろ何らかのプラス志向の意識を持ち，積極・組織的に中国現地化した日本文化を基礎に中日観光事業を振興するための飛び地を建設すべきです。

現代の日本人観光客は，中国訪問おいて昼間は観光，夜は酒や娯楽あるいはホテルで過ごすというイメージがあります。実は日本文化はそれのみではありません。日本人は，遊びも真面目にこなし，仕事も真面目，生活も真面目という三面性を持っています。とくに，日本人が持っている「仕事も真面目」の性格と精神をいかに中国国民に示せるかが非常に意義のあることです。ところが，中国人が見ているのは遊び真面目の面だけで，仕事真面目は日系企業の工場で現れるのみで一般中国国民には見えていません。

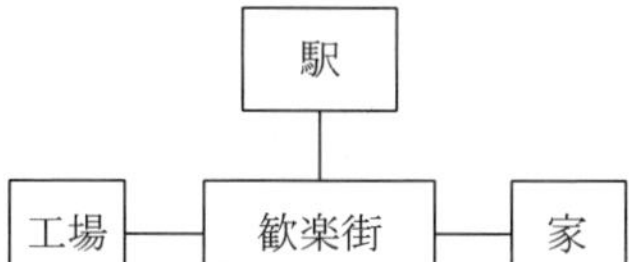

図1.3　大連開発区・五彩城駅，日本人向け娯楽街の状況

2000年に大連市内南山の下に日本風景一条街ができました。敷地は11.02 haで，建築物が4万m^2，大連新型房地産会社で建設されました。町にホテル，記念品売店，コーヒー店，日本料理屋，茶道館，といういろいろな店が並んでいます。良い観光街ですが，中国人の造った日本街なので，何となく日本国内の商店街と異なっています。やはり，日本人がそのデザインに参加し，店を運営した方が良い。日本人が参加しないと本物の日本街になりません。

大連市内より旅順南路に沿って30 kmほど離れたところに桜観光園があります。近年，市民は花への愛情が急速に高まり，毎年，桜の季節に1日2万人以上の観光者が花見のために来園します。その中に大連在住の日本人も多くいます。しかし，狭い谷で多くの車を収納できないため，道路が10 kmほど渋滞します。観光管理部門は，桜の開花期間が短いので満開の10日間だけでも渋滞を解決するよう政府から要求されています。以下に大連旅順桜園の龍王塘ダムのデザイン者を示します。日本人が多く関係していました。

- 関東庁土木課出張所長：関東庁技師工学博士 倉塚良夫
- 主任技師：関東庁技師 長澤圭五
- デザインと工事監督従業員
  工事監督主任技師：山田亀之助
  デザイン技師：大槻寿
  工事監督技師：江種武市
  工事監督主任技師：栗村泰隆
  デザイン技師：下田竹雄
  雇員：吉田拾三，山田末吉

桜園は龍王塘ダムと隣接し，ダムの下に位置しています。ダムも桜も日本人により1920年代に造られたもので，「縁」のあるものです。ダムのデザイン者は倉塚良夫氏です。氏は福岡出身で，退職前は北海道大学に勤務し，日本近代土木建築界の大物でもあります。2004年12月6日に藤井肇男の編集により出版された『土木人物事典』に氏の写真や業績やデザイン図などが掲載されています。2004年11月29日に出版された『大日本博士録』第9巻にも同氏の業績が収録されています。彼は1942年3月に北海道大学を退職し，同年9月まで著書『浄水工学』の執筆に集中しましたが，原稿を出版社へ提出し直ぐに中国旅行に

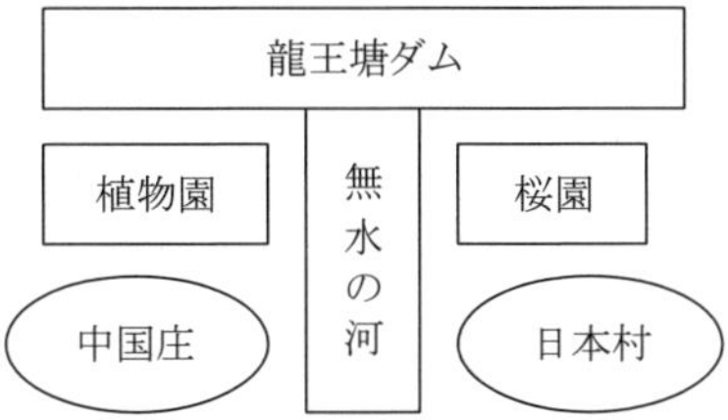

図1.4　旅順桜園「一衣帯水」配置の構想図

出かけました。残念ながら，その年の11月に旅行中に病気で亡くなっています。

この歴史的経緯を背景に桜園観光開発プラン研究が始まっています。桜園を中心に実施した現地調査結果によると，ダムの下に谷が広がっており，その谷底に排洪道が延々と伸びています。排洪道の北東側に日本建築遺跡が点々と残っており，南東側には龍王塘町があります。これらの配置の構図をよく見て考えると，周恩来元総理が早年に日中関係を喩えたときに言った「一衣帯水」という四字熟語が思い出されます。この連想からさらに既存の観光資源の配置をベースにし，この言葉の意味をイメージした旅順桜園“一衣帯水”配置の構想図を図1.4のように描くことができます。すなわち，上部の龍王塘ダムから無水の河を中心軸に日本村と中国庄を各々川の両側に配置して，日本村とダムの間に桜園があり，その向かいに植物園を整備するという構想です。このような考えが実現できるかどうか現在，関係者で検討されているところです。

このように構想された中国における日本村（街）づくりという観光資源開発が実施されると，日本の観光業資本にとって中国進出のチャンスになります。日本資本の海外進出は以前からありました。それは，中国が改革開放政策を実施し始めた直後に，日本の産業資本が中国沿岸地域開発区にまず進入しました。その後，中国観光と中国滞在によって形成された日本人主体である二つの消費市場の需要増大に伴い，日本の商業資本の海外飛び地，いわゆる民族飛び地市場が成立しています[8]。しかし，このような製造業資本ではない，産業資本の海外進出が主に百貨店の海外設立によってスタートし展開しています。それは日本人観光者を含む日本人の現地消費を支援すると同時に，中国経済発展に伴い増加している中産階層の消費[9]にも対応しています。その成功例の一つとして，マイカル百貨店があります。それは数年前に日本国内で破綻しましたが，大連支店はいまも順調に経営しています。非製造業資本である日本の観光資本も商業資本と同様に中国進出しています。ここでは，観光資本とは単に直接，観光事業に投資するお金だけではありません。資金の他に経験や物も含んでいます。観光事業に関連し換金できる，あるいは金をもたらせるすべてのもののことを観光資本とみなすべきだと考えています。最近，中国では，このような観光資本の認識が定着し，観光投資戦略の新たな理念となりつつあります。

一例として，大連市から北へ150 kmほどのところに安波温泉があります。それをメインに新興温泉地開発が1980年代から進められ，2003年12月にスキー場もその一環として開業しました。このスキー場の投資資本が日本からのものですが，開発業者は観光業者ではありません。数年前に大連の普蘭店市に進出してスキー用品製造工場を開設したSwallow Ski株式会社（本社・長野県）です。市場拡大を図り，中国国内需要向け製品開発を進めるため，雪資源の豊富な東北部のどこかにスキー場を作ることを目的に観光事業への展開を始めました。同社は，スキー工場から近く，寒さに対する近隣住民の忍耐力，およびスキー消費の潜在的ニーズなどの要因を考慮し，同市の温泉地を選び，人工スキー場を構成したとのことです。現在の収容実績を参考にすると，平均入場者数は平日100人，土日500人で，計6200人/月が見込まれています。なお，入場料などの費用が1人あたり200元で，年間運営期間を4カ月として計算すると年間売上は6448万円と推定されます。このスキー場への投資が3000万元です。オンシーズンに70人雇用し日本人社員が3人，忙しい土日に普蘭店工場からの手伝いを加え，大連の旅行社を通じて運営しています。なお，オフシーズンには日本と同じく従業員を解雇しています[10]。このようなスキー場は日本においては一般的です。大連の現地住民や外国人滞在者にとって人気のある観光施設とな

表1.5　安波温泉における日系Swallowスキー場施設一覧（2004年）

項目	1	2	3	4
スキー施設	雪造り機械4台，1日500トンの水を利用可能	200mと500mの空中ケーブル	エスカレーター付き，50mの緩斜面練習場	600mと450mのスキーコース
サービス	接待庁1階左，400人のレストラン	1階の右，雪服やスキー道具レンタル	2階，コーヒーショップ	
料金	平日2時間50元，半日90元，1日150元	土日2時間100元，半日180元，1日300元	祭日2時間150元，半日270元，1日450元	服や道具の持ち込みは使用料が1/3ほど減

っています。

以上は一例でしかありません。その意味で，日本のインバウンドに対するアウトバウンド（outbound）の赤字問題の解決，さらに北東アジア国際観光促進などを図る場合，単に外国人観光客を国内へ誘致することのみに注力することでは不十分です。新しい視点での問題認識が必要です。ここでは，日本観光資本の中国進出を切り口とし，その意義，ルート，および「Welcome Plan 21」への役割を検討し，新たな理念に基づくモデル構築を検討したいと思います[11]。

日本観光資本の中国進出といっても，それは必ずしも日本国内からの資本投資に限定しているわけではありません。すでに中国に進出した日系企業の観光産業への事業展開もその対象になります。たとえば，大連開発区には日系企業が1000社以上存在し，電子部品，洋服や蛇口生産など，中国住民が好きなものを生産しています。実は，海外進出している企業の姿そのものが国内外の観光者にとっては未開発の魅力的観光資源です。すなわち，これらの企業内や生産現場に観光ルートを設置すれば，すぐに産業観光の運営ができます。残念ながら，何回も関係者にその意向と意義を伝えヒヤリングしましたが，「それは生産に影響し，またメリットがない」といった回答がほとんどでした。その潜在的資源を顕在化し利用可能な資源にするのは重要な課題です。日本でも，すでにトヨタやYKKが産業観光を実施しています。

勤務時間外に在中国日本人が，ホテルのクラブで日本人同士でお茶を飲んだり，ゴルフをしたり，中国人女性仲間と旅行したりするのはよくある光景です。すなわち，在中国日本企業においては，組織的・個人的に時間的な余裕がかなりあり，特別の寂しさがあるものと思います。もし日本国内にいるのであれば，その余暇は多分，町づくりに利用されています。中国では無駄な時間となっています。日本国内における時間の利用方法と中国での使い方が異なります。

このような中日共有観光資源を大切にするため，中国側はもちろん『三国志』の「三顧茅芦」のように在中国日系企業へ出向き産業観光の開放を要請しています。日本政府や企業・社会もその要請に関するプログラムを提出してほしいと思います。これからは，日中観光事業促進のために課題とすべき事項が多く，いくつかのプロジェクトの実施が両国で決断されると思います。その決断の実施に向け，さまざまな考えや提案も出されています。ここで強調したいことは，必要事項をすべて検討する必要がありますが，すべて実行することは効率が悪

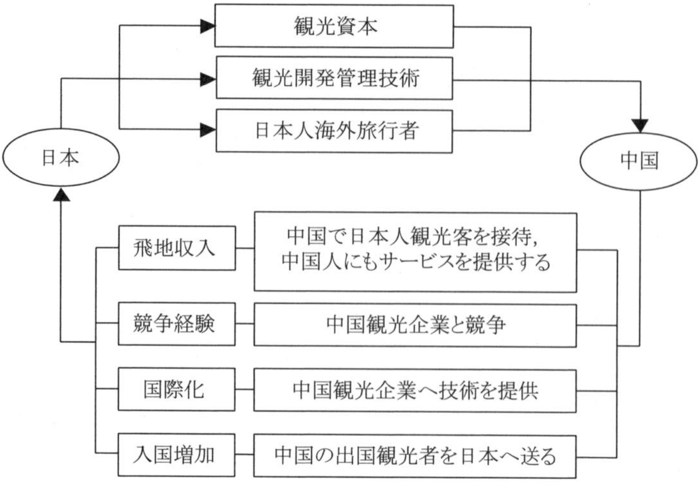

図 1.5　日本観光資本中国進出モデルの概念図

く，両国民に良いイメージを与えることはできません。著者は数年，日本に滞在した経験があります。また，帰国してからも4年間余り中日観光交流について考えてきました。その結果，「日本文化観光村プロジェクト」を最優先課題として推進することを提案したいと思っています。

中日が共有している歴史的な「縁」を観光資源として，両国観光交流を通じて中日文化交流・相互理解を促進することは非常に良い構想です。ただし，その対象となる歴史や文化などを集中化・固定化し形にする必要があります。さもないと，中国5000年の歴史が幅広い地域に分散し，無くなる可能性があります。ここで提案している日本文化観光村は形になるものです。文化・歴史などを集中した拠点として，中国で日本主催の異文化交流の基地になりえます。

なお，日本においてはすでに，中国の歴史と文化などを集中し固定化したものとして横浜中華街があります。この中華街のように，内発的地域総合体が中国にも発足すると，中日観光事業は自主的・持続的な発展軌道に乗るものと思います。これまでの中日観光事業進展について考察すると，中国からも日本からもその推進力が弱いと思います。それは，日本の場合は市場の動きによるものであり，中国の場合は政府の動きに依存するからです。日本観光資本の対中国進出を考える場合，日本政府が中国地方政府との連携を強化し，積極的にアクションを起こすべきです。この「中央対地方」の日中政府間連携のもとで，日本文化観光村を中国のある地域（たとえば市レベル）に造ることができれば，地域振興のための重要なインフラ事業となります。これは中央より規模の小さい地方政府には必ず重要視されます。すなわち，日本政府にとって中央政府レベルの連携による全面展開ビジョンより，中長期のプランを立て地方政府レベルとの連携による「一年一地」の日本文化村推進は新しい発想と政策的選択となります。日本政府と中国地方政府との連携関係は対等ではありませんが，その中日観光への効果は大きいと思います。小さな経済大国日本は大きな途上国中国を全面的には駆動できないので，中国の地方へ力を集中的に注ぎ，日本文化観光村の建設を日本政府が進めていくべきです。これは本章の結論であり，日本政府への提案でもあります。

むすび

広域的に考えると，北東アジア地域における国際観光事業は，当該地域の共同推進事業として，中国，日本，韓国，ロシア，中国台湾省などの国と地域が共同で考えるべきです。また，各立場からの議論が必要となります。この問題意識に基づいて，本章では中日間観光事業を中心とした先の分析により，以下のような結論を導出しました。

第1に，中日間国際観光推進に関し，中日間の格差がかなりあり，日本の切迫性の方が中国より高い。その効率的な推進を行うためには，日本政府と中国地方政府との協力体制の構築が必須です。中国は経済が遅れており，国土が広く，中央政府は地方政府の後方から支援する役割しか担うことができません。その反面，日本政府は中国地方政府を後援し，地方政府と肩を並べて連携し行動することもできます。

第2に，日本政府と中国地方政府との連携は必要ですが，中日観光の長期的主役である両国民が代表である民間組織主導の観光事業をスタートすることが必須であり，いまがその時期です。いくつもの民間主導の事業を開拓すべきです。

第3に，戦争の歴史的事実は回避できないので早めに反省し，平和を求め，歴史的な事実として過去のもの，すなわち「遺産」とします。戦争を歴史的遺産とすることで真の交流が可能となります。

第4に，中日観光についての大枠を検討し，技術レベルの議論に入る必要があります。それらは縁，資源，場所，組織などに関する課題です。本章では，縁の探索や，雄大な景観，植民地遺跡，温泉と民俗文化などの4種類の観光資源開発について提案しました。また，中国東北地区における日中観光モデルプロジェクトの集中的実施や民間組織の創立など，いくつかの実証的分析に基づく政策的提案を行いました。

第5に，中国における“日本文化観光村”というプロジェクトを提案しました。

【参考文献】

［1］ 田村明：国際観光都市創造の戦略，観光研究，Vol.17，No.3，pp.40–50（2006）

［2］ 岡本伸之ほか：“観光がわかる”朝日新聞社，AERA MOOK，pp.5–13（2002）

［3］ 王艷平：創造的な思考：観光研究者に必要な能力，旅遊学刊，20（5），5–6（2005）

［4］ 二階俊博：“草の根の観光交流”日本観光戦略研究所，p.211（2005）

［5］ 王艷平：植民地遺留建築遺産性に関する授業方法，旅遊学刊（人力資源と教育教学），pp.118–120（2006）

［6］ 三木理史：“水の都と都市交通—大阪の20世紀”成山堂書店，p.205（2003）

［7］ 他の地域のインバウンド客に香港とマカオなどからの中国系人が平均90％以上占める。李悦錚，姜廷宏，俞金国：大連入境観光市場現状とこれからの発展，経済地理（中国），24（3），426-429（2004）

［8］ 夏春玉，李刚：日本小売の国際経営における影響因子の分析，現代日本経済，第5号，pp.39–44（2004）

［9］ とくに1993年においても中国都市幹部の“灰色収入”が家庭収入の23％を占めていることは無視できない要素であると考えられる。劉敬文：“中国的な消費革命”日本工業新聞社，p.237（1997）

［10］ 現地調査および支配人・中島様からの聞き取りによる。

［11］ 王艷平，王曉峰：“推進中日観光発展の対策”東北亜論壇，pp.77–81（2006）

第2章

コラボ型ランドオペレーター機能の確立による観光交流の拡大

2.1　北東アジア圏内における国際観光交流の実態

UNWTO（世界観光機関）によると，2005年の世界の国際観光客到着数は8億人を突破し，過去最高を更新しましたが，日本を含むアジア地域はとりわけ著しい成長を遂げています。2005年のアジア・大洋州を訪れた国際観光客数は前年比7.4％増の1億5620万人に達し，世界全体に占める構成比も1990年の12.8％から，2005年には2割近くにも達しています。また2000年以降の年平均伸び率は7.0％と主要地域の中でも際立った伸びを示しています（表2.1）。北東アジア域内（中国・香港・台湾・韓国・日本）に限ってみても，域内の人的交流は一段と活発化しています。2004年の北東アジア域内各国・地域間の国際観光客・訪問者到着数は約9400万人と，1995年の約4500万人から10年間で2倍以上に達しています。この期間中の世界全体の国際観光客到着数は11.2％の伸びであったことと比較すると，北東アジア域内における人的交流がいかに活発なものとなっているかがうかがわれます（表2.2）。出発地別にみると，中国からの出国者が1995年の3倍以上に達したほか，香港・韓国からの出国者数も倍増しています。到着地別にみても，中国への入国者数が2.2倍となったほか，訪日外国人客数も2倍以上に達するなど，台湾を除けば総じて着実な伸びを示し

表 2.1　国際観光客到着数の推移と予測（単位：百万人）

	実績			予測値		年平均成長率(%)			
	1995	2000	2005	2010	2020	1995～2000	2000～2005	2005～2010	2005～2020
世界	565.4	689.0	808.0	1006.4	1561.1	4.0	3.2	4.5	4.5
アフリカ	20.3	28.2	36.7	47.0	77.3	6.8	5.4	5.1	5.1
米州	109.0	128.2	133.1	190.4	282.3	3.3	0.8	7.4	5.1
アジア・大洋州	82.7	111.4	156.2	205.8	416.0	6.1	7.0	5.7	6.7
欧州	313.1	396.2	443.9	527.3	717.0	4.8	2.3	3.5	3.2
中東	14.3	25.2	38.4	35.9	68.5	12.0	8.8	-1.3	3.9

出所：UNWTO（世界観光機関）統計

表 2.2　北東アジア域内における国際観光・旅行客到着数

1995年
（単位：千人）

出発国・地域	到着国・地域					
	日本	中国	香港	台湾	韓国	合計
日本		1,305	1,691	907	1,667	5,571
中国	221		2,243	—	178	2,642
香港	98	30,702		39	130	30,969
台湾	579	1,532	1,761		100	3,972
韓国	874	529	353	140		1,897
合計	1,771	34,069	6,049	1,087	2,076	45,052

2004年
（単位：千人）

出発国・地域	到着国・地域					
	日本	中国	香港	台湾	韓国	合計
日本		3,334	747	885	2,443	7,409
中国	616		7,794	—	627	9,037
香港	300	66,539		71	155	67,065
台湾	1,081	3,685	547		305	5,618
韓国	1,588	2,845	322	145		4,900
合計	3,585	76,403	9,410	1,101	3,530	94,029

1995年と2004年の比較
（単位：倍）

出発国・地域	到着国・地域					
	日本	中国	香港	台湾	韓国	合計
日本		2.55	0.44	0.98	1.47	1.33
中国	2.79		3.47	—	3.52	3.42
香港	3.07	2.17		1.80	1.19	2.17
台湾	1.87	2.41	0.31		3.04	1.41
韓国	1.82	5.37	0.91	1.03		2.58
合計	2.02	2.24	1.56	1.01	1.70	2.09

注：各国・地域の到着者数統計より作成。各国・地域の到着者の定義は次の通り。
日本：入国観光者数（国籍別），中国・韓国：訪問者数（国籍別），
香港・台湾：訪問者数（居住地国別）
出所：国際観光機関（UNWTO）

ています。

北東アジア域内での人的交流の活発化の背景としては，まず中国をはじめとするアジア域内の高度経済成長をあげることができます。アジア開発銀行によると，東アジア地域は，2002年から2006年まで年率6％超の高い経済成長率を持続しており，2007年，2008年についても8％以上の成長が続くとの予想が示されています。こうした高度経済成長を背景に，域内における貿易・投資といった経済活動も活発化しています。日本貿易振興機構（ジェトロ）によると，2004年の北東アジアの域内貿易額は2000年（4175億ドル）の74.4％増となる7280億ドルに達しており，同期間中の世界貿易額の伸び率（42.5％増）を大きく上回る伸びを記録しています。北東アジア域内における人的交流の活発化も，こうした東アジア域内における経済統合の深化の一環と捉えることができます。

高度経済成長は域内の生活水準の向上をもたらしており，同時にアウトバウンド旅行客の増加をもたらしています。各国・地域の出国者数と一人当たりGDPの関係をみると，国・地域によってばらつきこそありますが，概ね，経済水準の向上とともに出国者数も増加する傾向があり，一人当たりGDPが1万ドル程度を境に，海外への出国者数が急速に拡大している状況がうかがえます。中国の一人当たりGDPは2004年時点で1290ドルと未だ1万ドルには遠く及ばない水準にとどまっていますが，沿海部の一部ではすでに3000ドルを超える水準に

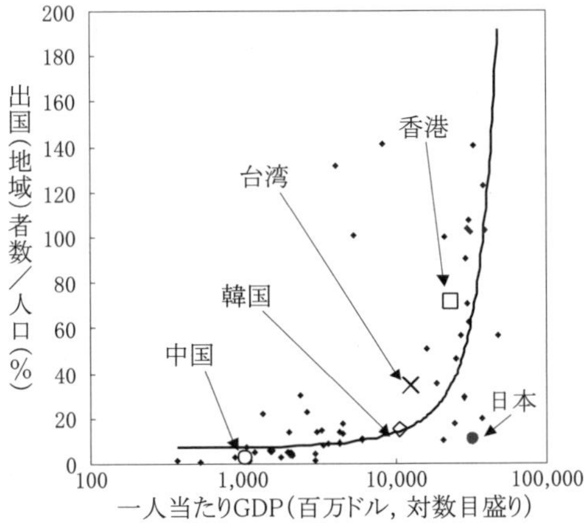

出所：IMF，UNWTO統計より作成

図2.1　一人当たりGDPと出国者数の関係（2003年）

あるといわれるほか，2005年10月に明らかとなった中国の「第11次5カ年規画」では，一人当たりGDPを2005年の1万3985元（約1707ドル）から2010年までに1万9270元（約2352ドル）へと増加させることが目標として盛り込まれています。

加えて，各国・地域における規制緩和の進展や，インバウンド・ツーリズムを積極的に推進する動きを強めていることも国際観光客増加に結びついていると考えられます。中国では1980年代から部分的に外国旅行を解禁する動きがみられましたが，1997年7月には特定国への一般団体観光が正式に解禁され，訪日旅行も1999年1月に解禁されるに至っています。また，受入国側でも査証免除措置を徐々に拡大，あるいは恒久化するといった動きが相次いでおり，日本でも，2002年のワールドカップ開催や，2005年の愛知万博を一つの契機として，北東アジア諸国・地域に対する査証免除措置などの規制緩和措置が進められており（表2.3），近年の日本における訪日アジア人客の増加の一因となっています。

表2.3　日本における査証免除の動き

対象国・地域	内容
中国	5省3市（広東省，遼寧省，江蘇省，浙江省，山東省，北京市，天津市，上海市）からの団体顧客に限定して査証発給を実施（2000年）
	中国全土からの団体観光客まで対象を拡大（2005年7月）
香港	香港特別行政区，英国海外市民旅券所持者に対して90日以内は査証不要（2004年4月）
台湾	観光客への訪日査証免除の恒久化（2005年9月）
韓国	短期滞在（観光）査証免除措置を恒久化（2006年3月）

2.2　潜在需要の規模とランドオペレーターの必要性

2.2.1　北東アジア圏内におけるインバウンド観光の展望

UNWTOの予測では，世界の国際観光客数は2010年には10億人に達し，2020年には15億人を突破するとの見方が示されています。アジアおよび大洋州の国際観光客到着数は年率で5％～7％の高成長を持続，2010年までに2億人，2020

年までに4億人を突破するとみられており，アジア地域の国際観光市場は世界のけん引役として引き続き着実な拡大基調をたどると期待されています（前掲表2.1）。こうしたなか，日本政府は2010年までに訪日外国人客1000万人（2005年時点で672万8000人）を目標としたビジット・ジャパン・キャンペーン（VJC）を展開していますが，世界の中で有力な訪日旅行市場として北東アジアの4カ国・地域（中国・香港・台湾・韓国）を含む12市場を選定し，重点地域と位置づけています。北東アジア地域からの訪日外国人旅行者数は，2000年には約207万人で，全体に占める比率は37.6％でしたが，2005年には約7割増の366万人に達し，全体に占める比率も58.2％と半数を超えるなど，日本にとって北東アジアの重要性が一段と高まっています（図2.2）。

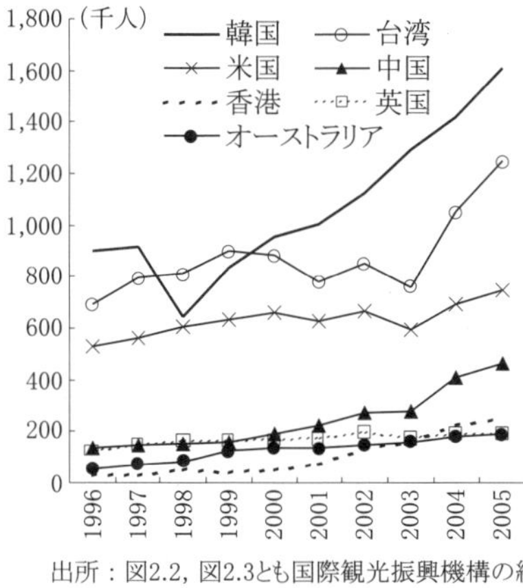

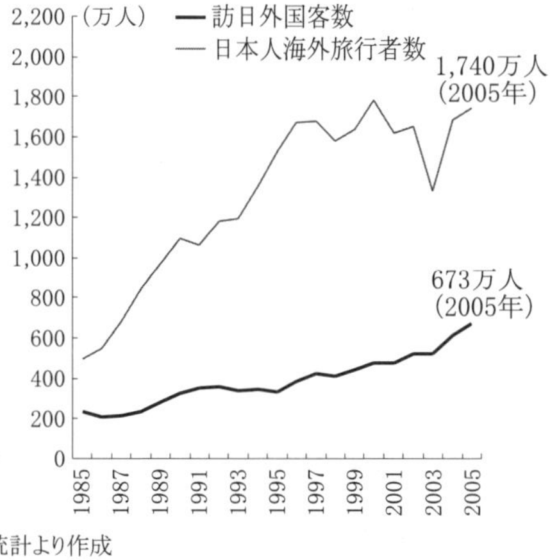

出所：図2.2，図2.3とも国際観光振興機構の統計より作成

図2.2　主要国・地域別訪日外国人客数の推移

図2.3　訪日外国客・日本人海外旅行客数の推移

2.2.2　日本国内における受入態勢整備の必要性 —ランドオペレーターの活用

わが国の現状をみると，VJCの取り組みなどを通じて訪日外国人客は着実な増加をみせているものの，国際航空運賃の低下や，個人の嗜好多様化などもあり，むしろ海外旅行客が増加し，日本からの出国者数が入国者数をはるかに上

回る状況が続いてきました（図2.3）。とりわけ経済の低迷局面が続いた2002年ごろまでは，国内団体旅行客に多くを依存してきた地方観光地の多くが経済的に窮境に立たされることとなり，「国内観光空洞化」とまで言われる状況が現出しました。

しかし，近年の北東アジアを中心とした訪日外国客の増加は，地方観光産業に一つのビジネスチャンスをもたらすと同時に，地域経済活性化の一つのきっかけともなりうると考えられます。北海道ニセコ地区（ニセコ町・倶知安町）では豪州からの観光客の増加を受け，豪州資本による投資活動が活発化しているほか[1]，九州，北陸，東北各県では訪日韓国人ゴルフ客の増加に伴い新たなビジネスが創出され，地域活性化にも資するといったケースが増加しています[2]。しかし，その多くは外国人によって魅力が発見され，ビジネスとして確立されてきているもので，いわば偶然の産物であった側面もあります。また，多くの観光地は，外国人観光客を受け入れるだけの施設が十分ではないといったハード面の問題はもとより，ソフト面（人材や組織）の面でも受入態勢が十分に整っているとは言いがたいのが現状であると考えられます。とりわけ，日本では地域の魅力に精通し，観光客にとって感動や満足を創出する仕組みが確立されておらず，その担い手も存在してこなかったのが現状です。

そこで，以下では，そうした仕組みの担い手として期待される「ランドオペレーター」について，その機能と実際のケースについて紹介した上で，訪日外国人客を円滑に誘致し，それを地域活性化に有効に結びつけていくための仕組みについてのモデルを提示していくこととします。

2.3　ランドオペレーターの実態とその機能の検討

2.3.1　ランドオペレーターの位置づけ

ランドオペレーターの位置づけを知るために，まず旅行会社に関する説明から始めます。極めて単純化すれば，旅行会社とは，観光客が観光地に行って観

[1] 日本貿易振興機構（ジェトロ）北海道貿易情報センター（2006年1月，後掲）によれば，ニセコ地域における豪州人旅行客および投資の増加により，消費5億円，投資3億円，雇用122人が創出されたとの推計が示されている。

[2] 福島県における韓国人ゴルフ客の動向と韓国資本の動向については，日本貿易振興機構（ジェトロ）経済分析部（2006年4月，後掲）を参照。

光目的を達成できる（旅行を楽しめる）ように，観光地における各種手配を事前に行い，行程管理をし，観光地への旅行を商品化し，観光地，旅行商品の宣伝をし，最終的にその旅行商品を観光客に売ることを目的とする業者です。

旅行会社の機能を分化すると，観光客を出発地において送り出す側（アウトバウンドのツアーオペレーター）と観光客を観光地において迎え入れる側（インバウンドのツアーオペレーター）に分けられます。ランドオペレーターは，観光地において観光客のために観光案内やホテル，ツアーの手配などの業務を行います。したがって，その必然性からランドオペレーターは観光地に立地します。観光地に立地するゆえに，ただ単に手配代行を行うというだけでなく，さまざまな機能を担うようになってきています。詳しくは「2.3.4 ランドオペレーターの機能」にて説明します。

なお，日本国内においては，アウトバウンドの旅行会社は旅行業法により登録が必要とされていますが，インバウンド（ランドオペレーター）についてはまったく規制はありません[3)]。

2.3.2　ランドオペレーターの発展経緯

世界的にみると，ランドオペレーターは表2.4のように発展してきました。しかし，日本国内の観光産業では，アウトバウンド事業だけが発達して，外国人を日本に誘致するあるいは日本人の国内遠隔地への観光客を対象としたインバウンド事業がこれまであまり育ってきませんでした。それは，我が国が長らくインバウンドの観光に着目していなかった弊害であると思われます[4)]。

2003年4月より国，地方公共団体および民間が，観光立国行動計画の一環として，外国人旅行者の訪日を拡大することを目的とし「ビジット・ジャパン・キャンペーン」を実施したことにより，インバウンド・ビジネスの注目度が高まってきました。最近では，次項でみるように，外資系の旅行会社の日本法人が設立され，ランドオペレーターとして事業を行うケースが出てきています。

[3)] 旅行業法第2条，第3条により，「報酬」を得て，「旅行業務」を取り扱うことを，「事業」とする場合には，旅行業の登録が必要となる。

[4)] 2005年に我が国を訪れた外国人旅行者は673万人であり，海外を訪れた日本人旅行者数（1740万人）の4割以下にとどまっている。また，諸外国と比較しても，世界第30位，先進8カ国では最下位，アジアでも第7位（2004年）と極めて少ない状況となっている。

表 2.4　ランドオペレーターの変遷

過去形　→現在形	→未来形
〈1〉 **国営（独占）型**　（民営移管） （旧社会主義国家に多い形） ＊インツーリスト（ソ連） ＊CITS（中国）	→（類型〈3〉へと進化）
〈2〉 **OUT/IN垂直統合型** （アウトバウンド企業の現地法人） ＊トーマスクック ＊JTB ＊JALPAK 〜SERVICE PROVIDER[注]を下請けに使用〜	**→完全垂直統合型の一部化** （「航空会社＋ホテル＋ ランドオペレーター＋ ホールセーラー＋ リテーラーの系列」の一部）
〈3〉 **独立系ゼネコン型** （元請け手配師／着地発ツアー手配の 一括窓口） ＊ワゴンリー ＊ミキツーリスト ＊ウニベルツール 〜SERVICE PROVIDER[注]を下請けに使用〜	**→デスティネーション・ マーケティング・オーガナイザー** （テーマに合った舞台づくり） ＊〔B2B〕：発地オペレーター向けに 生産財を提供 ＊〔B2C〕：観光客向けに消費財を提供
〈4〉 **SERVICE PROVIDER型** （単純下請事業から多機能化・進化 ＝オペレーター機能の内蔵化） ＊ホテル：バンケット・プランナー ＊レストラン：パーティ・プランナー ＊交通機関：イベント・マネージャー ＊施設：駅〜触れあい広場 農園〜アグリツーリズム 遊漁船〜エコツアー 産業遺跡〜歴史観光 ＊ガイド：山岳トレッキング・レンジャー カヌー・ツーリング・ガイド 工房の公開・体験指導	**→ウエルネス・プロバイダー** （感動・満足を創出する仕組み） 〜新しいモジュールの開発〜 ○テーマに即したサービス ○進化したナビゲーション・システム 〔コンシェルジェ，語り部， 動態情報提供システム （ツアーガイド・オン・デマンド）， 異日常世界モデレーター， 異文化体験交流の指導者 （ボランティア・NPOの活用も）〕 ○デスティネーション・マーケティング・ オーガナイザーとの連携

注：SERVICE PROVIDER
＜ハードウエア系＞宿泊施設，飲食施設，交通機関，観光施設
＜ソフトウエア系＞添乗員，ガイド，インストラクター，エンターテイナー

2.3.3　ケーススタディ

次に，ランドオペレーターの事例をみてみましょう。

アウトバウンドの事例として日系のJALPAKの事例を取り上げます。これは表2.4の〈2〉OUT/IN垂直統合型の類型の代表例と言えます。一方，アウトバウンドの事例は，ニセコの豪州系旅行会社および韓国系，二つの旅行会社の

事例をみてみることにします。これらは，表2.4の〈3〉ディスティネーション・マーケティング・オーガナイザー型の類型に近い形に進化しつつある例であると思われます。

（1） ハワイの日系ランドオペレーターの果たした役割

日本人がハワイに旅行し始めたのは，海外旅行が自由化された1964年のことです。それ以降，ハワイを訪れる日本人観光客は順調に増加し1980年代には急増し，1990年代にハワイへの日本人観光客は200万人を超えました。しかし，その後，少しずつ減少し始め2002年の統計では，148万人となっています[5)]。

日本航空の子会社JALPAKがハワイにランドオペレーターを設立したのは，1972年です。JALがパッケージツアーを販売するにあたり，現地のホテルを事前に仕入れる必要があったため進出したものです。現地のランドオペレーターの業務は，(a)ホテルの仕入れ，(b)カスタマーサービス，(c)現地アクティビティの手配などでした。日本人は欧米人のように長期滞在する習慣がないため，欧米人主体の当時のハワイにおいてホテルを仕入れるのは困難で，現地にランドオペレーターがなければ仕入れができない状況でした。また，日本人に毎日バーベーキューを食べさせるわけにはいかないので，食事メニューの指導や，日本語対応可能な現地アクティビティの施設の発掘など，日本人が快適に旅行を楽しむためにランドオペレーターは当時，不可欠な存在でした。またこのようなきめ細かいサービスがあったため，海外旅行に不慣れな日本人観光客の送客が可能であったという側面もあります。

しかしながら1990年代になると海外旅行が珍しいことではなくなり，リピーター客も増え，自由行動型の旅行が増加していきました。JALPAKでも1990年代にマイプランを開始し，自由行動型の旅行を販売し始めました。そのため，現在は，ランドオペレーターの最も大事な業務はホテルの仕入れとなっています[6)]。

設立されたランドオペレーターは，現地法人として登記されており，従業員は

---

5) ハワイへの旅行者数（JATAの海外旅行者の旅行先（受入国統計））

1998年	1999年	2000年	2001年	2002年
2,008,510人	1,835,063人	1,825,588人	1,528,563人	1,484,770人

6) 株式会社ジャルパックeビジネス事業開発部eトラベル事業推進グループへのヒアリングによる。(2006年7月7日)

ローカルスタッフの割合が9割と地元の雇用に貢献しています。雇用を創出し，観光客を誘致してくる存在がランドオペレーターであるとも言えるでしょう。

(2) 北海道ニセコの豪州系ランドオペレーターの進出事例

北海道倶知安町の調査によれば，2005年度の外国人観光客総数は9563人（宿泊延数7万6067人泊），うち，豪州からの観光客は7696人（宿泊延数6万7240人泊），昨年比83％増とほぼ2倍（図2.4），外国人観光客総数に占める割合は80.5％となっています。これを出発地の地域別に比較してみると，豪州を含むオセアニアからの観光客数の伸びが著しいことがわかります（図2.5）。その他地域には，欧州，北米，中南米，出国地を確認できなかった観光客も含まれています。

観光客数が増大するのと機を合わせるようにして，豪州から複数の旅行会社がニセコ地域に拠点を設立しました。現在，倶知安町で確認している豪州系旅行会社は，表2.5の3社です。

ジェトロ北海道貿易情報センター（後掲）によれば，豪州からの観光客がニセコにスキーで来るようになった契機は，2001年9月11日の米国連続テロにより，欧米への旅行のリスクが増大したためであるとあります。しかし，雪質や時差がないことなど地域の特性に加え，日本に拠点を構えた豪州系の旅行会社

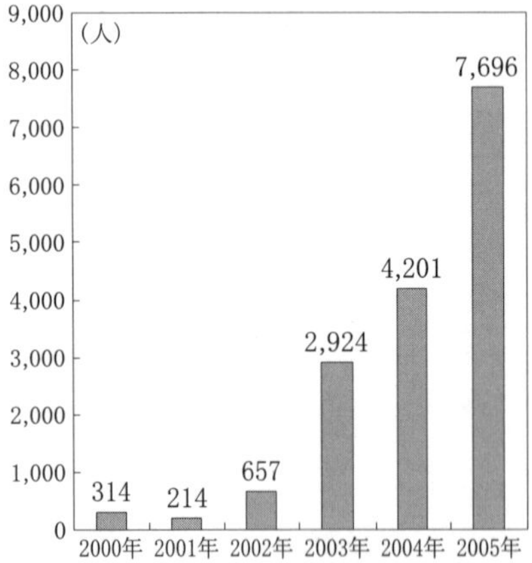

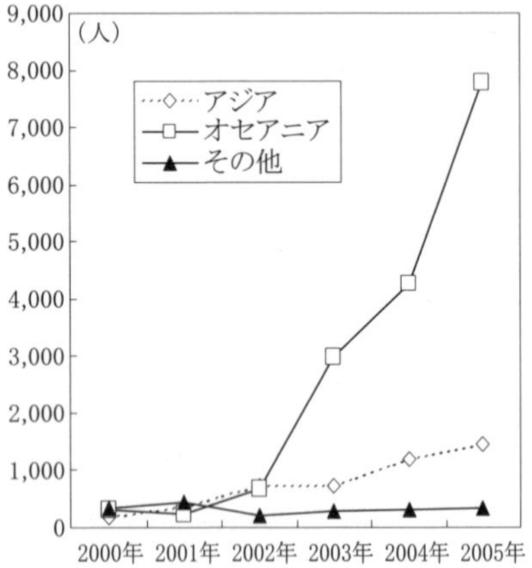

出所：年度別・国別外国人宿泊者調べ（倶知安町作成）

図2.4　豪州人観光客数

図2.5　地域別観光客数

表2.5　豪州系旅行会社[7)]

	設立年	日本法人設立	法人形態
ニセココネクション	―	2004年5月	有限会社
スキージャパン	1992年	2003年11月	有限会社
ディープパウダーツアー	1994年	2006年2月	支店

（ジェトロが電話インタビューを基に作成）

のきめ細かいサービスがあったからこそ，それら観光客をリピーターとすることができたと考えられます。

このうちの1社，スキージャパンによれば，昨冬5000人の豪州人観光客が同社のツアーを利用して日本にきているとのことです。同社のサービスの特長は，新千歳空港に降り立った豪州人をチャーターしたバスで迎えに行くこと。この出迎えが一番大事だと考えているとのことです。また，けがや病気などのときに備え24時間のサポートをしています。

倶知安町観光商工課長によれば，「以前は，富裕層で年配の豪州人ファミリーがスキーを楽しむためにニセコに来ていたが，最近では，パック旅行の観光客が増え，年代も若くなってきている」とのことです。旅行会社が拠点を構え英語での24時間対応のきめ細かいサービスを提供可能とすることで，日本未経験者などに対しても旅行商品を売れるようになったことがうかがえます。つまり，ニセコは日本に進出した豪州系ランドオペレーターにより新しい顧客・販路を獲得することができたのです。

(3)　韓国系旅行会社の九州進出

もうひとつのケース，韓国系の旅行会社の九州への進出事例についてもみてみましょう。2005年の九州への国籍別入国者数でみると韓国からの入国者数は38万人（前年比11.7％増），外国人観光客総数に占める割合は60.8％となっています[8)]（表2.6）。

[7)] ニセココネクションは，ニセコ在住の豪州人が設立した法人。豪州に拠点はない。また，同社はツアー販売会社で，子会社としてニセコグラウンドサービス有限会社がランドオペレーターである。

[8)] ジェトロ経済分析部日本経済情報課「九州の外客誘致と観光業に参入する外資系企業」(2006年7月)

表 2.6　九州への国籍別入国者数（2005 年）

		人数	前年比(%)	構成比(%)
総数		631,389	11.9	−
アジア		576,163	10.3	91.3
	韓国	383,817	11.7	60.8
	台湾	93,724	10.9	14.8
	中国	47,503	9.3	7.5
	香港	11,373	▲7.4	1.8
米国		21,071	49.8	3.3
欧州		19,425	18.2	3.1
その他		14,730	34.4	2.3

出所：法務省「入国管理統計」

年々韓国人観光客が増加する九州地域ですが，同地域にどれだけの韓国系旅行会社が拠点を構えたか明らかではありませんが，そのうち，韓国から日本への送客実績第1位を誇る「旅行博士」についてみていくことにします。

同社のビジネスモデルは，インターネットを通じた営業で格安日本旅行ツアーを主体に売上を伸ばしています。業績を伸ばしている背景には，日本国内に設立したバス会社（旅行博士観光バス）や同じく子会社として設立したランドオペレーター（光ツアー）の存在があり，最近増加傾向が見られる自由旅行層（フリープランでの個人旅行層）へターゲットを向けたことなどが考えられます。団体客から個人・グループ客層まで視野に入れた旅行商品を展開することと，子会社を持つことにより，中間マージンなどを発生させないシステムが生まれます。

旅行博士が取り扱った観光客数は，2003 年度以前は年間約 5 万人程度でしたが，2004 年に 10 万人，2005 年は 17 万人と，2004 年に法人設立してから着実に増加しています。韓国からの旅行客は団体旅行から個人旅行中心に変わってきており，博多を起点とした長崎県のハウステンボスなどへの同社の日帰りツアーが人気を博しています[9)]。韓国人にとって，韓国人通訳付きの大型バスで移動する同社のツアーは目的地までストレスなしで行けることが魅力であるとのことです。

また，2006 年 7 月には，旅行博士の子会社光ツアーが，九州電力子会社キューデンインフォコムが韓国系企画会社と立ち上げた九州観光・宿泊サイト「九州路」（韓国語サイト）と宿泊予約の販売提携を締結するなど，新しい動きも起

9) 西日本新聞ホームページ，韓流（2005 年 8 月 19 日付）

こっています[10)]。ランドオペレーターの持つ海外での広い集客網に地域の情報・魅力を載せて集客を行っているのです。

いまとなっては，韓国人観光客は九州の観光地にとって欠かせない存在であり，日本への送客実績でナンバーワンの旅行博士の存在感は大きいものとなっています。

2.3.4　ランドオペレーターの機能

ランドオペレーターの主業務は観光地における観光客のための観光案内やホテル，ツアーの手配などとなっており，その機能は多彩ですが，ここではナビゲーター機能と，モデレーター機能の重要性についてニセコと九州の事例からみてみます。

(1)　ナビゲーター機能（ツアーオペレーション）

韓国の旅行会社の事例では，韓国人のニーズに即した日帰りのツアーを組成し，うまく韓国人観光客にアピールしています。このように韓国人観光客をナビゲートすると同時に，日本側観光地も韓国人観光客のニーズに合わせるようにうまく誘導しています。

また，ニセコの例で言えば，長期滞在[11)]する豪州人のために，豪州系旅行会社では，チャーターバスでツアーを実施しています。小樽，札幌，支笏湖など観光地めぐりの他，ショッピングツアー，温泉地めぐり，体験型の寿司教室や蕎麦打ち教室，着物試着などのツアーがあります。

さらに，ランドオペレーターが観光地に拠点を構えることにより，年間を通じ収益を上げていくことが必要となります。たとえば，スキージャパンやコンドミニアム経営の北海道トラックスでは，最近，冬場だけでなく夏場の北海道観光（主にニセコ）の売り込みも始めています。その夏場の観光客誘致のターゲットをアジアに定めたことも，日本人にはない着眼点です。豪州系旅行会社は，ニセコに豪州人観光客が多く来るようになって，同地域に英語対応能力がついたことを認識しました。そのことを北海道の他の観光地との差別化の要因と捉え，夏場にアジアの中でも英語圏（シンガポールや香港）からの観光客を

10) 天神経済新聞ホームページ（2006年7月18日付）
11) 豪州人の平均滞在日数は9泊〜10泊

呼び込む戦略で，香港の「ACTION ASIA」という雑誌に広告を掲載するなどの活動も展開しています。

（2） モデレーター機能（異文化通訳）

観光客に対し，観光地の文化（異文化）を伝える機能，および観光地に観光客の母国の文化（異文化）を伝える機能もランドオペレーターの重要な機能のひとつです。

たとえば，前述ニセコの例では，豪州系ランドオペレーターにより，新千歳空港からスキー場に向かうバスの中で，2時間半ほど時間を利用して，日本での生活に関してレクチャーしています（玄関で靴を脱ぐ，日本式のお風呂の入り方など）。また，長期滞在する観光客にとって地域の文化に触れるアドベンチャー的要素が欠かせないとの観点から，同社で実施するツアーには異文化体験の機会も盛り込まれています。

一方，旅行博士でも韓国から随行する添乗員がツアー客に対し，日本におけるマナーなどをレクチャーするようにしており，文化的な摩擦による問題はこのところ沈静化しているとのことです。

逆に観光客が日本の観光地に何を求めているか伝えることも重要な役割です。ニセコに来る日本人スキー客は短期滞在なので，スキーさえできればよかったのですが，同地域にない（おそらく日本全国どこにもないであろう）長期滞在という文化を豪州人が持ち込んできました。地元社会だけではこの文化への対応を十分になしえなかったわけですが，このときも観光地に根を下ろした旅行会社が媒介となりました。行政も両者の調整に際して一定の役割を果たしましたが，行政が働きかけられる対象は日本人あるいは日本企業となるので，旅行会社の自発的な協力がなければ双方の歩み寄りという決着にはならなかったと考えられます。

また，倶知安町観光協会ひらふ支部会長が，「ニセコにはゴルフ，水泳，釣り，ハイキング，ラフティング，マウンテンバイクなど考えられるアクティビティは多くあり，長期滞在型の観光地としてのリソースがある。四季を通じて美しい景観があるので，通年型の観光地になれることに気付かされた」とコメント[12)]しているとおり，新しい価値観を外部から持ち込むこともモデレーター機能と

[12)] 倶知安町観光協会ひらふ支部会長へのインタビュー（2006年7月21日）

言えるでしょう。

加えて，最近ニセコではさらに前進を試みています。豪州人は総じて世界中のリゾートを見てきており，リゾートがどのように形成されていくかよく知っています。地元では，これら外からもたらされた知恵や文化をうまく取り込み，豪州系旅行会社と一緒になって長期滞在型・通年型のリゾート地となるための持続可能な開発を模索[13)]しているところです。

2.4　“国内観光空洞化”を越えて ―コラボ型ランドオペレーターのモデル

ここまで，北東アジアを中心とした人的交流の拡大と，ランドオペレーターの実態と機能について，国内外のケースを中心に検討してきましたが，このようなオペレーターはわが国では十分に普及していないのが現状です。以下では，地域の着地型旅行業（ATA；Area Tourism Agency）の整備と，発地側旅行会社の日本法人誘致，さらにこれらのコラボレーションを通じて，より有効に訪日外国人客の増加を図り，観光産業，ひいては地域経済活性化に資するモデルについて検討していくこととします。

2.4.1　現地受入機能を担う着地型旅行業（ATA）の整備 ―地旅オペレーターの育成

冒頭に示したように，北東アジア圏内における人的交流の活発化により，多種多様な価値観の相互認識が一段と進むことになると考えられます。とりわけ，大都市圏ほど規格化が進んでいない地方においては，その地域の個性を演出することが重要となってきます。このことは，「温泉」「テーマパーク」といった規格化された従来型の観光資源から，各地においてさまざまな顔を見せる「地場産業」や「生活文化」を含めたより広い意味で「観光資源」を捉えることで，

[13)] 2006年4月3日，倶知安町長とニセコひらふ美しい景観美観の会は，倶知安の美しい風景を守り育てるために，「ニセコひらふ地区の景観形成に関する協定書」を締結した。同協定書には，同地区における建築物の配置，建蔽率，容積率，高さ制限を盛り込んでいる。2006年7月より関係者で同協定の細部（屋根の形，色，植栽，サイン）についてさらに協議する。関係者にはニセコひらふ地区でコンドミニアムを経営する北海道トラックスなどの豪州系企業も含まれる。

より多くの可能性を見いだすことができることを意味します。すなわち，観光資源を従来の観光関連産業といったレベルから，より普遍的かつ生活に密着した視点から見ていくことが重要となってきます。

そこで重要な役割を果たすのが，地域に密着し，その魅力を十分に知り尽くした地元のナビゲーターとなります。従来，日本の旅行産業にあっては，「商品をいかにして売りさばくか」といった点に営業活動の力点が置かれ，着地における魅力を十分に引き出すランドオペレーターはほとんど存在しないという，世界的にみても稀有な状況が続いてきました。このため，わが国の地域には，魅力ある観光資源が数多く存在していたにもかかわらず，その魅力はあくまで潜在的なものにとどまり，そのことが“国内観光空洞化”の要因の一つとも言われてきました。今後は，地域に密着し，多様な個性と魅力を引き出す「地旅オペレーター」の育成が課題となってきます。

「地旅」とは，旅行着地の地元が主体となって企画運営する着地型観光商品を指し，「地旅オペレーター」が先に述べた「ランドオペレーター」としての役割を担うことになります。世界的な傾向をみると，「ランドオペレーター」は，発地オペレーター（観光客の出発地で集客機能を分担する旅行会社）向けに『観光素材』を取り扱う機能を担うホテルやレストランのバンケット・プランナーやパーティ・プランナー，あるいはイベント・マネージャーといった専門家や，観光地すべてのサービス提供を総合的に取り扱うサービス・プロバイダー型が主流となっていました。しかし，現在では，直接に観光客向けに「消費財」としての『着地型パックツアー』（観光地への到着地点から出発して域内旅行をして帰途地点までをセッティングしたGATEWAY to GATEWAY型の小旅行）を取り扱う機能を具備していく旅行会社に近い形へと発展しつつあります。すなわち，感動や満足を創出する仕組みとしての「ウエルネス・プロバイダー」としての性格を具備しつつあります。

仕組み作りにあたっては，「地旅オペレーター」の企業経営の枠組みにとらわれることなく，官公庁，さらに地域のNPO，観光協会などの公的機関やマスコミなどまで枠組みを広げた「デスティネーション・マーケティング」の視点が必要となってくると考えられます。たとえば，「地旅オペレーター」の担い手も，営利企業にとどまらず，NPOや地域のボランティア，また地域産業の担い手（農家・漁師・職人），さらに退職後地方に転居した団塊世代を活用することも検討対象となってくるでしょう。なお，2007年5月に施行された改正旅行業法施行規則により，従来，第1種，あるいは第2種旅行業者のみに認められてきた募集型企画旅行の取り扱いが，一定の要件（催行範囲の限定や，旅行代金の当日収受など）のもとで，第3種旅行業者にも解禁されました。

こうした「地旅オペレーター」の育成を通じ，潜在的なものにとどまっていた地域の観光資源の魅力に光を当てることで，見過ごされてきた資源の価値を顕在化させ，観光商品化することが可能となります。逆に言えば，日本の地域観光産業ではこの部分の開拓が進んでこなかったため，膨大な未開拓市場，すなわちビジネスチャンスが眠っているともいえます。今後，この分野に着目し，旅行会社などの事業体が新規参入してくることも想定されますが，「地旅オペレーター」の機能を長期的に維持・定着させるという観点からも，地域主導（自前）での仕組みの整備が強く求められるところです。

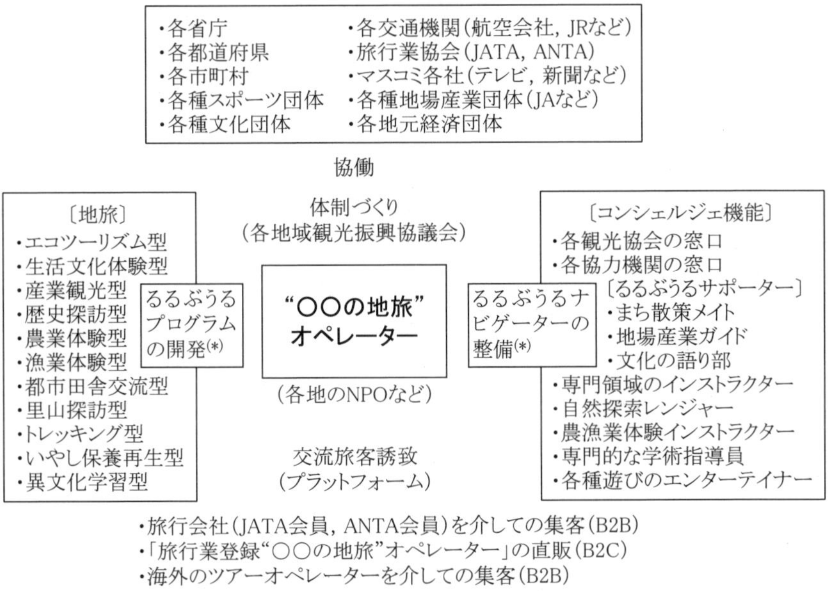

(注) るるぶうる：見て，食べて，遊んで(学んで)，買って，泊まる観光交流行動
(*)：農林水産業などを含む各種の地場産業の従業者やボランティアサポーター
“○○の地旅”オペレーター：「ディスティネーション・マーケティング・オーガナイザー」と同義
るるぶうるサポーター：「ウエルネス・プロバイダー」と同義

図2.6　課題は「“○○の地旅”オペレーター」の育成

2.4.2 発地側「ツアーオペレーター」の対日進出促進（外資・外智の導入）

訪日外国人客を円滑かつ確実に誘致するためには，発地国側が主体となった現地（受地）へのツアーオペレーターのREP（日本法人）の対日進出を促進していくことが有効な手段となります。発地側のツアーオペレーターが一度出先機関を現地に設置すると，その維持のため，計画的な送客を行うようになります。

また，発地側のツアーオペレーターは単に訪日外国人客の誘致のみならず，外国人の視点でしか見ることのできない現地の新たな魅力を発見したり，新たなビジネスモデルを生み出す可能性をも秘めています。この点，ニセコにおける豪州人によるリゾートビジネスの勃興と発展のプロセスが一つのヒントを与えてくれます。

豪州人はかつて主にカナダや欧州などのスキーリゾートを訪れることが多かったのですが，ニセコの極上のパウダースノーや母国との少ない時差，さらに雪山が低く，高山病を心配する必要がないなどといった利点が評価され，口コミでその魅力が広がりました。さらに，閑散期であった夏には，当時日本ではあまり知られていなかったラフティング（川下り）をビジネスとして立ち上げ，通年型リゾートという新たなモデルを作り上げるに至っています。この結果，ニセコでは，ヒトの流れが新たなカネ（外資）の流れを生み出し，さらなるビジネスチャンスを生み出す形で「ヒト」と「カネ」と「智恵」の連鎖が着実に育っており，地域経済の一翼を担うまでになっています。

単に外資の導入にとどまらず，新たなアイデア（「外智」）を生み出すという点でも，発地側「ツアーオペレーター」の誘致は観光振興を通じた地域経済活性化にとって重要なカギとなると考えられます。

2.4.3 「コラボ型ランドオペレーター」機能の確立（内資・内智⇔外資・外智の融合）

「地旅オペレーターの育成」および「発地側ツアーオペレーターの誘致」を踏まえた発展形として，地場のおもてなし機能（「地旅オペレーター」）と発地側ツアーオペレーターの合弁事業による「コラボ型ランドオペレーター」を仕組みとして確立することが考えられます。この「コラボ型ランドオペレーター」

に期待されるのは，モデレーター（異文化通訳機能）の強化という点にあります。すなわち，現地の魅力に精通した「地旅オペレーター」と，新たな視点を持った発地側ツアーオペレーターが協働することで，現地人が見過ごしてきた潜在的な魅力に光を当てて顕在化させると同時に，現地を訪れる外国人に新たな感動と満足を提供することも可能となると考えられます。「発地側REP」と「受地側ATA」の合弁は，単なる「外資」と「内資」といった資本面での結びつきにとどまらず，「外智」と「内智」の融合を通じてわが国の地方観光地においてみられた観光客のニーズと観光地の観光対象（観光商品）とのギャップを埋めることが可能となることを意味します。また，「異文化通訳」（モデレーター）の機能を通じて，外国人が現地を訪れる際に起こりがちな文化・生活習慣の摩擦などといった問題を最小化することも可能となります。

これまで「異文化通訳」の機能は，ニセコに移住し，ラフティングの普及を通じて通年型リゾートを開発したロス・フィンドレー氏のように，地域に造詣が深い外国人によって担われてきた側面が大きかったといえます。しかし，そのような資質を持った人材は，限られた存在であるうえ，個人の資質に多くを依存しているため極めて不安定な存在であることは否めません。そこで，発地側REPと着地側ATAの合弁という組織的な関係構築へと発展させることで，「異文化通訳」の機能を地域内に組織的に内包化し，安定的かつ永続的な仕組みとして機能させることが可能となります。言い換えれば，従来，特定の限られた人材が担ってきた役割を，それぞれ異なった機能を持つ発地国ツアーオペレ

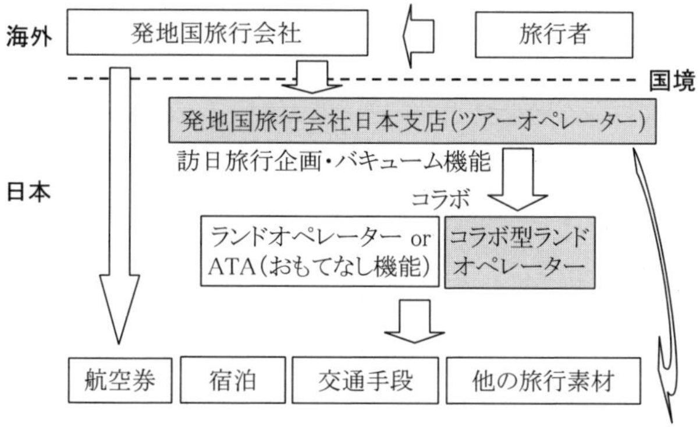

図2.7　コラボ型ランドオペレーターのモデル

ーターと着地国のナビゲーターの協働により実現しようとするものです。

地方における観光産業の活性化を地域振興へ有効に結びつける観点からも，地旅オペレーターの育成，ツアーオペレーターの対日進出促進とあわせて，コラボ型ランドオペレーターを地域主導で確立していくことを強く提言したいと考えます。

2.5 観光産業における外資系企業の動向とインベスト・ジャパン事業の活用の可能性

2.5.1 外資系企業による日本の観光産業への進出動向

日本の観光産業は，バブル崩壊後，10年余にわたる低迷が続いてきましたが，近年，国内外の資本を活用することで，再生に向かうケースが増え始めています。とくに2000年以降では，外資系企業による企業買収の動きが続いており，トムソン・ファイナンシャル社のデータによると，2000年から2005年の間に，宿泊施設では20件，娯楽施設（ゴルフ場など）では13件の買収案件が登場するに至っていますが，外資系の投資銀行や企業再生ファンドがホテルや旅館，あるいはゴルフ場などの娯楽施設を買収するといったケースが主体となっています（表2.7）。中には，日本企業と外資系企業が提携して，宿泊施設などを買収するケースもあり，とくに注目されるものとして，長野県軽井沢に拠点を置く旅館・リゾート運営の星野リゾートと米投資銀行ゴールドマン・サックスによる業務提携の動きを挙げることができます。両社は合弁会社を設立，運営（星野リゾート）と資金調達（ゴールドマン・サックス）の役割分担を明確にした上で，価格・サービスの差別化，家業経営から企業への転換，経営と所有の分離といった近代的経営手法を取り込むことで，いづみ荘（静岡県伊東温泉），白銀屋（石川県加賀温泉），古牧温泉渋沢公園（青森県三沢市）などの和風旅館の再生に取り組んでいます。ただ，このような外資系企業と日本企業の提携のケースは近年になってようやく現れてきたもので，大きな流れとして定着するには至っていません。さらに，外資系旅行代理店の対日進出や，日本の代理店・オペレーターとの合弁企業を設立したケースも決して多くなく，散見されるケースについても日本からみてアウトバウンド旅行の集客・手配を主な目的とするものが主となっています。

表 2.7　日本企業を対象とした宿泊施設・娯楽施設の M&A 件数

宿泊施設（金額単位：百万ドル）

	全体		クロスボーダー		国内企業同士	
	件数	公表金額	件数	公表金額	件数	公表金額
2000	12	590	0	0	12	590
2001	21	244	4	147	17	97
2002	15	246	0	0	15	246
2003	24	982	7	923	17	60
2004	27	15	6	—	21	15
2005	22	119	3	22	19	97
1990～1999	20	303	5	238	15	66
2000～2005	121	2,196	20	1,091	101	1,105
1990～2005	141	2,500	25	1,329	116	1,171

娯楽施設（金額単位：百万ドル）

	全体		クロスボーダー		国内企業同士	
	件数	公表金額	件数	公表金額	件数	公表金額
2000	12	173	1	—	11	173
2001	18	667	3	15	15	652
2002	15	142	1	—	14	142
2003	24	145	2	—	22	145
2004	54	360	5	2	49	358
2005	32	1,711	2	751	30	959
1990～1999	21	183	1	0	16	182
2000～2005	143	3,024	13	768	130	2,255
1990～2005	168	3,222	16	779	152	2,443

出所：トムソン・ファイナンシャル社データより作成

反面，冒頭にて紹介したように北東アジア圏からの訪日外国人は200年頃から着実に増加傾向をたどっており，また上述の「旅行博士」のように母国の観光客をターゲットとしたオペレーターが進出するケースも登場するに至っていることから，今後，外資系企業と日本企業を結ぶビジネスマッチングの機会があれば，「コラボ型ランドオペレーター」のように内外企業の提携の可能性も一段と広がってくるものと期待されます。

2.5.2　インベスト・ジャパン事業活用の可能性

この点，日本企業に対し，外資系企業とのビジネスマッチングの機会を提供する取り組みとして，現在，日本貿易振興機構（ジェトロ）を中心に進められている「インベスト・ジャパン」キャンペーンを挙げることができます。以下，その概要について紹介したうえで，同キャンペーンを活用した地域観光活性化の方向性を探ってみることとします。

(1) 政府の対日投資倍増計画とジェトロの対日投資誘致事業

2003年1月，小泉総理は施政方針演説において，日本を外国企業にとって魅力のある進出先とするための施策を講じ，5年後には日本への投資残高の倍増という目標を掲げ取り組みを実施していくことを打ち出しました。これを受けて，対日投資会議[14)]の下に設けられた対日投資専門部会[15)]は，政府目標を達成すべく，74項目からなる対日投資促進プログラム[16)]を策定しました。その中で，ジェトロは，(a)対日ビジネスサポートセンター（IBSC）の設置およびそのサポート機能の強化，(b)海外にセミナー・シンポジウムなどの広報の実施，(c)地方自治体の外資誘致活動に対する支援，(d)対日投資から得る利益，対日投資の障害についての調査分析，といった役割を負っています。

2006年6月に対日投資会議は，対日投資残高を2010年度末までにGDP 5％に倍増する対日直接投資加速プログラムを策定しました。その後，2007年12月の閣議で対日投資会議の廃止が決定されましたが，経財相の私的懇談会「対日投資有識者会議」（座長・島田晴雄千葉商科大学学長）が引き続き対日直接投資を促進することとなりました。（2008年1月29日記述）

ジェトロにおいて対日投資誘致の中心的な役割を果たすIBSCでは海外企業に対し日本進出の際の個別支援を行っています[17)]。観光関連では，すでに北海道倶知安町に進出した北海道トラックスやディープパウダーツアーなどの会社がジェトロの支援を受けて日本拠点設立を果たすなど，一定の実績をあげるに

[14)] 内閣総理大臣を議長とする閣僚レベルの会議。日本の投資環境の改善などを目的として平成6年7月に設置された。

[15)] 部会長は島田靖雄慶応大学教授，国内外の有識者，各省庁の局長級レベルで構成。平成6年9月，外国企業や民間経営団体代表などから対日投資促進に係る意見・要望を聴取するために設置。

[16)] 行政手続きの見直し，事業環境の整備（国境を越えたM&Aの円滑化など），雇用・生活環境の整備（技術者・研究者の入国資格の拡充，留学生の就職支援など），地方と国の体制整備（地方自治体の自主的な誘致取り組みを支援，構造改革特区制度活用の検討など），内外への情報発信の5つを柱とする。

[17)] IBSCでは年間1000件以上の企業から問い合わせを受け，年間100社以上がIBSCの支援を受けて日本に拠点を設立，うち3割強が地方に進出する企業となっている。

至っています。このほか，ジェトロではグループ招聘やインダストリアルツアーといった対日投資の可能性を模索する外国企業を支援するプログラムや，セミナー，シンポジウム，商談会の実施，さらにコンサルティングを通じた情報提供活動を行っています[18]。

（2） 観光分野における対日投資誘致活動

経済産業省が策定した新経済成長戦略における地域産業戦略では，地域において育成していくべき産業のひとつとして観光産業を挙げています。これを受け，ジェトロの2006年度の対日投資促進重点分野でも，ITC，バイオなどの先端分野に加え，観光分野を含む地方への進出可能性の高い分野が取り上げられています。

観光分野に関する具体的な取り組みとしては，自治体フォーラム[19]のテーマとして観光分野の外資誘致の有効性を取り上げ，自治体トップに対する情報発信を行うほか，グループ招聘プログラムを通じて，観光産業に関心を有する外国企業と地方自治体などとのマッチング[20]を行いました。

（3） インベスト・ジャパン事業を活用した地域観光産業の活性化

地方における観光産業の活性化を地域振興へと有効に結びつける観点から，地旅オペレーターの育成，ツアーオペレーターの対日進出促進とあわせて，コラボ型ランドオペレーターを地域主導で確立していくことが重要であることについては，これまで繰り返し述べてきました。しかし，このことが理解され，実際に自治体などのアクションに結びつくまでは，多少時間を見なければならないでしょう。今後，ツアーオペレーターの対日進出促進を進めていくにあたり，ジェトロの投資誘致事業と連携することも有効な手段の一つといえます。また，同時にビジット・ジャパン・キャンペーンを利用し重要市場において地元観光を盛り上げつつ，同時に投資誘致を進めていくことも効果的でしょう。

---

[18] ジェトロの対日投資誘致活動の詳細はジェトロ英文ホームページ http://www.jetro.go.jp/en/invest/investmentservices/に掲載。

[19] 2005年12月20日に対日直接投資促進に積極的に取り組む自治体の連携の場として「対日直接投資促進自治体フォーラム」が設立された（発起人代表：大阪府知事 太田房江，福岡市長 山崎広太郎）。

[20] 2007年3月に実施（主管課：対日投資部地域支援課）

同時に進めるのがなぜ有効なのでしょうか。現在の国内観光客という限られたパイを食い合う存在であるならば，外資は地元企業から受け入れられにくいと思われます。ですから，外資が来ることによりパイが膨らみ，地元が活力を増し魅力も増すというシナリオを描くことが重要になってくるのです。

北海道倶知安町のように，豪州人が持ち込んだ長期滞在と文化を消化し，国際的なリゾート地へと変貌を遂げようとしている地域もありますが，他の日本の観光地がそれを目指す必要はありません。むしろ，今後ますます経済連携の度合いを強め，裕福になっていく東アジアの中で東アジアの人間に適した観光地を目指す方が現実的でしょう。先の事例でみたように韓国人旅行者の旅行スタイルは日本人のそれとよく似ています。欧米人とは違った発想で観光地としての魅力を向上させていくことが重要なのです。中国からの観光客も大きなターゲットですが，いまの中国人の目線に合わせた観光地づくりをする必要はないのです。見据えるべきは将来のアジア交流の姿です。

ビジット・ジャパン・キャンペーンという国内観光にとっての未曾有の追い風を生かし，どのような観光地・地域づくりをしていくか，それに民間からの投資，海外からの投資を誘発する仕組みが作れるのか，戦略を策定し具体的なアクションを起こす好機はビジット・ジャパンおよびインベスト・ジャパンが実施されているいまをおいて他にはありません。

【参考文献】

[1] 国際観光振興機構：“国際観光白書2006”（2006年6月）

[2] 国土交通省：“平成18年版観光白書”（2006年7月）

[3] 佐藤喜子光：“めざせ！ カリスマ観光士”同友館（2003年4月）

[4] 佐藤喜子光：“観光を支える旅行ビジネス”同友館（2002年11月）

[5] 日本貿易振興機構（ジェトロ）経済分析部：“観光再生を通じた地域活性化”（2006年4月）

[6] 日本貿易振興機構北海道貿易情報センター（委託先：国際貿易投資研究所）：“ニセコ地域における外国人の観光と投資状況に関する報告書”（2006年1月）

[7] 日本貿易振興機構：観光再生を地域活性化に活かす，ジェトロセンサー，2006年5月号

第3章

自律的な観光による持続可能な地域づくり —エコツーリズムからの試み

もしあなたが地域づくりにかかわっていれば，エコツーリズムという言葉を一度は使ったことがあるでしょう。たとえ，直接かかわっていなくても，メディアで使われているのを目や耳にしたことは多いと思います。エコツーリズムに特別な関心がなくても，「エコ」がついているので，おそらく「環境にやさしい観光」なのだろうと想像できるでしょう。そのとおりです。エコツーリズムは，環境に配慮しながら観光を楽しもうという，新しい観光です。

これまでの観光は，ともすれば観光地の環境や社会に対する思案は少なく，単に観光する場所として観光地を考えていました。その結果，観光の弊害と呼ばれるさまざまな問題が観光地で起きました。そこで，いままでの観光ではない「新しい観光」が望まれるようになり，その一つとして生み出されたのがエコツーリズムです。

しかし，先進地といわれている西表島や小笠原などでエコツーリズムの具体的な事例が生まれていても，エコツーリズムの持つ意味や地域でそれをどう進めるのかが十分に議論されていません。そのために，優れた地域づくりツールでもあるエコツーリズムが，単に「新しい観光」としてしか扱われないことも多くあります。とはいえ，現実にエコツーリズムが各地で実践され始めている以上，観光関係者[1)]であれ，地域づくり（地域振興）関係者であれ，新しい動

---

1)「観光事業者」とほぼ同義だが，地域には専業ではない観光事業者もいるので，ここでは

きであるエコツーリズムについて理解を深めることは重要です。

そこでこの章では，1990 年代後半から国内の地域づくりの現場で注目され，また観光分野でも大きな期待を集めている「エコツーリズム」について考えたいと思います。そして単に新しい観光としてのエコツーリズムを紹介するだけではなく，これからエコツーリズムをどのように扱ったらいいのか，それをどのようにして推進するのか，などにも言及します。またとくに，観光の目的地となる「地域」でエコツーリズムをどう推進するのかということに重点を置きました。さらに，持続可能な社会や地域の重要性が強調される今日，持続可能な地域にするためにはエコツーリズムなども含めた観光とどう付き合っていけばいいのかに関して議論したいと思います。

3.1　観光と地域のかかわり

3.1.1　地域社会や経済と観光

観光客[2)]は単に観光地を眺めて通り過ぎていくのではありません。観光客と観光地（正確には，観光地側の観光関係者や地域住民）はさまざまな形で接触します。こう説明するとみなさんは，たとえば，みやげ物店の店先，観光地のレストランを思い浮かべるでしょう。その場合に観光客は，相手である地域側の関係者（観光業者）から商品やサービスを提供してもらい，それに対して代金を支払うということになります。ですから一時的，経済的なつながりだけであるように思えます。

しかし観光は「人気商売」ですから，多数の観光客を呼び寄せるための宣伝やみやげ物などの商品調達を日々行い，それを観光動向や観光客の嗜好に従って敏感に変化させています。そして，繰り返し観光客が訪れると，それに対応

「観光関係者」とした。実際には，ホテルなどの宿泊施設やみやげ物店の経営者・従業員，そこに商品を納入するさまざまな事業者が含まれる。環境省などでは，エコツーリズムの場合に「エコツアー事業者」を用いているが，事業を行っていないボランティア解説者なども含めて，ここでは観光関係者とした。

2)「観光者」や「ツーリスト」と表記する場合も多いが，ここではあえて一般の読者を想定して「観光客」と表記した。なお「観光」の定義はUNWTOの統計の定義に従い “the activities of persons travelling to and staying in places outside their usual environment for not more than one consecutive year for leisure, business and other purposes.” と本章では捉えている。

して好まれる商品を地域外から仕入れたり，観光客の好みそうな店舗に建て直したりなど，「観光地としての努力」をします。

観光地としての評判が高まると，いっそう多くの観光客が訪れるようになります。すると今まで個別に起きていた変化がまとまって起こり，また規模が大きくなるのです。たとえば，観光客の乗る自家用車の一時的な集中で，地域の生活道路が混雑します。また，みやげ物店やホテルの進出による，町並みなどアメニティの劣化が起きるでしょう。そうした変化には地域内の観光関係者だけではなく，地域外の観光関係者や資本の参入を伴うのがふつうです。

世界文化遺産として有名な岐阜県の白川郷は，合掌造り集落の景観保全先進地として紹介されてきましたが，年間約140万人（2005年度）の観光客が人口2000人ほどの村に集中することで，交通渋滞や景観の変化が起きています。全国的に評価の高い観光地である湯布院もまたその例外ではなく，景観保全や規制の努力と開発圧力の間で揺れてきました。

もちろん，観光地で起こる変化がすべて悪いというわけではありません。観光客という「よそ者」との出会いから，地域住民が自らを積極的に「変容」させることもあります。良い意味での刺激を観光から受けて，新たな技術や制度を導入したり工夫したりすることもあるでしょう。外部の観光客の目を意識することで，地域の景観整備や文化遺産保全を進めるという話はその例です。世界自然遺産や文化遺産のような「タイトル」を受けることでそれをいっそう進めようという動きも各地であります。

しかし，このような地域側自身による変容より，観光地化による変化に地域が「巻き込まれる」ケースがいかに多いかは，実際の観光地を見るとよくわかります。その場合でも観光に直接かかわる観光関係者は，主体的にその変化を選び取ることができます。しかし観光現象と直接関係のない地域住民は，好むと好まざるとにかかわらず，観光の振興によってふだんの生活にも影響が及ぶ，変化の受け手になりがちです。

3.1.2　地域の自然環境と観光

それでは，観光の影響を受けるのは地域の社会や経済，つまり，私たちの生活や町並みなどの人工的なアメニティだけでしょうか。

実は私たちの周囲にある地域の自然環境[3)]も大きく影響を受けます。観光は「見るだけ」なのだから，自然環境には影響はないという主張はかなり説得力があります。大勢の観光客が，すばらしい景観やめずらしい動植物をデジタルカメラや携帯電話で写していきますが，彼らは観光地の自然環境に「影響を与える」ことをあまり意識していないでしょう。写真などいくら撮っても自然環境には影響はないように思えますし，植物に触れたり，動物を追い回したりすることはまれだからです。

しかし実際には，多数の観光客がめずらしい動植物を見に来ることで，その生息地の環境が悪化したり，野生生物の行動が変化するなどの影響が出ます。また関心が高まったことで観光客が増加し，一部の人たちですが，立ち入り禁止の場所に入って写真を撮るなど，本来は保全したい自然環境やそこに生息する動植物にその行動が悪影響を与えます。おそらく当人は「わずか一人くらいで」という意識でしょうが，多数の観光客が訪れる観光地では，それが一人ではすまないのです。

実際，優れた自然環境で評価が高い地域，たとえばダイビングで有名な小笠原では，南島の観察路のコウライシバが観光客の踏みつけで裸地化した例（図3.1）などが報告されています。一人ひとりの踏みつけはそれほどではなくても，人数や頻度が増えれば深刻な問題となります。こうした現象はとくに登山でよく観察されており，登山者の集中する登山道は，幅が広がったり侵食が進んだりして，結果的に周辺の高山植物の植生にダメージを与えています（図3.2）。

とくに世界自然遺産に選ばれた白神山地のような「手つかず」，またはそれに近い貴重な自然環境が観光のターゲットになる場合にはより深刻です。日常生活では接することができない，身近にない自然環境を体験したいと考えている観光客は多いので，保護や保全がなされている「価値の高い」自然環境が観光対象となる傾向は多大です。その結果，より手つかずのものへ，より本物へと，保全や保護を進めている自然環境にまで観光客が接近します。対応する観光関係者も観光客の満足度を上げるために，ついつい「コア」となっている場所にまで案内しがちです。

[3)] 以下，広義の「生態系」とほぼ同じ意味で使用している。ここでは，景観も含めて「自然環境」と総称する。

図3.1　遊歩道に集中する観光客
（小笠原諸島南島／東京都）

図3.2　登山者の踏みつけで「複線化」した登山道（白山国立公園／石川県）

図3.3　ホエールウオッチング
（フレーザー島沖合／オーストラリア）

図3.4　タンパ観光のシンボルに使われるマナティー
（タンパ／米フロリダ州）

また，野生動物や植物，とくに大型のそれは容易に観光対象となります。屋久島の縄文杉やホエールウオッチングにおけるイルカやクジラ（図3.3）はそのわかりやすい例です。観光関係者も，文化や習慣などの見えにくいものよりも，大型で目立つ動植物は訴えるイメージを表現しやすく，パンフレットやインターネットでも使いやすいので，観光地の「シンボル」として用いる傾向があります（図3.4）。

評価が高く，規模が大きい自然環境はもちろん，規模が小さい自然環境は多数の観光客が訪れることでいっそう深刻な影響を受けます。たとえば，高山植物の花が咲く夏期の高山帯は，写真愛好家が多数訪れるスポットとなりやすく，よりクローズアップで撮りたい彼らの踏み込みによる植生の消失が問題となっ

図 3.5　高山植生に踏み込んで撮影に熱中する登山者
（白山国立公園室堂付近／石川県）

ています（図3.5）。また，限定された生息地にしか存在しない動植物の場合は，その生息地の環境変化がそのまま生物多様性の低下や個体群の維持困難につながります。さらに，希少生物や絶滅危惧種などの場合には，「種」としての存在にかかわる可能性もあります。

3.1.3　地域外からの関与の拡大

観光利用によって変化を余儀なくされることがある地域の自然環境は，それまでまったく人間の活動から隔離されてきたのではありません。観光資源になる以前から地域の自然環境は地域住民によって利用されていることがふつうです。その利用は，歴史的に長く続く祭事や民俗的な行事，また伝統狩猟など，地域コミュニティに密着したいわば土着の利用です。中には例外もありますが，時代を超えて続くこうした利用の多くは「節度ある利用」であり，それは持続可能な利用だと考えることができます。

しかし，いままで観光以外の人間活動に影響されてきたところへ，さらに観光による負荷が加わって，より状況が悪化してしまうケースが後を絶ちません。観光による負荷が加わることで利用と保全のバランスが損なわれ，自然環境の許容量（carrying capacity）を超えてしまうからです。それが進めば自然環境の健全度は損なわれ，持続可能な利用が保てなくなります。こうした「相乗効果」には十分気をつけなければいけないでしょう。

この点については，自然環境も地域の文化遺産やアメニティも同じです。過度な利用が進めば，文化遺産を良好な状態で維持することは難しいでしょう。

それは前述の世界文化遺産白川郷の現状がよく物語っています。そのため観光資源になるからという理由だけで，地域の自然環境や文化遺産を「観光資源化」することには慎重にならざるをえません。

最近，地域の中の「お宝さがし」として新たな観光資源さがしや地域資源の再評価が盛んですが，観光資源化する前に一度立ち止まって考え直すことも必要です。この点では，対象とする地域資源の「管理」が求められてきます。しかし後述するように，観光利用だけでこの管理は完結しませんから，その際には地域内で資源利用者との連携が重要です。

ただし，実際の観光現場では問題はそれほど単純ではありません。地域住民による昔からの自然環境利用が縮小していることが多いからです。そのため「それほど利用していないなら観光資源として使いたい」という多数意見に従うことになりがちです。地域側も，もうほとんど利用していないのだからと，地域内の少数意見を無視する傾向があるでしょう。この場合に重要なのは，「地域住民」とひとまとめにするのではなく，地域内にも自然環境利用をめぐるさまざまな立場があることを理解することです。

もう一つ考えなければならないことは，地域内での観光地の外延的な拡大です。いままでの観光，とくに，誰もが気軽に参加でき，その結果多数の観光客が訪れるマスツーリズムでは，一般に特定の「観光地」と呼ばれる場所を観光客が訪問していました。ところが最近は，こうした観光地特有の限定された場所で起きる観光客との接触や変化が，地域全体に広がりつつあります。それは観光対象が多様化したことと，観光地側も地域内のさまざまな資源を観光資源化した結果です。

その点では，本章のテーマであるエコツーリズムも同じです。「観光地」に限定されてきた観光客と地域との接触の場が拡大し，環境にやさしい観光のイメージを持つエコツーリズムでも，その影響範囲が広がる恐れがあります。

ところで，観光客が訪れることで起こる影響は，地域の社会や自然環境に限って生じるのではありません。観光客が一時期や一定の場所に集中すれば混雑し，それは観光客自身にとっても問題です。エコツーリズムの場合には，自然環境の中での期待した開放感を阻害し，ツアー体験の満足度を低下させるでしょう。結果的に観光客にとってもマイナスとなります。また観光利用によって変貌した地域の自然環境は，ガイドブックやインターネットで事前に得た情報を観光地で確かめるだけの，いわば「確認の旅」をする観光客にとってはさしたる問題ではありませんが，高いレベルの経験を求める一部の観光客は失望するでしょう。

以上のように，観光地化や観光振興によって起きる変化は，従来からの地域住民の自然環境利用にさらに負荷を加える可能性があり，そのことを考えれば節度のない観光資源開発には慎重でなければならないことがわかります。また，ともすれば自然環境に与える影響が強調されますが，観光の拡大で地域社会が受ける影響と自然環境が受ける影響の両方を考えなければいけないでしょう。

地域の自然環境は手つかずのままで存在しているのではありません。地域住民の生活の中での利用を考えれば，また観光現場が地域内のさまざまな自然環境に広がることを考えれば，社会的な影響も軽視できない問題です。そして実際には，地域社会への影響と地域の自然環境への影響は，現場では密接に関連しあっているということも忘れてはなりません。

3.2　エコツーリズムへの期待

観光は地域の自然環境に「やさしい」のではなく，むしろさまざまな影響をもたらし，時には地域の自然環境を悪化させることも多いことを述べてきました。しかし一方で，自然環境を対象にする観光は，観光客が自然環境に興味を持ち，そのすばらしさを享受することもできるので，一方的に観光を自粛し，自然環境に触れない「保護」を進めることも得策ではありません。むしろ現代は，マスツーリズムという言葉に代表されるように，多数の観光客が自由に観光することが基調となっていますから，こうした規制は賛同を得にくいでしょう。また観光対象となる地域にとっても，観光は雇用確保や住民の収入源になっているので，観光振興を無視することはできません。

このような状況の中で注目されてきたのが，1990年前後から世界的に広がり，日本でも95年ごろから普及し始めた「エコツーリズム」です。とくに，エコツーリズムによって自然環境保全と地域振興の両立が実現するという主張が，観光関係者ばかりではなく，地域振興や自然環境保全にかかわる人々までを惹きつけてきました。

3.2.1　エコツーリズムとエコツアー

エコツーリズムやエコツアーが何かということ，つまり定義は，時と場所，また人によって違います。そのため最近は，もはや定義には意味がない，実践が大切だ，という意見すらあります。しかしこの章では，言葉の意味の共有は大切だと考え，あえてその「定義」をはっきりさせました。

(1)　エコツーリズムとは何か

エコツーリズムを簡潔に説明すれば，「与える負荷を最小限にしながら自然環境を体験・学習し，観光の目的地である地元に対して何らかの利益や貢献のある観光」です[1]。もちろん自然環境だけではなく，文化遺産が対象になることもあります。

しかし厳密に見ていくと，エコツーリズムの定義は多種多様です。まず，国際エコツーリズム協会（The International Ecotourism Society）によれば，エコツーリズムは「自然環境を保全し，地元住民の福祉の向上につながる責任ある旅行」4)です。また一般的には，マスツーリズムからの「もう一つの選択肢(alternative to mass tourism)」であると考えられています[2]。オーストラリアのEcotourism Australiaは，自然環境体験に重点を置いており，「エコツーリズムとは，自然環境体験を最大の関心としながら，環境や文化を理解・尊敬・保全することを涵養する生態学的に持続可能な観光」であるとしています5)。

一方，エコツーリズム以外にも「自然を楽しむための観光」の同義語がいろいろと使われてきました。たとえば「ネイチャーベイスドツーリズム（nature-based tourism）」[3]，「ネイチャーツーリズム（nature tourism）」[4]などです。またWheellerはsoft，green，eco-，gentle，appropriate，responsibleなど「新しい観光」にはさまざまな名前がつけられていると紹介しています[5]。Laarman and Durstは，ネイチャートラベル（nature travel）やネイチャーオ

---

4) TIESのホームページ（http://www.ecotourism.org/）では，“Responsible travel to natural areas that conserves the environment and improves the well-being of local people.”と定義している。

5) Ecotourism Australiaのホームページ（http://www.ecotourism.org.au/）によれば“Ecotourism is ecologically sustainable tourism with a primary focus on experiencing natural areas that fosters environmental and cultural understanding, appreciation and conservation”とされている。

リエンテッドツーリズム（nature-oriented tourism）と紹介し，「教育やレクリエーション，時に冒険を取り入れたスタイルの観光」と説明しています[6]。

このように定義もさまざまで，また同義語も多いのがエコツーリズムです[6)]。日本エコツーリズム協会でも，エコツーリズムの定義は多岐にわたるとした上で「地域資源の健全な存続による地域経済への波及効果が実現することをねらいとする，資源の保護・観光業の成立・地域振興の融合を目指す観光」[7)]だとしています。

(2) エコツアーとは何か

では次に，エコツアーとはどのようなことなのでしょうか。

エコツアーを説明する前に「ツアー」について説明します。それは，言葉通りであれば，出発地から目的地へ行ってまた戻ってくるような「旅行」です。観光分野では，購入することができる，いわゆる「旅行商品」を指します。ですからエコツアーとは，個人やグループで購入や参加することができる「観光目的地への負荷を最小限にしながら自然環境を体験し，地元に対して何らかの利益がある旅行商品」です。

ただし，この定義を厳密に当てはめると，登山やバードウオッチングなど，個人（一人）で行動し，商品としての旅行に参加しない場合はエコツアーと呼べなくなります。しかし，こうした行動も地域や生態系に与える影響を考える点では同じなので，本章では便宜的にそれらをエコツアーに含めて扱います。

また最近は，お宝さがしや地域資源評価のための「エコツアー」が地域づくりで盛んに行われています。後述するように，正式な商品ではなくても，地域ではこれもエコツアーと呼ばれています[8)]。

以上のように，エコツアーが個々の旅行商品であるのに対して，エコツーリズムはエコツアーを支える考え方やツアー提供の「仕組み」，そしてエコツアーの実践の全体を指しています。そのためエコツアーはエコツーリズムに含まれ

---

6) エコツーリズムに関する定義や同義語は，それまでの経過も含めて敷田・森重によってまとめられている[7]。

7) 日本ツーリズム協会のホームページ（http://www.ecotourism.gr.jp/）から著者が一部を略して紹介した。

8) 販売されていない，たとえばボランティアによるガイドツアーや観光の一部として催行される「オプショナルツアー」なども含めてよい。

ます。結局，地域で考えるのはエコツーリズムの推進で，エコツアーはエコツーリズムの考え方に基づいた販売または参加する対象としてのツアーとなります。

3.2.2　二つのエコツーリズム

ところが，エコツーリズムとエコツアーをこのように定義しても，実際にはまだ問題が残ります。使う人の立場によって，エコツーリズムやエコツアーに異なる意味を込めて使われるからです。とくに国内に限っていえば，大きく分けて「二つの」エコツーリズム，そしてそれに応じて二つのエコツアーが存在します。その一つは「地域振興や環境保全」のためのエコツーリズム，もう一つは旅行業界の「新しい観光」としてのエコツーリズムです。

まず表3.1に示すように，地域ではエコツーリズムが地域づくりや環境保全活動の一環として行われ，エコツアーはその一部（おそらく地域づくりイベントと同じレベル）です。その結果，地域で「ツアー（旅行商品）」をつくっているという感覚は比較的薄く，当然「旅行業法」による観光旅行だという自覚もほとんどありません。しかし，エコツーリズムは地域づくりのツールとして優れた性質を持っており，その活用はもっともです。

一方，旅行業界が考えるエコツーリズムは「新しい観光」です。こちらはあくまで「旅行商品」としてのエコツアーが基本で，一定の収益を目指しています。JTBグループの体験型パッケージツアー「ファーブル」はこの典型例です。この場合には，エコツアーによる集客数や収益が重視され，地域は観光客を送り込む先，目的地となりがちです。この点では，多くの観光客を送り込んできた，いわゆるマスツーリズムと同じだという批判が起きることもあるでしょう。

表3.1　二つのエコツーリズム・エコツアー

主体	エコツアーの性格	エコツーリズムの位置付け
旅行業界	旅行商品としてのエコツアー （新しい旅行商品）	新しい観光としての エコツーリズム
	両方の性格を持つエコツアーやエコツーリズムが存在する	
地域	①地域づくりの手法としての地域エコツアー （お宝さがしや地域資源発掘，活性化） ②環境保全手段としてのエコツアー （保全資金調達や自然環境価値の再評価）	地域づくり・環境保全としての エコツーリズム

このように地域側のエコツーリズムは「地域づくりや環境保全」が中心，旅行業界は「新しい観光」と大きく分けて考えれば，いままでエコツーリズムの現場で起きてきた混乱も整理できるのではないでしょうか。ここでは，両方の存在を認めた上で，地域と旅行業界が互いの理解の違いを知って，エコツーリズムを推進することが重要だという立場をとっています。

ただし，地域のエコツーリズムが，地域づくりや環境保全から旅行業界のそれに近づくこともあります。地域づくりでも「観光のノウハウ」を身につけ，継続的にお客を迎え入れることになるケースです。この点に関しては，最近の旅行業法の改正で，第三種旅行業者が近隣市町村へのツアーの募集もできるようになり，より現実味を帯びてきました。

このような場合には，自分たちのエコツーリズムが，地域づくりから「観光」としてのエコツーリズムに踏み込んでいることの認識が必要でしょう。逆に，このような認識なくして，エコツアーの拡大とエコツーリズムの推進だけで，エコツーリズムの理念に基づき，地域が豊かになるという思いこみは危険です。エコツーリズムの推進は，悪影響をコントロールできる場合に限って有効だからです。また旅行業界の考えるエコツーリズムは，地域づくりのためのエコツーリズムとは違いがあることを認識すべきです。

以上の関係をたとえていえば，地域の関係者がエコツアーを実施することは，いわば火遊びのようなものです。火遊びは一般には危険な行為ですが，一方で火の使い方を覚えるという重要な機会です。つまり地域のエコツアーは，地域の観光資源を用いたツアーづくりを通じて，地域を再評価しながら，接客や観光業のノウハウを身につけていくという，つまり「小規模な火遊び」と同じです。しかし，規模を拡大し，日常的に観光客を受け入れることになると，それは大きな焚き火をすることになります。火力を維持するためにはより多くの薪（観光客）をくべなければなりません。一時に燃え上がって手に負えなくならぬよう，焚き火の「マネジメント」が必要になります。

こうした変化はちょうど表3.1の二つのエコツアーの中間にあたります。地域のエコツーリズム関係者にとっては，このような変化を「成長だ」として進むのか，またはあえて地域エコツアーにこだわるのか，慎重に考える必要があるでしょう。

3.2.3　エコツーリズム誕生の背景とその後の歴史

エコツーリズムという言葉がいつから使われ始めたかについては先行研究を見ても明確な答えは見つけにくいのですが，その創始は1965年にHetzerによって示されたecological tourismや，1978年にMillerがラテンアメリカの国立公園に関する仕事でエコツーリズムの概念を生み出したことだといわれています[8][9]。一方，研究者や特別に興味を持つ観光客がガラパゴス諸島を訪れる観光（scientific tourism）[6]や，野鳥の観察地を飛行機で次々に訪ねるアメリカのバードウオッチングツアーなどもありましたが[10]，まだ一般の観光客が気軽に参加するという観光スタイルではありませんでした。

しかし，とくに1980年代後半から，海外では観光パンフレットやメディアに「エコツアー」や「エコツーリズム」が頻繁に現れ始め，急速に普及します。こうした拡大にはどのような背景や契機があったのでしょうか。

Booは自然保護分野と旅行業界の両方のニーズが一致した結果だと分析しています[11]。自然保護分野からは，開発と自然保護の調和や自然保護に対する経済的支援の要望があり，逆に観光産業からは，観光資源としての自然環境の再評価や自然環境体験観光への観光客の嗜好変化があったということです。

詳しく述べると，まず背景にあったのはマスツーリズムの台頭と飽和です。世界観光機関（UNWTO）によると，1950年に約2500万人であった世界の観光客数（国際観光客到着数）は，1980年にはその10倍以上になっています。そのマスツーリズムも飽和状態に達し，とくに1980年代前半の世界的な景気悪化によって世界の観光産業は停滞しました9)[12][13]。その解決策として，短期間で客が多くの消費支出をするエコツーリズムのような観光がマスツーリズム側により「新しい観光」として見いだされてきたのです。

また観光客側も，観光地を通過するだけの従来型の観光に満足できず，特定の目的を持つ観光（SIT），「Special Interest Tourism」[14]へ嗜好が移っていったのです。こうした需要は観光産業側も意識せざるをえませんでした。

一方，急速に世界各地で拡大したマスツーリズムは，「観光公害」ともいわれる悪影響を自然環境や地域社会に及ぼしました[15]ほか多数。それは地域や自然保護側にとって危機でした。また1980年代には世界的な環境保護運動の高まり

---

9) このことはUNWTOの観光統計からも読み取れる。1980年から1983年までの4年間の観光客数は，2億7～8000万人前後で停滞している。

もありました[16]。そのため，地域や自然保護関係者はマスツーリズムに対抗して，「もう一つの観光（alternative tourism)」や「適切な観光（appropriate tourism)」を目指すようになったのです。

それと同時に，地域や自然保護側から保全にかかるコストをなんとか観光収入でまかなえないかという発想も生まれてきました。つまり，保全や保護のための経済的基盤やインセンティブ（誘因）が欲しかったのです。

エコツーリズムの誕生には以上のような背景がありました。そのため，マスツーリズム側の「新しい観光（＝新しい旅行商品)」を生み出したいという動きと，マスツーリズムではない「新しい観光（＝環境に配慮した観光)」を生み出そうという複雑な動きがあり，それが前述したような同義語の多さや不明確な定義につながっていると考えられます。しかし，いずれにしろ，いままでにない観光スタイルを目指すという「革新」によりエコツーリズムは生み出されてきました。そこには期待がかけられていたのです。

その後はどのような経過をたどったのでしょうか。生み出される背景となったマスツーリズムとはどのような関係になったのでしょうか。それを表しているのが図3.6です。マスツーリズムとは別の「もう一つの観光」として生まれたエコツーリズムは，対極にある観光として当初は捉えられますが，新しい旅行商品を求めるマスツーリズムによって「取り込まれ」ようとします。また同時に，マスツーリズムもその一部として「エコツーリズム的」な特性を備えた「マスツーリズムの中での」エコツアーも提供し始めるようになります。エコツーリズム側も，安定した運営のために，ツアーとしての完成度が高く，一般の観光客が多数参加できる「ソフト」なエコツアーを展開していきます。

そしてこの動きは，1990年代前半からは，サステイナブルデベロップメント（持続可能な発展）の考え方や，産業や企業のグリーン化・エコ化という社会的圧力を受けたマスツーリズム側と，自律的（地域外から支配されず）に持続可能な地域運営を進めたいという地域側の動きに引き継がれ，「持続可能な観光」を双方が目指すことになるのです。

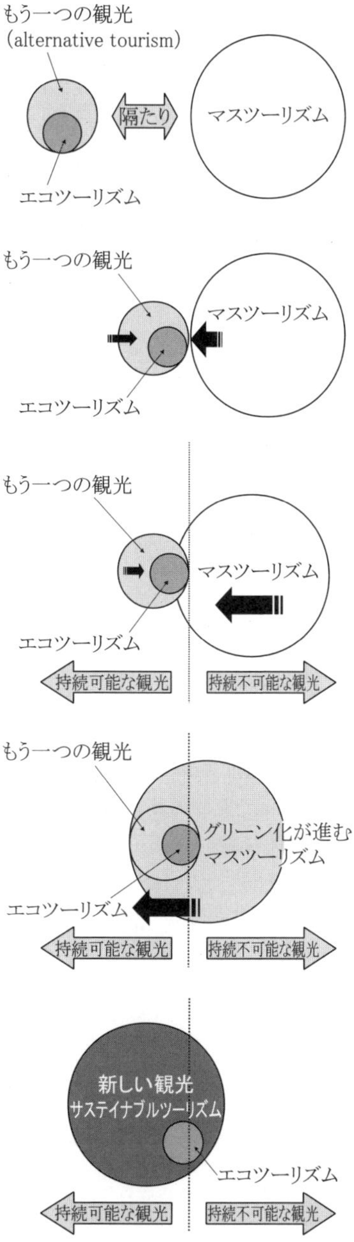

図3.6

① もう一つの観光の誕生

マスツーリズムの悪影響に対する批判や反省から「もう一つの観光」が提唱され，その具体例としてエコツーリズムが誕生する。

② マスツーリズムとの接近

マスツーリズムは「新商品」としてのエコツアーを取り入れようとし，もう一つの観光として生み出されたエコツーリズムでも規格化・商品化が進み，一般の観光客の参加も増え，両者は接近する。

③ マスツーリズムとエコツーリズムの融合

一般の観光客が旅行商品としてのエコツアーに多数参加し，マスツーリズムのように多数の観光客が参加できる観光の一分野としてエコツーリズムが位置づけられる。
また「持続可能な観光」という基準で観光の評価が始まり，マスツーリズムもそれに向かう。

④ マスツーリズムのグリーン化

トリプルボトムラインなどの影響でマスツーリズムも本格的に持続可能な観光を目指す。エコツーリズムはその際のお手本となる。
ただし，一部のエコツーリズムは自然環境に配慮できず，「持続不可能」なものも現れる。

⑤ 新しい観光の登場

もう一つの観光が目指していた方向を取り入れ，いままでのマスツーリズムは持続可能な観光に変化する。エコツーリズムはその中で生態学的にも持続可能な観光として位置づけられる。ただし，すべての観光が持続可能になるのではない。

ところで，マスツーリズムとエコツーリズムの関係は，みなさんが日常利用しているパーソナルコンピューターのオペレーティングシステムである「ウインドウズ」と新興の「リナックス」の関係によく似ています10)。圧倒的な力を持つウインドウズに対して，まったく異なるオープンソースという概念でつくられてきたリナックスは，巨大なウインドウズの世界に取り込もうとする圧力にもめげずに生き延びています。

ウインドウズは，マイクロソフト社が独占的に製造するソフトであり，そのプログラム内容を他者が知ることはできません。しかし，リナックスはソースコードを公開することで大勢の関心を誘い，それがプログラムの改善に貢献するというオープンソースの手法でつくられています。

オープンソースによるリナックスの成功を受けて，最近はウインドウズも「オープンソース化」する道を歩んでいます。この性質の違うシステムは相互に影響しあうだけではなく，コンピューターを取り巻く環境の変化を双方ともが受けながら変化しています。この点でも，マスツーリズムとエコツーリズムのアナロジーです。

3.2.4 エコツーリズムの効果と課題

(1) エコツーリズムの特性

エコツーリズムは自然環境を保全しながら観光資源として利用しようとする新しい観光ですが，もともと観光は自然環境を対象とする例が多く，優れた自然環境や手つかずの自然は，文化遺産と同じく重要な観光資源でした[3]。その例として，サファリツアーや登山などをあげることができます。もちろん，それらはエコツーリズムとは異なる「自然環境鑑賞型観光」と呼ぶべきものです。

しかし，地域振興と観光振興に焦点が当てられがちだった従来のマスツーリズム型観光とは異なり，エコツーリズムでは地域振興と観光振興を同時に進めながら，自然環境の保全も目指しています。そのためエコツーリズムの理想的な姿は，図3.7のように，自然環境の保全と地域振興，そして観光振興で示され

10) こうした「オープンソース」化の動きは観光分野でも参考になるだろう。たとえば，梅田望夫："シリコンバレーは私をどう変えたか—起業の聖地での知的格闘記" 新潮社 (2001) やエリック・スティーブン・レイモンド "伽藍とバザール—オープンソース・ソフトLinuxマニフェスト" 光芒社 (2001) などが参考になる。

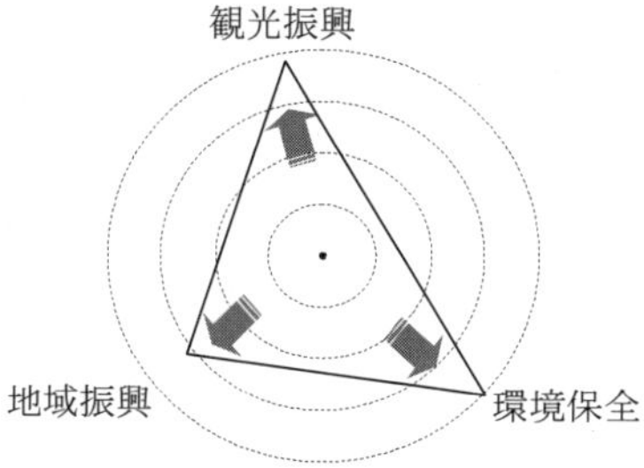

図3.7　エコツーリズムの特性

る三角形のバランスを保つことです。ただし，どのような形の三角形でバランスをとるかについては，地域ごとに違いがあってもいいのです。

では（エコツーリズムによる）エコツアーの持つ特徴とは具体的にどのようなものでしょうか。まず第1に，エコツアー提供側が自然環境に与える影響を最小限にする努力をしています（環境保全）。第2に，観光資源として地域の自然環境を用いることで，魅力あるツアーが実現できます（観光振興）。ただしこれに関しては，地域外の観光関係者がエコツアーを実施するのか，地域内の関係者がするのかという点で大きな違いがあるので注意が必要です。第3に，いままでの自然環境鑑賞型観光にはあまり認められなかった観光地（いわゆる「地元」）での利益の創出です（地域振興）。

以上に加えて，学習プログラムや解説によって観光客も自然環境を体験しながら「学ぶ機会」を得ることができます（学習機会）。また，保全のためには対象とする自然環境をよく把握する必要があるので，調査・研究が進められるでしょう（調査研究機会）。それは地域の自然環境管理にもつながります[17]。

ところで，一つ重要なことは「エコツーリズムは観光」だということです。この場合「観光」とは，UNWTOの定義に従って，宿泊を伴う旅行で日常生活圏外にある観光目的地まで行き，そこで活動することであり，日帰りが基本のレクリエーションとは区別したいものです。もちろん，エコツーリズムを「観光」だとすることに反論もあると思います。エコツーリズムは自然環境保全の手段であるという考えや，観光ではなく環境学習プログラムだという主張です。しかし観光客が観光地に来て，そこで関係者が「エンターテインメント」の機会を提供している限りは，エコツーリズムは自然環境を対象とする「観光」の一つのあり方です。

では従来型の観光とエコツーリズムはどう違うのでしょうか。この点に関して敷田・森重は，エコツーリズムでは，地域の自然環境や資源を地域自身で評価し，地域側でエコツアーという「完成品」をつくることが基本であると述べています[18]。つまり，マスツーリズムでは地域外の観光関係者がツアーをデザインし，地域はそれに「部品」を提供するのに対し，エコツーリズムでは自然環境を利用したエコツアーという「完成品」を地域側でデザインします。この場合の部品とは地域の自然環境などの地域資源です。マスツーリズムの場合には，それを一方的に（または安く）提供させられた結果，他律的な外部依存が進みました。

(2) エコツーリズムの効果と課題

ここでエコツーリズムの効果をいくつかあげてみたいと思います。まず，マスツーリズムに代表される今までの観光とは異なり，観光業者による自然環境保全が前提となっているので，観光地の自然環境を守りやすいことがあげられます。次に，エコツーリズムという環境配慮型観光が旅行業界の「標準」になれば，環境保全への配慮を怠りがちだった今までの観光にも「グリーン化」を迫ることができます。また，地域振興よりも地域外の観光関係者の利益が優先されがちだった従来型観光とは異なり，地域主導で効果的な地域振興を期待できます。さらに観光客も，いままでの物見遊山型の自然鑑賞型観光ではなく，自然環境を体験しながら学習プログラムや解説で学ぶ機会を得ることができるでしょう。

こうした直接的な効果のほかにも，エコツーリズムを実施することで「地域の構造変化」を誘導することも可能です。ここで地域の構造変化とは，いままで固定されていた地域内の関係に変化が生ずることです。

観光にはもともと観光現場でさまざまなサービスを提供する観光関係者がかかわっていますが，今までの観光とは違ってエコツーリズムでは，自然解説ガイドやインタープリター（解説者），あるいは研究者などの自然環境保全にかかわる関係者までが広く観光に関与します。こうした関与は，地域内の関係者のネットワーク形成を誘導し，雇用創出も含めた関係者同士の新たな連携や協働を生み出し，それが最終的に「地域の構造変化」につながるという可能性を含んでいます[19]。このように，地域内の社会システムが構造変化することがエコツーリズムの本当の「効果」だと考えられます。

以上のような効果が期待されているエコツーリズムですが，ある意味でそれが発揮されるのは「理想的な」エコツーリズムが実現した場合です。もともとエコツーリズムは地域の自然環境や社会に影響を与える観光の一形態なので，持続可能性と同義ではありません[20]。マスツーリズムのような弊害がないと「歓迎」されることが多いエコツーリズムですが，実際にはそれほど甘くはありません。またエコツーリズムの効果は地域や条件による差が大きく，それは「不透明な選択肢（ambiguous alternatives）」だといわれます[21]。

エコツーリズムが持つこのような課題は次のように整理することができます。

1. 個々のエコツアーの負荷は小さくても集積すれば大きな影響になる
2. エコツーリズムが成功するほど新規参入者や観光客が増加し規模が拡大する
3. エコツアーの多くは価値の高い自然環境が対象なので，そこに直接的な負荷を与える
4. エコツーリストは地域社会と深くかかわるので影響が深刻になりやすい
5. 新しい観光なので，ルールやガイドラインがまだ十分ではない
6. 観光客にエコツアーの明確な選択基準がない

このような課題がある限り，エコツーリズムだからというだけでは持続可能な利用は保証できません。マスツーリズムから転換すれば地域の自然環境の持続可能な利用が実現できるといわれますが，むしろ「注意深い」自然環境管理によって「持続可能な観光」になるのがエコツーリズムです[17]。これに対し，目的地の自然環境が傷めば，自然にエコツアーへの参加の自粛が起こるとする「エコツーリズム性善説」もあります。しかし，自然環境に与える影響は，さまざまな要因の相乗効果や複雑な因果関係など予測できない要素が多く，簡単ではありません。

それならば，地域の自然環境を保護するためにエコツーリストを排除すればいいという意見もあります。こうした「規制」の前提になっているのは，エコツーリストの無計画な増加は自然環境への負荷につながるという意見です。しかし，優れた自然環境を体験したいというのは今日的な社会ニーズですから，一方的な観光客排除は現実的に難しいでしょう。むしろ保全への関心が高く知識豊富なエコツーリストが来訪すれば，自然環境や地域社会の良き「モニター」となる可能性もあるので，エコツーリストを無条件に排除すべきではないと思われます。

また，地域の貴重な自然環境にまったく手をつけずに「保護」することも極端な選択でしょう。地域外の自然保護関係者は，「自然保護意識が高い」と歓迎するかもしれませんが，一方的な環境保護は，採集や漁業などの地域の歴史的，民俗的な自然環境との「かかわり」まで否定しがちです。それでは地域（住民）が「地域外の論理」に他律的に従う地域外資本による開発と本質的には大差ないでしょう。エコツーリズムを導入するかしないかというこのような二者択一の問題ではなく，環境保全と観光振興，地域振興のバランスをとることを地域主体で目指す「現実的な解決」が望ましいのです。

(3) エコツーリズムから持続可能な観光へ

エコツーリズムでは「環境保全」「地域振興」「観光振興」のバランスをいかにとるかが求められるので，自然環境の保全と利用の両立，つまり「持続可能な利用」につながる可能性は高いでしょう。しかし，自然環境の持続可能な利用が基本のエコツーリズムでも，持続可能な観光が保証されているわけではありません。エコツーリズムを「持続可能な観光」にしていくためには，その実現にさまざまな工夫と努力が求められるのです。

近年，エコツーリズムから持続可能な観光へという議論も活発になってきています。持続可能な観光は，従来のマスツーリズムを転換した新しい観光として期待されている観光の姿です[22]。それは自然環境の持続可能性だけではなく，地域社会や経済的な持続可能性も含んでいます。その優れた例としてエコツーリズムに期待が集まるのは当然でしょう。

持続可能な観光が目指すものについては世界観光機関の提案や指標からある程度見えてきます。安村が指摘するとおり，(a) 地域の自然環境保全と (b) 地域と観光客の対等な関係が基本です[22]。この点では「理想的な」エコツーリズムが目指していることと持続可能な観光の方向性はよく一致します。

一方，マスツーリズムに代表される観光自体もグリーン化すべき存在です。それは観光を担う産業や企業に社会から求められている課題でもあります。そのため旅行業界全体として「観光のグリーン化」に取り組む必要があるとされています[23]。この点では，地域側で持続可能な地域資源の利用を目指すエコツーリズムとマスツーリズム自体の変化は現代では両立する課題です（図3.6参照）。現在のエコツーリズム推進には，このような社会的背景があります。

3.2.5　エコツーリズムを地域から生み出すために

(1)　エコツーリズムの実現プロセス

前述したようにエコツーリズムは地域内の仕組みですから，それを推進するということは，具体的に仕組みをつくることです。それはすぐに完成するものではなく，実現のためのプロセスがあります。たとえば真板は，ガラパゴス諸島や西表島などのエコツーリズムのプロセスを分析し，そこに「宝をさがす」「磨く」「宝を誇る」「宝を伝える」「宝を興す」の5段階のデザインプロセスを見いだしています[24]。また，3つの段階（「意識の芽生え」「推進の枠組みの検討」「エコツアー実施」）があるともいわれています[25]。

もちろん一般的にこうした段階は認められるにしろ，地域での実践では試行錯誤しながらプロセスを繰り返しますから，整理された段階が描けるかは明確ではありません。またエコツーリズムの「効果」を考えるならば，単にツアーとしての評価だけではなく，そのプロセスから前述した「地域の構造変化」が起きているのかについても明らかにしたいものです。

一般的にいえば，次のようなプロセスを経てエコツーリズムは創出されています。

まず地域でエコツーリズムの実現を目標とした場合，対象とする自然環境の調査や研究が進められます。それは専門家による研究であったり，地域住民による地域の自然環境の見直しや再評価というケースもあるでしょう。もちろん，対象を知らないと観光客には魅力を示せないし，日常生活の中に「埋没」してしまった自然環境の価値を地域住民が再認識できる機会を創り出す効果もあります。また関係者が持続可能な利用を目指し，節度ある利用を心がけるには，対象とする自然環境の調査は必須です。

自然環境の調査や研究から得られた知見が蓄積できれば，それを基に具体的なコースやエコツアープログラムを作成できます。調査結果からコンテンツがしっかりとできていれば，観光客へのガイド・学習機会提供も地域でできるでしょう。このとき，ツアーとしての魅力を充実させるために，外部の専門家によるガイド手法やエンターテインメント，ツアーの販売方法についての研修などの支援が必要なこともあります。その上で実際に観光客を受け入れることができれば，まずは「エコツアーとしての完成」ということになるでしょう。

しかし単にエコツアーが実施できたからといって，そのままエコツーリズムの実現ではありません。エコツーリズムは，エコツアーの実施を支援する仕組みなので，全体の仕組みの完成を待たなければならないのです。たとえば，持続可能であるためには，地域で自然環境をよく調べて節度ある利用をするためのガイドラインや規制，評価のプログラムも必要です。このように，エコツアーの実現が目標であった当初の状態を超えて，その実施のためのさまざまな「仕組み」ができることがエコツーリズムの実現プロセスです。

そのためには，エコツアーの実現にかかわる地域関係者が連携や協働することが必要です。それを具体的に進めるために，地域のエコツーリズム協会のような非営利の支援組織の設立が望まれます。

このように考えてくると，エコツーリズム自体はいくつかのリスクを持つ観光ですが，地域関係者の連携や持続可能な自然環境の管理など，地域社会の構造変化を導くことができればそのリスクを下げられることがわかります。この変化の過程そのものがエコツーリズムではないでしょうか。

(2) エコツーリズムによるエンパワーメント

前述したように，エコツアーをつくるためには地域の自然環境の魅力を評価し，それをツアーとして「表現」することが求められます。そして観光客（エコツーリスト）に対してサービスや商品として提供する，つまりエンターテインメントを考えなければなりません。

そんなことは「観光業者でないと無理だ」と思われるかもしれませんが，地域の魅力を再評価して「エコツアー」という「商品」にすることは，もともと自分たちが住んでいる地域の魅力を「思い出す」ことなのです。その際には，日常生活の中で忘れがちだった地域の誇りや身近な自然のすばらしさなども確認（「地域の固有価値の評価」）できるでしょう。

もっとも観光客にそれを伝えるには，やはり自然環境に関する深い理解が必要です。しかしそれは学びのチャンスだし，工夫やデザインするチャンスでもあります。このプロセスが実は重要です。ふだんの生活の中で，ただ地域のことを「勉強」しようといわれても困惑が大きいのですが，その結果がエコツアー実現につながり，また自然環境保全につながるというプロセスが明確であればモチベーションも高まります。以上のように「学習」はエコツーリズムのキーワードです。

また，エコツーリズムでは「地域内の多様な関係者の参加」が望まれます。自然環境を対象とするエコツアーでは，集まるのは環境保全の関係者だけになりがちですが，自然環境に関する知識以外にも，宿泊や食事の提供などの観光関係のさまざまな知識をエコツアーの実施では必要とします。そして多様な知識を持つ地域内の関係者が「ネットワーク」されて初めてエコツアーという商品が創り出せます。

ところで，あまりに身近すぎて地域の自然環境の魅力が見えにくければ，専門家や「よそ者（外部者）」に手伝ってもらうこともできます。地域と距離を置くことができる外部者だから見える，傍目八目ということもあるからです。もちろん地域側から外部に頼むので，「丸投げ」するのではありません。この点では，来訪するエコツーリストは豊富な経験や知識を持っていることが多く，彼らに手伝ってもらうという可能性もあります。それができることがエコツーリズムと今までの観光との差です。

このようなプロセスの繰り返しでエコツーリズムを進めるならば，地域関係者（ほぼ住民と考えてよい）の持つ「力」はレベルアップします。その力とは，「地域の持つ固有価値の評価」，「人と人の結びつき促進」，「ルールや仕組みをつくる」ことで示される「地域の基礎力」のようなものです。最近はそれを「ソーシャルキャピタル（社会関係資本）」と表現することもあります。別のいい方をすれば，このような基礎力をつけることは，地域住民の「エンパワーメント」です。

(3)　エコツーリズム創出のサーキットモデル

そのプロセスをわかりやすく示したのが図3.8です。まず地域内の多様な関係者がエコツーリズムを目指して集まり，自分たちが持つ知識やノウハウを紹介しあいます。同時に自分たちの持つ優れた自然環境を資源としてリストアップします（以上が図の1）。

自然環境の活用や保全に関してお互いの知識やノウハウがわかると，関係者が結びついてネットワークできます（図の2）。そこで，いろいろと工夫しながらデザインすれば，エコツアーという完成品（商品）が生み出せるのです（図の3）。

そしてエコツーリズムが始まり，ツアーに参加してきたエコツーリストから「この地域はエコツアーで自然環境に配慮している」と評価を受けるでしょう

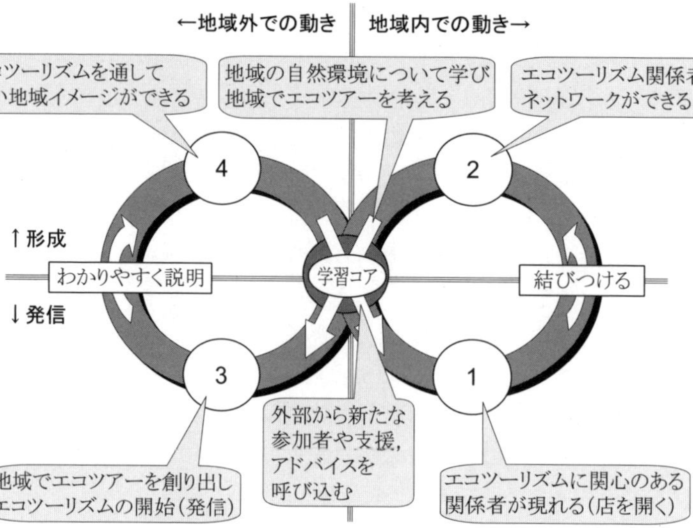
←地域外での動き
地域内での動き→
エコツーリズムを通して
良い地域イメージができる
地域の自然環境について学び
地域でエコツアーを考える
エコツーリズム関係者の
ネットワークができる
4
2
↑形成
わかりやすく説明
学習コア
結びつける
↓発信
3
1
外部から新たな
参加者や支援,
アドバイスを
呼び込む
地域でエコツアーを創り出し
エコツーリズムの開始(発信)
エコツーリズムに関心のある
関係者が現れる(店を開く)

（文献[1]によるエコツーリズムのサーキットモデル）

図3.8　エコツーリズムの創出プロセス

(図の4)。それは，さらなる支援やアドバイスを集めることにつながるのです(一段高いレベルで図の1に戻る)。

また，このサイクルの促進にはコツがあります。地域内の結びつきを促進する役割（図の「結びつける」）と，発信したエコツアーの持つコンセプトを外部に向かってわかりやすく説明する役割（図の「わかりやすく説明」）を誰かが担えばこのサイクルは加速します。

さらにこの仕組みを用いてエコツーリズムの実現プロセスを評価したければ，図の4つのプロセス，つまり「エコツーリズム関係者の増加」「関係者のネットワーク」「エコツアーなどの具体的な成果の創出」「外部からの評価」を点検すればいいことになります（表3.2）。たとえば，関係者の増加度合いであれば関係者の人数ですし，外部からの評価であれば，エコツアーを評価した記事や論評をリストアップすることになるでしょう。定期的にこのチェックをすることで，単にエコツアーではない，エコツーリズムの充実度が自己評価できるはずです。

表3.2　サーキットモデルによるエコツーリズムの評価

	地域外での動き	地域内での動き
形成	エコツアーや地域のエコツーリズム推進に対する外部からの評価は得られているか？	地域内でエコツーリズムにかかわる関係者のネットワークや協働は，以前より充実してきたか？
発信	エコツアープログラムや実際の活動，パンフレットなどの外部向けの具体的な成果は出ているか？	エコツーリズムにかかわる新たな関係者（新しい仲間）は以前より増えているか？

なお，以上の仕組みは「持続可能なエコツーリズムを創出するためのサーキットモデル」として文献［1］などに詳しく説明されています。

3.2.6　自律的な観光とエコツーリズム

（1）　自律的観光とは何か

観光地が地域外の観光業者や資本に依存する従来型の観光に対する批判として，観光地の自律を重視した「自律的観光」が重視されています。先駆的には石森が「地域主導で創出する持続可能な観光が自律的観光である」と述べています[26]。逆に，地域外の観光関係者によってコントロールされた観光は「他律的観光」です。

ただし，自律的観光は観光の「自立」ではなく，地域外に頼る部分も認めていいと思います。石森も述べているように，地域が観光サービスやツアーとして創る完成品は，「必ずしもすべて地域資源」，あるいは「すべて地域内の観光業者」というわけではなく，むしろ，地域が「観光システム（観光サービスを提供する仕組みの全体）」を主体的にデザインできるかどうかという，「地域の自律」が重要です[27]。

このような自律的観光が最近重視されるのは，地域が自律的に観光システムをデザインすることによって，観光利益の地域外への漏出11)を防ぐことができるだけでなく，地域や観光を取り巻く環境変化にも順応的に対応できるからで

11) 域外の勢力によってコントロールされれば，地域からの経済的リークが大きくなることは，Honey ほかによって繰り返し指摘されている[28]。

す。さらに繰り返し指摘されている「観光の負のインパクト」[12]の地域への押しつけも回避できるのではという期待があります。

本章で議論してきたエコツーリズムの場合にはこの自律的なスタイルとはどのようになるのでしょうか。それは，前述したエコツーリズムの特性の3要素「観光振興」「地域振興」「環境保全」のバランスを地域が「決定」できることです。

わかりやすく図にすると，図3.9の三角錐型モデルに示すように，3要素で構成される三角形の各頂点から，上方の1点に向かって伸ばした直線との交点（頂点）を「地域の主体性」とします。このモデルでは，三角錐の頂点にある地域の主体性によって，底辺の三角形はいろいろな形状に変化しますが，地域自身がこの形を決定します。つまりこの三角錐が地域によって意図されたとおりのバランスを保てることが「自律的」であるということなのです。逆にそれができないと，地域の関係者の意図に反して，たとえば環境保全が軽視されて，観光振興を優先してしまうなどの問題が起こります。

このように，地域が主体的に観光をデザインする自律的な観光は，エコツーリズムの導入を考える際に，またエコツーリズム導入後に今後の展開を考える際に，個々の問題に捉われて全体が考えられなくなるという隘路に入ることを防いでくれるでしょう。

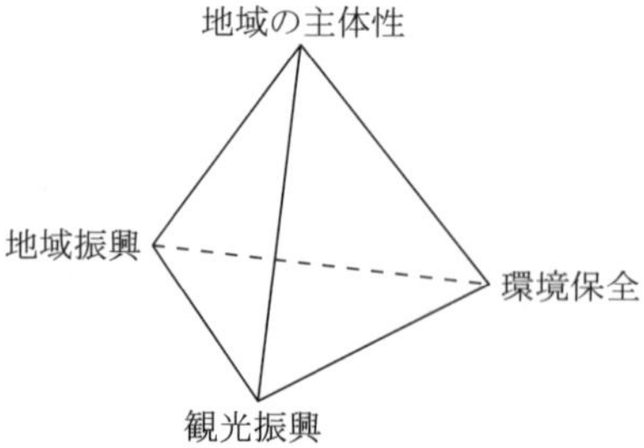

図3.9　エコツーリズムの特性と地域の主体性

---

[12] 文献［29］を参照。この本が書かれたのはずいぶん以前だが，地域の自然環境や社会に与える影響に関して明確に解説されている。参照すべき一冊である。

(2) 自律的観光と観光客の参加

石森は，観光客の立場からの自律的観光についても触れ，「観光客の個別の好みや意思によって観光サービスの内容を決められたり，選択できたりすること」と述べています[27]。しかし制限を受けた中での選択や，主体的に選択したつもりでも選択肢が広がっているだけで，実際には「コントロール」されている状態も考えられます。たとえばインターネットの図書購買サイトなどで，利用者の好みを分析して提供されるような「選択」は，実質的には自律的と考えにくいのです。そこで，自律を単純に選択や決定の問題として捉えるのではなく，観光サービスのデザインから提供，享受までに至る「観光プロセス」への観光客の「参加度」で考えるという視点を敷田・森重は提案しています[30]。

この参加度には，「参加している」あるいは「参加していない」に加えて，参加していても消極的な参加から主体的（積極的）な参加まで幅があります。消極的参加とは，観光業者が企画した観光サービスを観光客が単純に享受しているだけの状態です。一方，主体的参加とは，観光客自身が観光サービスのデザインに意識的にかかわることです。たとえばモニターツアーは，観光客が観光プロセスにアイディアを提供できるという点では主体的参加の一つでしょう。

観光客が主体的に参加できれば，結果的に持続可能な観光を促進します。なぜなら観光客も保全活動に理解を示した行動をしたり，適切なフィードバックをして地域の自然環境保全を支援するリピーターとなったりするからです。また多様な価値観を持つ観光客が存在するエコツーリズムでは，地域内の知識やノウハウだけで彼らの要望に対応した旅行商品をデザインするのは難しいのですが，経験豊富な観光客からの知識やフィードバックを利用して補完できそうです。

もちろんすべての観光客が主体的な参加者にはなりませんが，一般の商品開発などでは「リードユーザー」と呼ばれるハイレベルの消費者の製品開発プロセスへの参加が現実に起きていることを考えると[31]，非現実的な話ではないでしょう。トフラーも消費者でありながら製品づくりに大きな影響を与えるプロシューマー（prosumer）の出現を予言しています[32]。

以上のような関係を整理したのが図3.10です。観光客の観光への主体的参加は，サービスを提供する観光地とその受け手の観光客というつねに固定された関係を変化させる可能性を持っています。

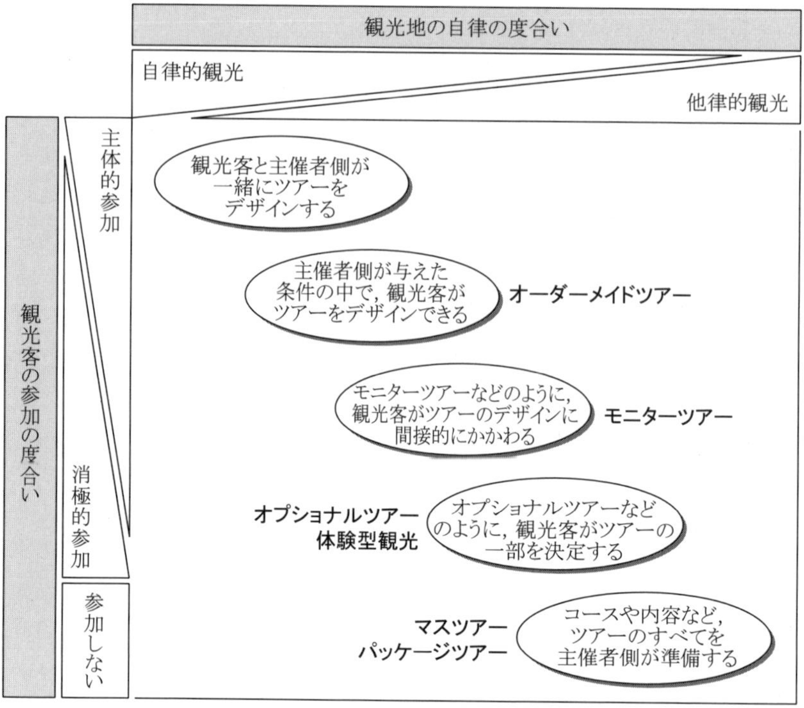

図 3.10　観光の自律性と観光客の参加度[30]

ただし，自律的な観光客が多く来訪すれば，それで自律的な観光地になるのではありません。観光が自律的であるかどうかは観光客側だけの問題ではなく，やはり地域全体，地域の観光デザインの仕組みが自律的であるかどうかで決まるからです。

この点では，観光客の自律性よりも，むしろ観光客の主体的な参加度が，観光地の自律性を促進できるのではないでしょうか。もちろん，「自律的な観光客は自律的な観光地を選ぶ」という傾向はあるでしょうから，まったく関係がないのではありません。しかしそのためには，自律的観光地と自律的な観光客をマッチングさせる観光地の自律度の認証制度などの支援が必要だと思われます。

3.2.7　自律的な観光から持続可能な地域へ

地域の自然環境や資源を地域の関係者自身が評価し，エコツアーという「完成品」をつくるエコツーリズムと，自然環境などの地域資源という「部品」を外部に提供するだけのマスツーリズムと呼ばれてきた今までの観光には大きな違いがあります。

マスツーリズムでは「観光システム」を地域でデザインできず，部品提供者としての他律的な外部依存に追い込まれていました。その結果，地域側は主体性を失い，地域外の観光業者や大手旅行社に依存し，観光客のニーズに合わせて地域資源という「部品」を提供させられてきたのです。

しかしエコツーリズムでは，地域が自然環境に関する情報や知識を活用して，エコツアーを自らデザインできます。それは結果として，地域が当事者として観光システムのデザイナー役を務める「自律的な観光」を追求することになるのです。

ではなぜ，自律的な観光を目指すエコツーリズムが地域にとって重要なのでしょうか。それは地域が持続可能な観光，さらには「持続可能な地域」を実現できる道筋だからです。20世紀の環境破壊の時代を終え，21世紀に入っている現在，地域の持続可能性を重視した「持続可能な地域（サステイナブルコミュニティ)」の実現が重要課題となっています[33]。それは地域の関係者が当事者となってつくる，社会・経済・環境という3要素が持続可能な地域の実現です。別のいい方をすれば，自分たちの地域の自然環境などの資源の持続可能な利用に当事者として責任を持つことです。

しかし山積する問題の中で，どの分野から手をつければいいのか，地域の環境保全と地域経済振興は果たして両立可能なのか，という現実的な難問が立ちはだかっています。その点で「理想的なエコツーリズムの実現」という目標が注目されるのです。

その理由は，まず自然環境などの地域資源の持続可能な利用を考えた上で，観光による地域経済の振興も視野に入れるという，地域の関係者にとって「わかりやすい目標」にエコツーリズムがなりうるからです。これは「純粋な」環境保全などが直接的な収入を生み出しにくいことを考えると有利な点です。

さらに，多様な関係者が連携する観光としてのエコツーリズムは，地域内のネットワークを強化しソーシャルキャピタルが充実します。この点で関係者が地域社会の一部に限られる今までの観光よりも，環境保全や教育関係者まで参加するエコツーリズムは効果的です。

そして自然環境などの地域資源の持続可能な利用のための工夫や旅行商品の創出などの「創造的な活動」は，地域の関係者の能力向上につながります。今までの観光では地域外にそれを任せていましたが，エコツーリズムでは地域でデザインします。このデザインする力をつけていくプロセスは，前述したように地域関係者の「エンパワーメント」でしょう。

また以前に比べ地域内外の交流が格段に増えた現代では，持続可能にするためだといって，地域外から影響を受けないように地域を「閉じる」ことはできません。その点でエコツーリズムによる持続可能な地域づくりは，「オープンな」地域でありながら持続可能であるという現代的な課題を追求できるのです。

もちろんエコツーリズムの創出は地域による差も大きく，まだ「不透明な選択肢」です。地域側がリーダーシップをとっている観光システムも現実にはそう多くはありません。しかし，このように地域内外の「力関係」をエコツーリズムで変えることは可能です。だからこそエコツーリズムに期待が集まるのでしょう。単なる自然環境鑑賞旅行との差がそこにあります。持続可能な地域を実現する可能性を持つエコツーリズムという新しいメニューは，そのデメリットを差し引いても魅力的ではないでしょうか。

エコツーリズムというシンボリックな言葉を盾に，地域の自律性を回復していけます。そこから持続可能な観光，そして持続可能な地域を目指すことは，遠すぎる地への旅ではありません。

【参考文献】

[1] 敷田麻実・森重昌之：持続可能なエコツーリズムを地域で創出するためのモデルに関する研究，観光研究，15（1），pp.1–10（2003）

[2] E. Cater *et al.*: “Ecotourism : a Sustainable Option?” E. Cater and G. Lowman eds., John Wiley and Sons（1994）

[3] P. S. Valentine : Nature-Based Tourism : A Review of Prospects and Problems, Proceedings of Congress on Coastal and Marine Tourism（1990）

[4] M. Romeril : Tourism and the Environment – Accord or Discord?, *Tourism Management*, Sep., 1989, pp.204–208

[5] B. Wheeller : Alternative Tourism – A Deceptive Ploy, Progress in Tourism, *Recreation and Hospitality Management* Vol.4, pp.140–145（1992）

［6］ J. G. Laarman and P. G. Durst：Nature Travel in the Tropics, *Journal of Forestry*, 85（5）, pp.43–46（1987）

［7］ 敷田麻実・森重昌之：観光の一形態としてのエコツーリズムとその特性，国立民族学博物館調査報告，23，pp.83–100（2001）

［8］ R. K. Blamey：Principles of Ecoturism, "The Encyclopedia of Ecotourism" David B. Weaver ed., CABI Publishing, pp.5–22（2001）

［9］ D. Weaver："Ecotourism" John Wiley & Sons（2001）

［10］ J. Duffie：Who Will Watch the Birdwatchers?, *Wildlife Review*, 9（7）, pp.23–24（1981）

［11］ E. Boo：エコ・ツーリズム計画（Planning for Ecotourism），国立公園，501，pp.2–7（1992）

［12］ D. Pearce："Tourism Today：A Geographical Analysis" Second Edition, Longman（1987）

［13］ C. N. French et al.："Principles of Tourism" Longman（1995）

［14］ A. Y. Troumbis：Environmental Labeling on Services：the Case of Tourism, *Ekistics*, 58, pp.167–173（1991）

［15］ J. L. McElroy and K. deAlbuquerque：Managing Small-island Sustainability：Towards a Systems Design, *Nature & Resources*, 26（2）, pp.23–29（1990）

［16］ 岡島成行："アメリカの環境保護運動" 岩波書店（1990）

［17］ 敷田麻実・森重昌之：エコシステムマネジメントにおけるエコツーリズムの管理とその役割，野生生物保護，8（2），pp.79–88（2004）

［18］ 敷田麻実・森重昌之：エコツーリズムによる地域の持続的発展の可能性：石川県白山麓のケーススタディから見た「環境に優しい観光」の未来，環境経済・政策学会年報，6，pp.200–215（2001）

［19］ 敷田麻実・森重昌之・新広昭・佐々木雅幸：エコツーリズムの発展過程と構造モデル，国立民族学博物館調査報告，23，pp.111–128（2001）

［20］ G. Wall：Is Ecotourism Sustainable?, *Environmental Management*, 21（4）, pp.483–491（1997）

［21］ W. C. Clarke："Introduction, Ambiguous Alternatives：Tourism in Small Developing Countries" S. Britton and W. C. Clarke eds., The University of South Pacific, pp.1–7（1987）

［22］ 安村克己：新しい観光再考–サステイナブルツーリズムの現在と展望，"現代観光へのアプローチ" 山上徹・堀野正人編，白桃書房，pp.211–224（2003）

［23］ 九里徳泰・敷田麻実・小林裕和：持続可能な観光–そのフレームワークと概念の体系化への試考，日本観光研究学会第20回全国大会学術論文集，pp.253–254（2005）

［24］ 真板昭夫：エコツーリズムデザインの実践的展開とその特色，桑田政美編 "観光デザイン学の創造" 世界思想社，pp.139–168（2007）

[25] 寺崎竜雄以下13名：“エコツーリズム さあ，はじめよう！” 環境省・財団法人日本交通公社編，日本交通公社（2004）

[26] 石森秀三：内発的観光開発と自律的観光，国立民俗学博物館調査報告 ヘリテージ・ツーリズムの総合的研究，21，pp.5–19（2001）

[27] 石森秀三：21世紀は「自律的観光の時代」，科学，72（7），pp.706–709（2002）

[28] M. Honey：“Ecotourism and Sustainable Development –Who Owns Paradise?–” Island Press（1999）

[29] アリスター・マーシソン，ジオフリー・ウォール：“観光のクロスインパクト” 大明堂（1990）／A. Mathieson and G. Wall：“Tourism：Economic, Physical and Social Impacts” Longman（1982）

[30] 敷田麻実・森重昌之：オープンソースによる自律的観光 –デザインプロセスへの観光客の参加とその促進メカニズム–，国立民族学博物館調査報告（「文化遺産マネジメントとツーリズムの持続的関係構築に関する研究」），西山徳明編，61，pp.243–261（2006）

[31] 米倉誠一郎：“勇気の出る経営学” 筑摩書房（2001）

[32] アルビン・トフラー：“第三の波” 徳山二郎編，日本放送出版協会（1980）

[33] 祖田修・諸富徹：サステイナブルコミュニティへ，“持続可能な地域社会のデザイン–生存とアメニティの公共空間” 植田和弘以下6名編，有斐閣，pp.227–252（2004）

第4章

日本の自然と地域観光振興

環境と観光，この二つの言葉は現代社会においてさまざまな分野でキーワードとなっています。日本国内の諸地域においても，環境保護・保全や観光による地域振興は重要なテーマであり，各自治体での取り組みや，環境と観光に関する調査研究がずいぶんと盛んになっています。調査研究の成果には，世界各地での環境にやさしい観光の取り組みや，観光による環境負荷についての報告はもちろん，環境保護と経済発展を両立させる一手段としての観光の可能性について示唆したものも多くあります。

この章では，環境と地域観光振興について，日本の自然の特徴に着目しながら論じていきます。観光は世界経済にとって重要な産業の一つになっており，中でも自然を対象とした観光が急速に発展しています。これは，人々の環境保護・保全に対する意識の高まりと密接に関係しています。以下では，まず初めに世界における観光の現状，自然を対象とした観光の発展，環境保護・保全の動きについて説明します。

次に，環境にやさしい観光で対象となっている「自然」がどのようなものであるか説明しましょう。自然と一言でいっても，観光客が好む自然には特徴があります。一般的な特徴を記し，その上で日本（人）にとっての自然の特徴を論じます。日本人の考える自然には，人が手を入れていない自然と手を入れた自然があり，後者の方がより好まれる傾向があります。その点を詳しく論じていきます。加えて，観光による地域振興の特徴に簡潔に触れ，日本における環境にやさしい観光の発展について記します。日本の環境にやさしい観光の例として，京都府美山町の事例をとりあげます。

美山町の事例では，観光に携わる複数の主体，具体的には地域行政，地元住民，旅行業者，観光客の4主体について，観光や対象となる環境にどのような考えを持っているのか説明します。

そして最後に，美山町の事例，以下で論じる環境と観光の特徴を踏まえて，日本人の自然と地域観光振興について検討してみたいと思います。以下ではまず，観光の現状から見ていきましょう。

4.1 観光の現状

観光が身分や階級にかかわらず幅広く体験できるようになったのは近代以降，実にここ150年くらいのことです。近代化によって人々の所得および余暇時間が増加したこと，交通の発達が実現したことなどが観光を一般化させる大きな引き金となりました。その後，二つの世界大戦によって観光の発展は停滞しましたが，戦後は順調に発展し，現在では主要産業の一つになっています。

ここでまず，観光とは何か，すなわち観光の定義について理解しておきましょう。世界観光機関（World Tourism Organization）によると「一年を超えない期間で余暇やビジネスなどを目的として，居住地以外の場所に訪れ滞在すること」（世界観光機関のホームページより引用）と定義されています。観光とは，限られた時間のなかで行われること，住んでいる場所と訪れる場所との間での移動が伴うこと，この2点が大きなポイントとなります。

次に，統計データから観光の現状をみてみましょう。観光による経済需要は2007年見通しで7兆600億米ドル相当になると予測されていました。これは世界の国内総生産（GDP）の10.4％，雇用の8.3％を占めるほどの巨大産業であることを意味しています[17]。さらに，観光は2007年から2017年までの10年間においても順調に成長すると予測されており，年率4.3％の成長が見込まれています。これらのデータが意味することは，観光が世界経済の約1割を占めている産業であるということと，今後も成長傾向にあるということです。

国別データを参照してみると，現時点で最も個人観光客の消費額が多いのはアメリカですが，次いで日本が約2900億米ドルで2位となっています。個人消費予想総額だけでなく，日本は中央政府による観光関連支出額も333億米ドルで2位，観光関連への資本投資も620億米ドルで3位となっており，世界の観光産業を先導している立場にあることがわかります。今後の伸び（予測）に関しても，日本の位置はあまり変わりません。ちなみに，アジア諸国に目を向けると，中国の成長が目覚ましいことがわかります。たとえば，2007年から2017年の中国の個人消費予想総額は世界6位から2位に，中央政府による観光関連への支出額は6位から3位になると予測されています。加えて，中国の観光関連への資本投資額についても，2007年予測では1700億米ドルでしたが，2017年には5300億米ドルになると予測されています。このように，個人消費，政府予算，資本投資を例に見ても，日本や中国は観光関連産業において世界を主導する国であると思われ，それは今後10年変わることがなく，さらなる成長が予測されています。

4.2　自然を対象とした観光の目覚ましい発展

では，観光形態の傾向はどうなっているのでしょうか。ここ数十年で観光形態は多様化していますが，とくに目覚ましく発展しているものの一つに自然を対象とした観光があります。たとえば，1990年に発表されたWorld Resources Instituteの報告[7]では，観光全体の成長率が年4％であるのに対して，自然を対象とする観光は年10％から30％の幅で急成長している，と指摘されています。また，1998年の世界観光機関のニュースレター[16]でも，自然に関連する観光は国際観光のうち20％を占めていると発表されています。さらに，国際エコツーリズム協会の2000年の報告[7]でも，1994年の国際観光入込総数5.3億人のうち，2～3億人は自然を対象とした観光を体験し，さらにその半数は野生生物や原生の生態系を有する地域での観光を実践していると明記されていました。このように，自然を対象とした観光は急速に成長しており，主要な観光形態の一つとなりつつあるということが理解できます。

では，なぜ自然を対象とした観光がこうも急速に発展したのでしょうか。自然を対象とした観光自体は1世紀以上前から存在していましたが，世界的に注目を集めて広く実践されるようになったのは1970年前後からです。その背景には，1960年代から欧米社会を中心に隆盛した環境保護運動や環境主義思想があります。環境主義とは，人間のみが自然を支配・利用することのできる存在であり，人間は自然より優位であると考える「近代」への反動であり[14]，自然にも独自の存在価値を認め，自然の審美的な側面をも重視する18〜19世紀ロマン主義の思想を受けた，人間の生存にかかわる環境を論じる動き[11]だと考えられています。

1960年代以降，環境主義が欧米で台頭してきた一つの契機にレイチェル・カーソンの『沈黙の春』の出版があります。この文献では，近代産業によって環境が危機にさらされていることが，科学的かつ理解しやすい表現で論じられています[12]。また，1970年代に出版されたローマクラブの『成長の限界』も，人類がこのままの発展を続ければ近い将来地球は終焉を迎えると科学的分析を通じて提唱し，人類の発展は方向転換しなければいけないと警鐘を鳴らした名著です。上記の2文献も含めて，1960年代頃から環境に関する論議に大きな影響を与える書籍や論文が次々と発表され，人々に環境保護の重要性を説きました。

環境保護論争は紙の上だけでなく，1980年代頃からは国際社会のさまざまな場で論じられるようになっていきます。「持続可能な発展」の提唱はまさにその一例で，環境問題に関して政治的な取り組みの必要性が強調され，将来世代の需要を削ぐことなく現在の需要を満たす発展としての持続可能な発展が必要であると提言されました[15]。また，1990年代には，環境問題を論じるときには持続可能性に加えて社会・文化的背景を重要視しなければいけないと唱えられました。このように，環境を守ることの重要性が国際社会で強調され，人々の環境保護への意識は非常に高まっています。

上記のような環境保護意識の高まりが，観光という余暇においても「環境」を配慮した行動を求められる背景となり，一方では観光によってさまざまな環境破壊が引き起こされているとの指摘がなされました。他方では，現代に残された貴重な環境での観光実践が望まれ，さらには環境に負荷を与えず，環境保護・保全に寄与できるような環境にやさしい観光形態が求められるようになりました。20世紀末に，環境にやさしい観光の代名詞であるエコツーリズムの他，田園・農村で楽しむルーラルツーリズム，環境に配慮した観光もしくは農村観光を意味するグリーン・ツーリズムなど，さまざまな観光形態が提唱されたのは，まさに社会の環境への意識の高まりが観光に反映された証といえるでしょう。

4.3 環境観光における「自然」

ここで，環境にやさしい観光の内容を少し細かく見てみましょう。環境にやさしい観光の代名詞といわれる形態にエコツーリズムがあります。エコツーリズムとは，「環境が保護され，かつ地域住民に福利をもたらす自然環境への責任ある旅行」（国際エコツーリズム協会の定義）という意味です。ただ，文献や団体によって，娯楽性，地域貢献，教育効果，小規模，非営利目的など，エコツーリズムに含まれる意味が異なるのが現状となっています。

実際にエコツーリズムが実践されている場所を見てみると，全島が動物保護区に指定されているガラパゴス諸島や5万km^2強の面積に地球上の5％の生物が生息しているコスタリカなど，国際的には，世界自然遺産や国立公園などに代表される「残された」「原生の」自然環境となっていることが多いようです。言い換えると，エコツーリズムの対象となる「自然」が意味するものは，人の干渉を排除した原生の自然に焦点を当てられる傾向があるということです。このように，エコツーリズムでは，一方で定義にさまざまな理念が含まれますが，他方では原生もしくは原生に近い自然が観光対象に好まれる傾向があるといえるのです。

上記のように，定義が定まらなかったり対象地域に偏りがあったりすることに対して，一方で観光すなわちツーリズムはあくまでイズム，つまり主義であって，個々の主観が反映されるからだという意見が複数あります（たとえば文献［13]）。他方では，対象となる自然に偏りがある原因として，「自然」の定義・解釈が文化的・歴史的なフィルターを通して決定されるからだという指摘があります（たとえば文献［4]）。自然の意味するところが主体によって変わることに関して，たとえば東アジアと西洋，つまり日本や中国の自然観とイギリスやアメリカの自然観が異なっているのは周知の事実でしょう。以下では，この自然観というところに着目して，日本の自然について論議してみたいと思います。

4.4 日本の自然

日本の自然について，まず日本の自然構成を見てみましょう。日本の自然構成は，原生的自然が24.5％なのに比べて，二次林・植林地・農耕地などの二次的自然が69.8％と約7割を占めています[2]。これは，日本の自然の多くが「人の手の入った」「人の生活と共存してきた」ものだということを示しています。つまり，日本の国土には，上記で触れた世界のエコツーリズムが前提としている「原生の」「残された」自然環境と異なる場所が多々存在するということになります。

では，日本の「自然」概念はどのようになっているのでしょうか。日本は古来より宗教的に山や樹木などを神格化してきた社会であり，自然と調和した生活を営んできた，というのが長年通説となっていました（たとえば文献［8］）。しかし，近代化以降，日本でも他の先進国と同じように公害・環境問題に直面したことを受けて，日本人が自然と調和した生活をしているという前提に疑問が投げかけられました。とくに，環境社会学者や日本研究者は，この疑問への答えを出すため，日本の自然観を再考する研究や論議を実施してきました。

それらの研究や議論を通じて，日本人の考える自然には，人が足を踏み入れない野生のままの自然と，日本庭園のように手を加えて審美的に表現した自然の2種類の概念があるのではないかと理解されるようになりました。さらに，手付かずの自然と手を入れて共生する自然では，より後者の方に価値が置かれているのではないかと論じられています（たとえば文献［1］）。環境に関する意識について，アメリカ・ドイツ・日本の3国を比較したKellertは，日本人は他の2国民と比べると感情的に自然を愛でる傾向があり，相対的に見て生態学的知識が乏しい，と報告しています[10]。

加えて，Kalland and Asquithは，日本人にとっては審美的に加工した自然そのものより，加工する過程こそが重要なのではないかと指摘しています[9]。さらに，ベルクは加工，言い換えれば「文化化」した自然の方がより真の自然を感じさせているのではないか，と提言しています[6]。つまり，日本人が愛する自然というのは，すべての自然ではなく，人が長い時間をかけて手を入れ，ともに共生してきた自然だということです。そのため，庭園のように西洋では文化と分類される対象も，日本ではより自然らしい，と考えられるのです。

ところで，この「文化化」の過程にかかわる人々は，長年にわたる技術鍛錬はもちろん，動植物の種類・生息地域をはじめ，季節的特徴や歴史的背景をも含む，「生態学的」などという表現ではとても包括することなどできない知識を必要とされます。例として和の料理を取り上げると，和の料理は調理だけではなく，季節や祭事にあわせて器を選ぶことや季節折々の植物の葉・花・実などを使った飾り付けも非常に重要だとされています。いつ何をどのように利用して表現していくかは，修行で体得していくことはもちろん，日常で目に入ってくる景色や配色からヒントを得るべく気を配ったり，時には絵画鑑賞などをして芸術の造詣を深めたり，つねにアンテナをはりめぐらせていることが大切です[1]。

このように，日本では自然と文化を融合させることが大切で，文化的要素を含んだ自然，あるいは自然とも文化とも明確に区別できない対象，が歴史的に広く受け入れられ，そのような事象が人とつながりの薄い「自然」より重要視されているといえるでしょう。以上を踏まえ，以下では日本における環境にやさしい観光と地域振興について見ていきましょう。

4.5　観光と地域振興

ここからは，日本における環境にやさしい観光と観光振興について述べていきます。まず，観光振興の特徴を少し整理しておきましょう。よく言われているのは，観光振興では他の産業と違って，すでに地域にあるモノ・コトを利用できるということです。たとえば，地域に長らく引き継がれている夏祭りや田舎の風景や景観など，視点を変えることでさまざまな観光資源を見つけることができ，それらを上手く活用することで観光を成り立たせることができるのです。ちなみに，観光資源とは，「観光の対象，観光行動の目的となるあらゆるもの」[3] と考えられています。

また，他の産業と比べて設備投資が少なくてすむことも大きな利点です。重工業のように製品をつくるための工場などは必要なく，トイレや駐車場など，当面は最低限必要な施設を整えることで観光振興に着手できます。新たな大規模開発が必須ではないため，かつては環境にやさしい産業とも言われていました。もちろん，観光客が引き起こす観光地でのごみ問題やリゾートでの水質汚染問題など，現在では観光による環境への負荷も調査研究で明らかになっているため，最近ではこの理解は必ずしも正しくないと考えられています。

さて，観光振興が成功すると，さまざまな効果が地域にもたらされます。理論上，経済的には，観光関連の施設や案内業など，地域に新たな雇用が確保さ

1) 2003年に実施した美山町立自然文化村・大石料理長へのインタビューより。

れ，観光振興に従事する住民には現金収入がもたらされます。また，観光によって地域の知名度が上がり，人的交流・文化交流が盛んになると，Iターンなどの移住者が増え，過疎化や高齢化の解消につながります。さらに，地域の景観や環境，伝統や風習が観光資源になりうるため，地域の環境や資源を守り生かす，つまり地域文化・社会の存続にも役立ちます。さらに詳しい観光振興についての論議は他に譲りたいと思いますが，いま説明してきたように，観光による地域振興にはさまざまな利点があります。以下では，この章で論じてきた日本の自然と観光の関係について説明していきましょう。

4.6　日本における環境にやさしい観光

日本において，自然を対象とした観光が盛んになったのはさほど最近のことではありません。ですが，環境というキーワードを明確に打ち出した観光実践が行われるようになったのは十数年ほど前のことです。その一つにエコツーリズムがあります。日本のエコツーリズムは1990年に環境省（当時は環境庁）が国立公園の新たな利用方法として導入を検討したのが始まりだといわれています。当初は，国立公園の中でも世界的にも貴重な自然環境を有する北海道知床半島や沖縄県西表島などをモデル地域としていました。つまり，当初の日本のエコツーリズムで対象とされた地域は世界的な「残された自然」と同じ特徴を持つところだったのです。

しかしながら，環境省では1994年の「環境基本計画」で二次的自然の持つ多面的機能を認識し，古くから人々の生活圏にあって生業に活用されてきた里山と呼ばれるエリアに着目します。そして，里地里山とは「都市域と原生的自然との中間に位置し，さまざまな人間の働きかけを通じて環境が形成されてきた地域であり，集落をとりまく二次林と，それらと混在する農地，ため池，草原などで構成される地域概念」と定義して，このエリアを積極的に施策の対象としていきます。エコツーリズムにおいても，日本国内においては二次林・植林地・農耕地などの二次的自然が約7割を占めており，国内で環境にやさしい観光を実践していくには，この二次的自然も対象とすべきである[2]と主張されて，2004年のエコツーリズムに関する事業では「里地里山モデル」が設定され国内5地区が採用されています。

一方，農山村の地域活性化の視点からも，日本人がより自然を感じる自然，すなわち人々と共生してきた，生業の場である植林地や農耕地が観光対象となっています。植林地や農耕地が広がる農山村では，戦後の高度成長期以降，過疎化，高齢化，さらには輸入自由化の波にも飲み込まれつつあり，農林業の危機に直面しています。このような農山村の低迷を打開する地域再活性化施策の大きな柱として，農林水産省も二次的自然を対象とした観光「グリーン・ツーリズム」を1990年代前半に提唱しました。日本のグリーン・ツーリズムは「緑豊かな農山漁村地域において，その自然，文化，人々との交流を楽しむ滞在型の余暇活動」[5] と定義されています。このグリーン・ツーリズムでは，農村は「なつかしい心の故郷」であるとともに，「自然と人が共存してきた」貴重な自然が残る地域だと強調されています。

このように，日本人が好む自然，すなわち人と共生してきた二次的自然，を対象とする観光が昨今盛んになっており，そこでのキーワードに環境にやさしいという概念が含まれています。以下では，自然を対象とした観光の実例として，日本の京都府美山町の例を少し紹介しましょう。

4.7　美山町の事例

4.7.1　美山町の概要

京都府南丹市（旧北桑田郡）美山町は，京都市から北へ54 km，日本海から南へ50 km，京都府の中部にあり，標高600 mから800 mの山野で構成される丹波高地の東部に位置する農山村です。町の面積340 m^2 のうち約96 %は山林で，残りの4 %弱に河川（由良川とその支流），農耕地，宅地などがあって，地理的に分断された5地区57集落に人口約5200人，約1700世帯が暮らしています。人口のうち約33 %が65歳以上となっており，高齢化が進む過疎指定地域です。

1995年時のデータでは，世帯数約1700のうち約900戸が農業を営み（うち700戸ほどは兼業農家），約1000戸が私有林を所有していました。その所有規模は，農地1 ha以下が830戸ほど，私有林5 ha以下が700戸弱と共に小規模でした。このデータが示していることは，美山町では多くの世帯が農地や私有林を小規模ながらも所有し，農地や林地を活用しながら生活してきているということです。ゆえに，美山町の景観は『日本昔話』に出てくるような，日本人が懐かしいと感じる，人々の生活と自然が結びついた歴史的文化的な景観となっています。

美山町の観光資源としてよく紹介されるのは，1995年に伝統的建造物群保存地区に選ばれた「かやぶきの里・北集落」や，1921年より地上権を設定して京都大学と借款契約が結ばれている京都大学フィールド科学教育研究センター・森林ステーション・芦生研究林（旧芦生演習林）です。その他，地域住民や木地師が生業の場としていた森，町内に広がる農村風景，山林，田畑，民家，河川など，美山町の環境すべてが来訪者を魅了しています。

美山町が観光を村おこし施策として本格的に取り上げたのは1989（平成元）年からで，町内に広がる農地・山林・河川・民家などすべてを対象として観光による地域振興に取り組んでいます。観光による振興に取り組み始めた1989年には観光客入込数は年間24万人強でしたが，その後2001年に50万人を突破，2003年には70万人を超えました。

以下では，この美山町において，観光の中心的な役割を担う地域行政，地域住民，観光業者，観光客の4主体，それぞれの美山町の捉え方と観光へのかかわり方を分析して，日本人が好む自然を対象とする観光による地域振興について考えていきたいと思います。

4.7.2　美山町の観光振興と行政

美山町の村おこし施策は過疎化・高齢化および山野の荒廃を食い止めることを目的に1978年から始まりました。当時，美山町は1960年代の林業不況に高度成長期が拍車をかけて，農地・林地がひどく荒れており，危機的な状況でした。そこで，町行政は町内全57集落にアンケート調査を実施し，年間180回以上の集落懇談会を開いて住民と話し合い，地元住民が農地整備と農業の近代化を望んでいることを把握しました。この住民の要望に応えるため，美山町では1978年から10年かけて農地整備と農業の近代化を町内全体で推し進め，1988年には全57集落での圃場整備と農事組合の設立を成し遂げました。

山野の整備・復興が一段落した1988年，折しも京都国体があり，美山町でも国体における競技誘致をしました。この誘致が成功すると，それをきっかけに1989年から美山町は観光振興へと町の施策を転換させていきます。1989年には

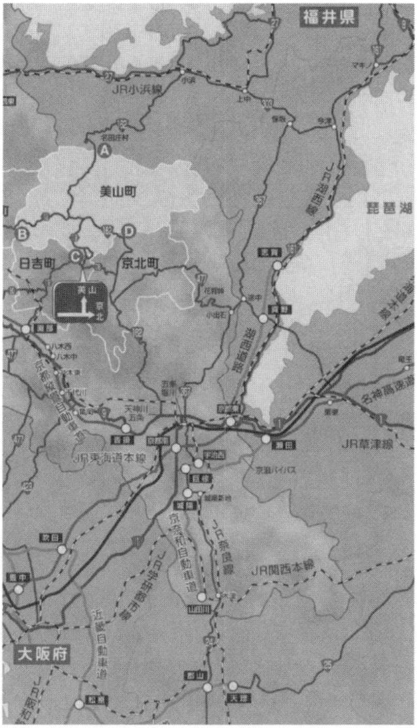

図 4.1　美山町の地図
出所：『京都府美山町みやまマップ』より

図 4.2　美山町の風景 -1

図 4.3　美山町の風景 -2

図 4.4　美山町かやぶきの里・北村の散策

図 4.5　美山町芦生ハイキング

交流拠点となる観光複合施設・美山町立自然文化村[2)]が設立され，町内5地区（旧村）単位の村おこし推進委員会の設置が行われています。なお，自然文化村設立の際には，美山町行政は競合となりうる料理飲食業組合などと会合を開き，地域振興のために設立への理解と了承を懇請しており，住民との対話を疎かにはしませんでした。

美山町の観光振興がさらに発展するのは1993年以降，知井地区北集落がかやぶき家屋の残る農山村集落として重要伝統的建造物群保存地区（伝建地区）に選定され，また，農林水産省が提唱したグリーン・ツーリズムを受けて美山町でもグリーン・ツーリズム構想を策定し実施していったことが大きかったと考えられます。美山町のグリーン・ツーリズム構想では美しい農村景観，美山らしさ，そして住みよい農村空間を作り出すことが基本理念とされており，2001年にはその成果が評価されて「優秀観光地づくり賞」金賞・農林水産大臣賞を授与されました。その後，美山町は観光による地域振興から住民主導による「日本一の田舎づくり」へと村おこし施策を進歩させ，町内5地区に住民が自ら企画立案して地域振興を実施できる組織「振興会」を設立しています。そして各振興会に町職員を配置して住民サービスや人材育成を行う一方，住民主導による各振興会独自の来訪者意識調査や美山町を訪れる国際視察団との研究交流，あるいは民家宿泊による農村都市交流などを実現させています。

このように，美山町行政は住民の意見や活動を大事にしつつ，美山という地域を活性化し存続させていくことを目的に，地域振興に取り組んでおり，その一手段が観光となっています。

4.7.3　地域住民

美山町行政が観光を地域振興の主軸に置いた1989年より前に，美山町では地域住民による観光振興が始まっていました。町民の観光やその対象に対する考え方は，長きにわたって共生してきた山林，農地，さらには集落，美山という地域を資源として生かして観光や交流事業を行い，地域を活性化しようというものです。

上記で述べた1993年に伝建地区に指定された北集落は，1970年代から伝建

[2)] 広域合併にともない，現在は財団法人美山町自然文化村と名称変更されているが，ここでは美山町立自然文化村と統一表記する。

地区の候補として上がっていました。また，北集落と同じように，美山町内でも伝建地区候補に上げられた地域は複数ありました。しかし，かやぶき家屋を保存するには物理的・金銭的に大きな負担がかかるだけでなく，住民にとって自分の家を住みやすく改築することなどが難しくなることから，多くの地域では選定に対して消極的でした。しかし北集落では，厳しい耕作条件や就労状況を打開し，地域の高齢化に歯止めをかけて若返りを図るため，住民による説明会・学習会を繰り返し開いて伝建地区選定を実現させました。その際，北集落は「村そのもの」を資源として地域を活性化できないだろうかと真剣に模索し，かやぶき家屋だけでなく，村の景観そのものに対しての指定を受けることに成功しています。その後，資料館や飲食・販売施設，宿泊施設を整備し，活性化を推し進めて現在に至っています。

北集落以外にも，美山町の観光振興に一役買った地域に芦生があります。現在，美山町で最も人気のあるツアーの一つに，かつて9集落の共有林であった京都大学芦生研究林でのハイキングがあります。このハイキングは，もともとは住民がダム反対運動の一環で始めた森林散策に端を発しています。芦生にダム建設の話がもちあがったのは1960年代末で，電力会社が京都大学芦生研究林（当時は演習林）内で揚水発電ダムを建設しようとする計画を立案・提示し，土地権利者である9集落の住民と町に莫大な補償金を支払うと申し入れました。これに反対する芦生集落を中心とする住民グループは，ダム建設による一時的な経済活性化よりも共存してきた芦生の森を守ることが大事だと主張し，町外からも反対賛同者を募り，彼らに少しでも芦生を理解してもらおうと森を案内しました。これを1990年代初めに町営施設・美山町立自然文化村などが集客目的で発展させたのが現在のハイキングツアーです。なお，芦生集落でも宿泊施設・芦生山の家を通じて地元のガイドがハイキングを実施しており，参加者に芦生，美山という地域を守ることの重要さを訴え続けています。

その他，田植えや間伐作業を定期的な体験・交流プログラム化し，農作業の人手不足解消と農村都市交流を同時に実現しようとしている神谷集落や，江和集落住民が設立した観光農園江和ランド，洞集落住民が開校した美山森林学校など，町内各所で住民が共生してきた山林や農地，集落を守り生かしていくためのさまざまな取り組みが行われています。このように，美山町住民は町行政に先導されてというよりは，自らの手で自分たちの生活の場である自然も人も包括する「美山」を守り生かすために観光に携わっています。

4.7.4 旅行業者

旅行業者の美山の捉え方は，地域住民や行政とは異なっており，彼らは美山町の環境保護における価値を表面に出してツアーを運営することが多いようです。そもそも，美山町でのツアー運営は規模が限定され高利潤が見込めないため，利益を最優先する業者はあまり関与していません。美山町立自然文化村と提携して芦生原生林ハイキングを実施している旅行業者数社は，美山町内の「貴重な自然が残る」芦生でのハイキングを「環境意識の高いツアー」と位置づけて提供することで，旅行業者としての差別化を図っています。提供しているハイキングツアーを「エコツアー」と銘うっている企業もありました。また，田舎体験を中心とする修学旅行を運営する旅行業者は，「自然あふれる日本の原風景」を有する美山町での環境学習を提唱し，美山町でのツアー運営は新しいツアー形態を検討するためのノウハウの蓄積に役立っていると語っています。

芦生の森を案内する自然ガイドも，環境という切り口は重要だと考えています。自然文化村と契約していた町外出身のハイキングガイドは，芦生の森を「動植物の種類が非常に多く季節によっても特色が違う，たいへん貴重な森」だと説明し，それなりの生態学的な専門知識を提供することが必要だといっていました。参加者からも生態学的な説明を求める声が多いそうです。反対に，地元の人々が芦生の森と共存してきたからこそ得た知識，たとえば植物の効用などは，京都大学が環境保護を理由に一般利用者の植物採取を禁止していることもあって，ガイドとして利用するのは容易ではないそうです。町内に移住し，町民の視点をより重視する自然ガイドも，動植物に関する知識・情報の提供は必ず実施しており，ハイキング参加者の「環境学習」に一役買っていることが示唆されます。

このように，ツアーを提供する側は，美山町を貴重な自然を有する地域だと理解し，環境学習に役立つと考え，生態学的知識の提供を重視しています。ゆえに，ツアー提供者にとっては環境保護・保全理念が美山町の自然を資源化するのに重要な要素となっています。

4.7.5 観光客

最後に，観光客はどのように美山を捉えているのでしょうか。多くの来訪者にとって，美山町は気軽に来られる身近な「農村」のようです。美山町の観光客の多くは関西圏からの日帰りで，自然文化村によると京阪神からの利用客が全体の7割，日帰りが全体の9割以上を占めているとのことです。なかでも中高年が多く，たとえば自然文化村が実施している芦生ハイキング参加者は約8割が50歳以上となっています。美山町に来訪する理由については，美しい風景を楽しむため，のんびりするため，あるいは自然に触れるため，というのが多くを占めています。

美山町の環境について観光客に尋ねると，多くの回答者はこのまま美山の景観を守り続けてほしい，と答えます。そこでさらに踏み込んで，では自分たちに何ができそうかと質問すると，美山は美山の住民が守るべき，美山の人が作った野菜を買うくらい，という消極的な答えが返ってきます。つまり，多くの観光客にとっての美山とは，近くて安価で来られる，誰かが守り続けてくれる身近な「自然」であり，見て楽しむ景観であって，自分たちが直接保護しなければいけない場所ではありません。もちろん，地域住民による市民農園や森林学校，集落主催の交流に参加する来訪者もいて，美山での経験を自身の仕事に生かそうとしたり，美山の人々が持つ知恵を吸収しようとしたり，各々の目的と美山への敬意を持って定期的に通っているようですが，全体における割合としては非常に少ないのが事実でしょう。

4.7.6 美山町の事例から学ぶこと

以上，美山町の事例について，行政，地域住民，旅行業者，観光客の視点を紹介してきました。ここで，美山の例から学べることを少し考えてみたいと思います。美山町の観光資源は，日本人が好む，人と共生してきた自然，昨今よく使われる言葉では里山そのものだといえるでしょう。この生業で活用され続けてきた二次的自然を対象とする観光においては，主体によってどのように観光対象を捉え，どのように利用しているかが大きく異なっていたことが美山町の例からわかるでしょう。美山町の行政や住民にとって，観光対象となっている二次的自然は彼らの生活の場であり，過去・現在・未来どの時点においても守り生きていかなければいけない環境です。そして，観光は生活の場としての自然と共生し保全していく一手段であり，まさに地域を守り生かすために観光振興に取り組んでいるのです。

一方，旅行業者は同じ対象，すなわち美山町の農地・林地，さらには農村としての空間に対して，環境保護における価値を見いだしていました。そして，美山町の人々が共に生きていこうとする環境を，残された自然あるいは日本の原風景として強調し，積極的に観光業に活用しようとしています。観光客は，生活の場でもなければ環境保護でもない，身近な農村，なつかしくてのんびりできる田舎と捉えて，美山町を訪れていることが把握できたでしょう。旅行業者や観光客が美山町に投げかける視線と地元が考える美山町には大きな差異があることは明白です。

まとめると，美山町の例では，人と自然が共生してきた環境を活用して観光振興を実践していましたが，町内外で観光にかかわる人々の環境に対する視点や理解，想いは異なっていたのです。環境保護と観光振興，どの関係主体も間違った理念や実践はしていないでしょうが，地域社会と観光にかかわる外部者・団体との間には，対象となる「自然」の理解に大きな差があるのです。

4.8　これからの環境観光と地域振興

この章では環境と観光，とくに自然の文化的意味と地域観光振興に注目して，日本人にとっての自然とそれを活用した観光実践について論じてきました。環境にやさしい観光は現代社会における環境保護意識の高まりを背景にここ数十年で急速に発展してきた観光形態です。しかし，その観光形態で対象となる「自然」には残された自然，手付かずの自然，といった傾向があることが明らかとなっています。他方，日本人にとっての自然には，手の入らない自然と手を入れて文化化した自然があり，手を入れた自然，さらには手を入れて加工する過程の方が重要であるようです。

そのことを踏まえたうえで日本における環境にやさしい観光を見てみると，国際社会と同じようにエコツーリズムやグリーン・ツーリズムといった観光形態が導入され，実践されるようになっていますが，対象となる自然としてはやはり人と共生してきた二次的自然に注目が集まっています。しかし，実際の観光実践の事例を見てみると，観光にかかわる各主体によって，対象となる自然の理解や解釈が異なっているのが明らかとなりました。

人と共生してきた自然を対象とする観光において，対象となっている自然や環境は，地域住民にとっては生業としての農林業を営むための場でした。言い換えれば，貴重な環境でも賞賛すべき自然でもなく，活用しながら共生してきた生活の場です。しかし，観光する側や観光を提供する側は，同じ対象を守るべき貴重な環境として捉えていました。このように，日本の二次的自然を対象とする観光では，世界における環境にやさしい観光が対象としがちであった自然とは異なり，さまざまな主体が各々の目的と理念を持って同じ観光対象を捉え，それぞれの目的や理念を満たすために活用しようとしていると考えられます。観光実践だけを捉えれば，各主体によってさまざまな解釈があり，複雑であるが多様な活用が可能である，という結論も導き出せるかもしれません。しかし，それは観光対象となる環境を有し共生・保全していかなければならない地域住民や行政にとっては必ずしも望ましいことではないでしょう。二次的自然を対象とした環境観光の場合，やはり地域を優先するということが非常に大切になってきます。

日本の事例のような「自然」を対象とする観光においては，さまざまな主体がどのように観光対象を捉え，利用しているのか把握しなければなりません。この点を検討することは，今後，日本や東アジアをはじめ，類似した自然観を持つ地域にとっても役立つことになると思われます。観光はこれからも発展していく産業であり，環境保護も人類にとって無視することのできない課題であり続けるでしょう。環境保護と地域観光振興の両立には大きな可能性がありますが，その第一歩として，何を守るべきなのか，誰のために守るべきなのか，この２点を必ず念頭に置いておかなければならないと思われます。

【参考文献】

［1］唐木順三：“日本人の心と歴史”筑摩書房（1970）

［2］下村彰男：社会システムとしてのエコツーリズムに向けて，科学，72（7），pp.711–713（2002）

［3］須田寛：“新・観光資源論”交通新聞社（2003）

［4］堂下恵：エコツーリズムにおける「自然」，総合観光研究，2，pp.39–42（2003）

［5］21世紀村づくり塾：“グリーン・ツーリズム（グリーン・ツーリズム研究会中間報告書）”（1992）

[6] A. Berque : "Le Sauvage et L'artifice — Les Japonais Devant La Nature" (1986) ／篠田勝英訳："風土の日本" ちくま学芸文庫 (1992)

[7] The International Ecotourism Society: "Ecotourism Statistical fact Sheet" (2000)

[8] A. Kalland : Culture in Japanese Nature, in O. Bruun and A. Kalland (eds) "Asian Perceptions of Nature : A Critical Approach" Nordic Proceedings in Asian Studies, pp.218–233 (1992)

[9] A. Kalland and P. J. Asquith : Japanese Perceptions of nature : ideals and illusions, in P. J. Asquith and A. Kalland (eds) "Japanese Images of Nature : Cultural Perspectives" Curzon, pp.1–35 (1997)

[10] S. R. Kellert : Japanese perceptions of wildlife, *Conservation Biology*, 5 (3) , pp.297–308 (1991)

[11] J. McCormick: "The Global Environmental Movement" 2nd edition, Wiley (1995)

[12] P. Macnaghten and J. Urry : "Contested Nature" Sage (1998)

[13] M. Mowforth and I. Munt : "Tourism and Sustainability" Routledge (1998)

[14] D. Pepper : "Modern Environmentalism" Routledge (1996)

[15] World Commission on Environment and Development : "Our Common Future" Oxford University Press (1987)

[16] World Tourism Organization : "Ecotourism, Now One-Fifth of Market, January/February" (1998)

[17] World Travel and Tourism Council : "Executive Summary : Travel and Tourism Navigating the Path Ahead" (2007)

第5章

外国人観光客の増加と地域の活性化—言語サービスの意義

石川県は人口が120万人ほどの小さな県であり，その中心の金沢市は人口46万人ほどです。石川県は，自然に恵まれ，伝統的な文化が金沢に残っており，多くの観光客が訪れます。石川県は，他に主たる産業がないことから，従来から観光事業の振興に力を入れてきました。しかし，昨今では，国内からの観光客の数は頭打ちであり，今後急激に増加するとは考えにくい状況です。そんなことから，今後の県の観光事業の課題の一つは，外国からの観光客を増やすことです。そのためには，外国人観光客に言語サービスを提供して，外国人が観光しやすい県にしていく必要があります。なお，「言語サービス」とはあまり聞き慣れない言葉ですが，要は「多言語での標識，パンフレット，ホームページを充実させて，外国人観光客の利便を図る」ことであり，今後，外国人観光客増加のためのキーワードになると考えられます。

現在，石川県では，「新ほっと石川観光プラン」が策定されています。その骨子は北陸新幹線が開業する予定の2014年までに，入り込み客数の目標を2500万人にすることです。この数字は，2003年は2150万人であったので，16％の増加を見込んでいます。さらに，海外からの誘客を2003年の3倍にあたる15万人に拡大することを目標に掲げています。これらの数字がそのまま実現することが理想ですが，そこまでは無理としても，一歩でもその数字に近づくことが望まれます。外国からどの程度，観光客を呼べるかが，この「新ほっと石川観光プラン」が成功するかの鍵となります。そのためにも外国人観光客への言語サービスの提供が重要なこととなってきます。

5.1 外国からの観光客

外国からの観光客ですが，京都を訪れる外国人が特急で2時間強ほどの距離にある金沢まで足を伸ばすことも多く，また，金沢から車で1時間弱の距離にある小松空港は，ソウルとの間に週4回の定期便があり，韓国からの観光客も増加しています。さらに上海との間に定期便が開設されて中国からの観光客が訪れるようになりました。さらには台湾との間にチャーター便が頻繁にあり，多くの訪問客がいます。さらには，近隣の富山空港は中国東北部の中心の一つである大連との間に週4便があり，富山を訪れた中国人観光客が石川県を訪問することも考えられます。このように石川県は地理上・交通上，必ずしも外国からのアクセスが不便なわけではありません。

どれくらいの数の外国人観光客が石川県を訪れたかの点ですが，正確な数字は分からないものの，金沢市の中心にある兼六園を訪問した数が，外国人観光客の総数を推測する際に参考になります。県民文化局国際課によれば，2001年時点で，2万6810人の外国人が入園しています。

どの国からの訪問者が多いかの点ですが，兼六園訪問者数では，国別の内訳は記録しておらず，大ざっぱな地区別集計だけです。ただ，その場合でも，ある程度の傾向はつかめます。1990年と2001年ですが，それぞれ合計で2万3652人，2万6810人の外国人が訪れています。地区別には，1990年時点では，欧米諸国からの観光客が全体の39.9％を占めていましたが，2001年では28.1％と減っています。ところが，アジアからの訪問者は，49.3％から65.5％へと増えています。

これらの数字から，石川県の観光において，比重が欧米諸国からアジアへと移行していることがうかがえます。事実，「新ほっと石川観光プラン」においても，誘致する外国人については，韓国，中国，台湾などの東アジア地域を重点地域としているのです。

県の国際交流協会などに置かれているパンフレットですが，従来は，欧米諸国からの観光客が多かったために，名所旧跡の案内などのパンフレットは，ドイツ語版，フランス語版が数多く用意されていました。さらに，多くのボランティアが英語（若干名が独仏語）の観光ガイドとして登録していました。しかし，近年はアジア向けの観光案内の大切さが理解されるようになり，韓国語版・中国語版（台湾向けを含む）のパンフレットが増えています。ただし，アジア系の言語を理解する人が観光ガイドとして登録していることは少ないようであり，現在でもほとんどの観光ガイドは英語のガイドです。

5.2　ビジット・ジャパン計画

石川県では，外国人観光客の数を増やすことに努力していますが，現在政府によって，ビジット・ジャパン計画が推進されています。国土交通省は「経済財政運営と構造改革に関する基本方針2002」を，次に，外国人旅行者の訪日を促進する「グローバル観光戦略」を関係府省と協力して策定し，2002年（平成14年）に発表しています。この戦略は，当時，日本人の海外旅行者が約1600万人であるのに対して，我が国を訪れる外国人旅行者は，その3分の1以下である約500万人に過ぎないことから，その数を1000万にまで高めてその格差を是正しようとするものです。

グローバル観光戦略として，国土交通省では「「世界に開かれた観光大国」を目指す！〜グローバル観光戦略の構築について〜」という標語のもとに，以下の4つの戦略をうち立てています（観光立国行動計画のホームページ[8]より）。

戦略1「外国人旅行者訪日促進戦略」：ビジット・ジャパン・キャンペーン，海外重点市場のニーズに応じた旅行商品の開発，販売等

戦略2「外国人旅行者受入れ戦略」：他国に遜色ない国際空港・港湾，アクセスの向上，複数国で使える多機能ICカード，外国人にとっても魅力ある観光交流空間づくり等

戦略3「観光産業高度化戦略」：旅行業における外国人旅行者向けツアーの企画・開発，宿泊業における泊食分離，企業間連携の強化等

戦略4「推進戦略」：政府においては関係府省が一丸となって推進，国及び自治体，民間企業等が官民一体となって推進する母体「戦略推進委員会」の設置等

さらに，2003年（平成15年）に観光立国懇談会が設置されて，同年4月に観光立国懇談会報告書が出されました。これを受けて，観光立国関係閣僚会議が開かれ，同年7月に，「観光立国行動計画」が発表されました。これには，五つの柱が示されています。(1) 21世紀の進路「観光立国」の浸透，(2) 日本の魅力・地域の魅力の確立，(3) 日本ブランドの海外への発信，(4) 観光立国に向けた環境整備，(5) 観光立国に向けての戦略の推進，です。ビジット・ジャパン計画は，この中の(3) 日本ブランドの海外への発信の中の一つの政策と考えられます。

興味深いのは，(4) 観光立国に向けた環境整備の説明であり，ホームページでは以下のように説明がなされています（観光立国懇談会報告書のホームページ[9] より）。

> 旅行環境，とりわけ外国人旅行者が日本を訪問する際の，また日本での滞在時における快適性を確保するための環境整備に係る施策を打ち出している。多くの人は，行き慣れない国を訪れる際，スムーズにその国に入国すること，迷うことなく目的地に到達すること，その国の人と最低限の意思疎通ができること，などを強く願うであろう。これは日本を訪れる外国人にとっても同じであり，ここでは例えば，国際空港の充実，CIQ体制，外国人が一人歩きするための環境整備，国際交流時代に対応した人材育成などに係る施策を挙げている。

これらは，具体的には，「外国人にも分かる災害情報，気象情報の提供」「携帯電話等を用いた多言語自動翻訳システムの研究開発」「外国人が一人歩きできる環境整備」などの施策ですが，これらが実行されれば，観光に訪れた外国人は大いに恩恵を受けることになるでしょう。

これらの政策は，精力的に持続されており，2005年冒頭の施政方針演説で小泉首相（当時）は以下のように述べて，この行動計画を遂行する強い意志を表明しています（2005年1月21日付の朝日新聞より）。

> 外国人旅行者はこの1年間で90万人増え，初めて600万人を超えました。観光は地域や街の振興につながります。ビジット・ジャパン・キャンペーンの強化や姉妹都市交流の拡大により，2010年までに外国人訪問者を1千万人にする目標の達成を図ります。既に，中国，韓国からの修学旅行生の査証を免除するとともに，地下鉄の路線や駅名に番号を付けるなど外

国人の受け入れ環境の整備を進めています。美しい自然や景観，地場産業など各地の個性をいかした観光地づくりを支援します。

5.3 外国からの観光客誘致の問題点

現在，このように，政府の「観光立国計画」や石川県の「新ほっと石川観光プラン」において外国からの外国人を誘致することを大きな目標としています。石川県がこれらの計画を推進して，観光客の誘致をする場合には，さまざまな問題点があります。それらは次のような点でしょう。

(1) 石川県は，台湾，韓国，中国からの観光客の大幅な増大を見込んでいますが，現状では，大阪，京都，東京との競争において，負けています。東アジアからの観光客にとって，古都である京都や奈良を訪れて，新幹線に乗って富士山を眺め，東京の秋葉原で買い物をして東京ディズニーランドで遊ぶというコースが定番化しており，北陸まで足を伸ばすことは難しいでしょう。ましてや，東アジア以外からの観光客になると，交通の便の悪さもあってなかなか石川県まで足を伸ばしてもらえません。

(2) これは，上記のこととも関連しますが，石川県の知名度がまだ高くありません。東京，大阪，京都などの大都市に比べるとかなり劣ります。たしかに日本人の間では，「金沢」はある程度の知名度があり，小京都と呼ばれているように，かなり集客力のあるブランドであると考えられます。しかし，外国人の間では，「金沢」はブランドではありません。それゆえに，どのようにして知名度を高めるかが問題です。

(3) 石川県においても，全域が観光に向いているわけではなくて，能登半島や加賀の山間部は観光地としては外国人向けに整備されていません。その意味で，金沢は石川県の中では抜群の知名度があり環境整備が進んでいますが，他の地域と比較すればアンバランスとなっています。

(4) これは上記とも関係しますが，能登半島では，過疎の問題を抱え，若い人口の流失が目立ち，観光の誘致どころか，地域社会の基盤自体が崩れようとしています。銀行や病院や鉄道などの住民にとって欠かせないインフラの維持さえも難しくなってきています。観光客の増大で地域の活性化，利用者の増大で鉄道などのインフラの保持を可能にしたいところですが，奥能登では，民宿などの従来の観光客への依存産業も廃れつつある面もあり，観光業自体が衰退化しています。

5.4 考察

石川の観光の問題点として上記のような問題点がありますが，これらを次に検討していきましょう。

5.4.1 大都市との競合関係

東京，大阪，京都などの大都市との競争が厳しいという点ですが，初訪問の観光客は狙わないで，日本へのリピーターを狙うという方法があります。現在，石川県には二つの空港があり，小松空港は上海（週3便），ソウル（週4便）との定期便があります。能登空港は羽田便のみですが，東京経由で外国人観光客の来県が見込まれます。また富山県の富山空港からは，富山–大連間に飛行機が飛んでいる関係で，富山県経由で外国人観光客の訪問も考えられるでしょう。リピーターに的を絞れば，これらの空港の利用価値が高まります。

このことは，石川県を単体と考えないで，北陸地域全体を視野に入れて，富山，石川，岐阜という一つのブロックとしてアピールすることで外国人観光客の増大に貢献することができます。なお，通常は石川県は富山県，新潟県，福井県などと一緒に考えられることが多いのですが，その場合は横に長いベルトとなり，まとまりがよくありません。むしろ，石川，富山，岐阜という3県を一つの固まり（ブロック）と考えると好都合です。大薮は中国東北部からの観光客を意識して次のように述べています[1]。

> 北陸地域共通の観光資源としては自然資源である山岳（石川・白山，富山・立山，岐阜・乗鞍）と温泉が主なものとして考えられる。さらに，各種伝統芸能，歴史文化資源として古い町並みがある。白山は白山国立公園に属し，立山は中部山岳国立公園に属している。これに属する立山・黒部アルペンルートは他県からの観光客の人気が高い。（中略）スキー・ゴルフは共通のスポーツ資源として存在する。中国東北部では，温泉や山などの自然資源がほとんど無いため，山岳や海など資源活用も考えられ

る。中国からの観光客の他の有望な目的として以下のものが挙げられる。それは，「ショッピング，体験（着物着付け），社寺仏閣，花火大会，電気製品（デジカメなど），車，産業観光」である。

中国から北陸地域を訪問する場合，費用とその魅力が重要な問題である。聞き取り調査によると，費用としては8000±10％元（14円/元，約11万円）が限度とのことである。このコストを視野にいれて観光スケジュールを構成する必要がある。受け入れ側の体制としては，単に来てもらうことのみを求めるのではなく，言語や文化の違いがあることを明確に伝えておく必要がある。

要は石川県は東京・大阪・名古屋といった大都市と競争をするのではなくて，補完的な位置にあることを意識して，それに相応しい政策をとっていくべきです。必要なのは大都市にない魅力をアピールすることです。そのためには，宣伝を行う必要があります。とくにホームページは重要です。県のホームページを魅力あるものにする必要がありますが，それにはさまざまな観光関係のホームページにリンクすることであり，それらを多言語化することであり，それにより外国人観光客からのアクセスの回数が増えるのです。

5.4.2　能登半島の価値の見直し

石川県の観光価値を高めるには，能登半島の魅力をアピールすることも必要です。それは，能登半島の人びとが意識してユニークな取り組みをすることで可能になります。その一つの例として，和倉温泉の加賀屋への台湾からの観光客の増大への取り組みが上げられるでしょう。観光カリスマに関するホームページからの説明によれば，以下の通りです。

小田禎彦氏は，加賀屋の代表取締役会長です。小田会長は観光カリスマ[1)]に選ばれています。その理由は，和倉温泉の旅館「加賀屋」を「プロが選ぶ日本のホテル・旅館百選」において総合1位の座につく和風旅館に育て上げ，現在も「23年連続日本一」の座を維持し続けていること，台湾誘客の先鞭をつけて

[1)] 石川県の観光カリスマは二人だけであり，小田会長の他のもう一人は，萬谷正幸（よろずやまさゆき）さんで，社団法人石川県観光連盟副会長（石川県加賀市）である。京都でも観光カリスマは二人しかいないようであり，その意味で，石川県に二人の観光カリスマがいることは注目に値する。

いることです。

小田氏は，旅行の国内需要が限られていることから，海外市場にいち早く目を向け，外客誘致を最重要施策と位置づけ，1996年（平成8年）から台湾誘客に乗り出したといいます。台湾では，企業が成績優秀者や取引先を旅行に招待する「インセンティブ・ツアー（報奨旅行）」が日本以上に活発であることに小田氏は注目し，台湾の旅行社を通じて保険，自動車，化粧品会社などに自ら奔走し，積極的に働きかけるとともに，現地の新聞やテレビにも積極的に広告を出すなど「日本一の旅館」加賀屋の存在をアピールし，「加賀屋へ行こう」の合い言葉を浸透させ，加賀屋を台湾で最も有名な日本旅館にしました。その結果，台湾から旅行者が多数訪れ，加賀屋に泊まることがステータスとなるほどの人気となっています。台湾誘客に乗り出した1996年には5500人，1997年以降は年間約8000人の台湾客が訪れている，とのことです。和倉温泉を台湾に売り込むというユニークな発想をして成功させたことは注目に値します。

もう一つのユニークな，能登半島を国際化しようとする取り組みとして，七尾市の「演劇文化で賑わうまちづくり」のプロジェクトを紹介しましょう。中島町（現在は七尾市の一部）は，仲代達也の率いる無名塾が練習する地として中島町を選んだことをきっかけとして，演劇への関心が高まりました。町民は能登演劇堂を作り，そこを中心に演劇の町として発展させようとしました。この村おこし・町おこしの精神は，中島町が合併により七尾市の一部となってからも受け継がれており，関係者たちは「演劇文化で賑わうまちづくり」を目指しています。

関係者たちは現在，アメリカのオレゴン州にある演劇の町といわれたアッシュランドを見ならい，国際演劇祭を行おうとの非常に野心的な計画を立てています。この場合は，対象となる外国人観光客はアメリカを中心とした欧米系の人たちになるようです。その場合の課題として，外国人全般への開かれた演劇が可能かどうかという問題があります。演劇の公演としてはシェークスピアのような欧米の有名な題材を取り扱ったものならば，どこの国の人にもアピールしますが，やはり欧米偏重ともいえるでしょう。どのような演目が国内の観客や東アジアからの観光客にアピールできるか検討の必要があります。

いずれにしても，外国人観光客が来る場合は，町の多言語化が必要です。現在，旧中島町内では外国人がたくさん訪れるという事態を想定しておらず，実際のところ，どこも日本語による標識だけです。多言語化に対応するには，まず能登演劇堂のホームページから始めるべきでしょう。次には，公演のときに，費用はかかるでしょうが，イヤホーンを備え付けて随時対訳を聞けるようにしていくことも効果的でしょう。あるいは，劇の内容をパンフレットに多言語で簡単に記しておけば，それを公演前にあらかじめ見ていくことで，外国人にとっても，かなり内容が分かるようになります。これらの地道な取り組みが外国人の観客の増加につながるでしょう。

5.4.3　どこの国をターゲットとするか

外国人観光客を増やすためには，どこの国から観光客を誘致するかの問題があります。近年の経済発展を考えると，中国が今後ますます有望な対象として考えられます。大薮は，次のように述べています[1]。

> 一方，中国東北部においては経済成長が著しい。2004年度の中国のGDPは1.37×10^5億元（約192兆円）で成長率は9.5％となっている。一人当たりのGDPは9000元（約14円/元）を超える。この平均所得は未だ少ないが富裕層の年収は日本と同等かそれ以上の市民も多くいる。日本の物価高を考慮すると余裕資金では日本を凌ぐ方も多い。このような経済成長とともに，中国においては観光・教育・住宅・車などへの投資が盛んである。観光においては，アジアよりもアメリカや欧州への観光欲が高い。ヨーロッパと日本へのフライト代が余り変わらないことも大きな要因である。日本と中国はアジアという共通の文化や歴史を保有しており，方策によっては観光交流の促進が期待できる。さらに，富山県は中国・遼寧省と友好提携を結んでおり，また，石川県・七尾市と大連金州区は姉妹都市関係にある。

石川県の地理的な位置からは，まず東アジア，とりわけ中国，台湾，韓国に注目する必要があります。これらの地域からどれくらい外国人を呼び寄せることができるかが石川県の観光業の発達の大きな要となります。これまで概要を述べましたが，施策が遂行されていくためには，さまざまな体制整備が講じられなければなりません。具体的な例として，次節において，言語サービスについて論じていきます。

5.5 外国人観光客のための多言語標識（東京都の例から）

外国人が観光しやすくするために，町のいたる所に，多言語標識が存在することが望まれます。この点で自治体としては東京都は最も進んでいる地域の一つとしてあげられるでしょう。東京都では，少なくとも日本語，英語，韓国語，中国語による多言語標識が必要であると考えられています。『平成14年度国際化に関する各局の取り組み状況』[11] によれば，1980年代以降の多言語表示にかかわる具体的な施策は以下のようになっています。括弧内は担当部署（この節では，以下，バックハウス[5] からの資料による）。

- 都内の道路標識はローマ字を併記する（建設局）
- 駅構内の案内表示と運賃表の英語・ローマ字は併記とする（交通局）
- 地下鉄車両内電光表示案内では英語を併記する（交通局）
- バス車内にローマ字での停留所・行き先・乗換案内をおこなう（交通局）
- 押しボタン式信号機の英文字を併記する（警視庁）
- パーキング・チケット発給設備では英語を併記する（警視庁）
- 交番に「KOBAN」を併記する（警視庁）
- 都庁舎内敷地の案内表示板では英語を併記する（財務局）
- 避難場所標識に英文を併記する（都市計画局）

言語サービスの最も目立つものは多言語表示でしょう。なお，公共空間に設置されている多言語表示は多くの人の目にとまるため，情報を伝える以外に，まちの全体的な風景にも影響を与えます。その意味では美的な配慮も必要であることを忘れてはいけません。

都内に設置された公式表示の全体を整理するため，東京都は1990年に『東京都公的サインマニュアル（案）』を発表し，「人に分かりやすいサイン」と「街にふさわしいサイン」という二つの目標を立てました[4]。言語については，次の点が挙げられています。

> 国際化に対応するために，情報の表記は「和英併記」を原則とする。また，小児やひらがなの読める外国人に，地名などを分かりやすく伝えるために，記名情報には和英の併記に加えて「ひらがな併記」を原則とする。

ここでは，多言語出版物と同様に，表示を外国人にも分かりやすくするために，日本語以外の言語の使用と，「やさしい日本語」の使用との二つの方法が配慮されています。前者に関しては，表5.1と表5.2に表記の基準が決められています。

表5.1　分かりやすい標識の基準[4]

表記の基準	表記の例
原則として，固有名詞の部分をローマ字で，普通名詞の部分を英訳によって表記する。 ただし，慣用上固有名詞と普通名詞に切り離せない場合は，普通名詞の部分も含めてローマ字による表記とし必要に応じて英語を付記（小文字で括弧書き）する。	武蔵野市役所　Musashino City Office 東京駅　Tokyo Stn. 神田川　Kanda-Gawa (river) ~~Kanda River~~ 新宿御苑　Shinjuku-Gyoen (park)
ローマ字の表記はヘボン式とする。	ta　chi　tsu　te　to
長音を表す「¯」「^」「h」は使用しない。 はねる音「ん」はnで表す。	有楽町　Yurakucho 日本橋　Nihonbashi
表記が長く読みにくい場合はハイフンで切る。	南池袋　Minami-Ikebukuro

表5.2　日本語を分かりやすくするための表記の基準[4]

表記の基準	表記の例
数字の表記は，原則として算用数字を用いる。ただし，固有名詞として用いる場合はこの限りではない。また，〜丁目は町名であり，漢数字を使用する。	4月1日 第二本庁舎 銀座一丁目
紀年は西暦により表記し，日本年号を付記する。	1990年（平成2年） 1964年（昭和39年）
記名の表記にあたっては，ひらがなを併記する。また，解説などを行う場合は，歴史上の人名，地名など読みにくい漢字にはふりがなを付記するなどの配慮を行う。	桜田門　さくらだもん 井伊掃部頭（いいかもんのかみ）

これらのガイドラインが東京都では定められていますが，石川県においても同様に多言語表記が進んでいます。以下，写真にて，それらの状況を見ていきます。

図5.1の三つの写真はそれぞれ金沢市内で撮られたものです。左下は駐車場にて，外国人のために駐車場の使い方が英文でも示されています。外国人観光客がレンタカーを借りて，運転することも多くなってきたことから，必要なことであると思われます。

右下は，金沢駅内の外国人案内の標識です。案内所では，つねに一人の係が常駐して，外国人への案内を行っています。案内所への入り口は，日本語，中国語（繁字体，簡字体），韓国語，英語での表記であり，近年増えてきた東アジアの観光客を意識しています。なお，相談に来る人は英語で聞くことが多いそうです。いちばん下の写真は，金沢駅の案内掲示ですが，英語と日本語による表示だけです。大都市ではすでに中国語と韓国語表記の併用が広まっていますが，金沢ではまだのようです。いずれにせよ，今後はますます並記が広まると思われます。

図5.1　多言語表記の例

『東京都公的サインマニュアル（案）』で提案されているもう一つの方法は，ピクトグラム（絵文字）の使用です。ピクトグラムは，慣習化されたものを使うと国際的な伝達効果を持ち，言語的背景の異なる人々でも理解度が高くなるといわれています。しかし，慣習化されていないピクトグラムは，意味が通じなかったり，間違った情報が伝達されるなどの欠点もあります。そのため，二つの方針が立てられています[4]。

(1) 原則として，慣習化されているものを採用し，特別な理由がないかぎり，東京都独自のものは使用しない。

(2) 必要最小限のもののみを効果的に使用する。

なお，図5.2の写真は金沢駅内のピクトグラムです。郵便局を示すためにPost Officeという英文を記してありますが，それ以外はピクトグラムだけで記してあります。意図している内容はなんとか分かると思われます。

図5.2 ピクトグラムの例

バックハウスによれば，『東京都公的サインマニュアル（案）』に指摘された方針は，その後の各指針においても採用されたとのことです[5]。たとえば1997年に作成された東京都交通局の『旅客案内標識設置マニュアル』には，「国際化に対応するため，案内標識の記載文は「和英併記」を原則とする」ことが規定されました[2]。また，固有名詞をローマ字，普通名詞を英語にする決まりも同じです。ローマ字のつづりにだけは，長音は「¯」を利用して表すこと（Yūrakuchō）と，はねる音「ん」をb，m，pの前でmで表すこと（Nihombashi）の二つの方法が採用されているようです。

新しい世紀に入って，東京都は街中に多言語表示を増やすことに努めてきました。2001年に設置された地域国際化推進検討委員会は在住外国人および外国人旅行者への情報提供を検討し，2003年に『外国人にもわかりやすいまちの表記に関するガイド』を作成しました。ガイドの目的は，主に歩行者向けの表記を整備し，行政だけでなく民間事業者にも統一性のある表記を推進していくこととなっています[10]。言語に関して，上記のガイドでは次のように三つの方針を立てています。

(1) ローマ字（英語）併記

原則としてすべての表記にローマ字（英語）併記を行います。

(2) ローマ字（英語）＋数カ国語併記

東京の外国人登録者数や国籍別外客数の状況を考え，日本語，ローマ字（英語），中国語（簡体字），ハングルの4カ国語を優先して使用します。なお，訪れる外国人の状況に合わせ，ローマ字以外の言語を選択します。

(3) ふりがな

主に都内に在住する外国人を対象として考えた場合，漢字にふりがなをふるだけでも効果があります。

『外国人にもわかりやすいまちの表記に関するガイド』は，前述の多言語表示の整備に関する資料と同様に，外国語と「やさしい日本語」の使用，そして非言語的情報伝達手段であるピクトグラムの使用の三つの方針に対応しています。以前と異なる点は，使用外国語の数が増え，英語以外に中国語と韓国語も取り入れてきたことです。その上，ピクトグラムの標準化が進み，都内だけでなく全国に統一される基準が作られたのです。

その他，『外国人にもわかりやすいまちの表記に関するガイド』に記された使用言語の増加を反映して，建設局と産業労働局は銀座・日本橋周辺と上野・浅草周辺の二つのモデル地域内に，日本語，英語，中国語，韓国語の4言語による観光案内標識の設置事業を行っているとのことです[3]。

東京都の全体の方針に並行して，各23区においても積極的に多言語表示を進めています。多言語表示に関する区における主な施策は表5.3の通りです。

表5.3 23区による多言語表示[5]

多言語表示の種類	区総数	使用言語(区数)
庁舎・公共施設案内板など	21	E(21), C(9), K(7)
住居表示街区案内板など	20	E(20), C(2), K(2)
その他の案内・誘導標識（道路, 公園, 駐車場など）	19	E(19)
避難場所など標識	7	E(7), K(1)
放置自転車対策標識	6	E(6), C(2)
ごみ資源集積所看板	3	E(3), C(2), K(2)

注：E＝英語またはローマ字, C＝Chinese, K＝Korean

バックハウスによれば，区立施設の表示や，住居・街区表示関係とその他の案内標識は，ほとんどの区が少なくとも英語またはローマ字併記のものを整備しています[5]。英語による避難場所の標識と放置自転車関係の表示が，ほぼ同じくらいであるのは，重要性から考えれば少し不思議に思われるかもしれません。ごみの出し方に関する説明看板以外に，英語の駐車禁止サイン（品川区），ポイ捨て禁止条例案内標識の英語併記（新宿），消火器格納箱の英語表記（新宿区），文化財など史跡説明板の英語併記（台東区）などがあります。

中国語と韓国語も，英語ほどではありませんが，区の公式表示に現れるようになり，区レベルでも多言語表示が進んでいることが示されています。

ふりがな，またはひらがなの表記も，大田区と世田谷区の街区表示板や，中野区の庁舎案内など，わずかながらあります。また，ピクトグラムを使用する区も，墨田区（公園標識と公共施設標識）と大田区（公園標識，街区案内図）の二つあります。

5.6　東京都の多言語標識の方針から学ぶもの

バックハウスによれば，東京都および23区の具体的な言語政策を簡単にまとめると，三つの方針があります[5]。一つは，日本語以外の言語の利用です。使用言語として最も多いのは英語ですが，中国語と韓国語もかなりあります。重要性に応じて，それ以上の言語が使用される場合もあります。

二つ目は日本語のできる外国人に配慮した「やさしい日本語」の使用です。豊島区の外国人相談の例が表すように，日本語で行政サービスを受ける外国人も少なくありません。なお，近年の「カタカナの氾濫」に関する議論を考えると，行政関係のことばの理解に困るのは外国人だけとは限りません。「やさしい日本語」はその意味でも，有意義な手段であると思われます。

三つ目は，書きことばに限っていえば，特定の言語ではなくピクトグラムを利用することです。

これらの方針は，石川県をはじめとして，他の地方自治体でも参考になるでしょう。

5.7　ホームページとパンフレットの意味

情報の発信の上で，ホームページは，最近きわめて重要になってきています。パンフレット作成よりも，より廉価で幅広く情報を伝えることができます。英語をはじめとする諸外国語でホームページを作れば，さまざまな外国人に重要な情報を迅速に伝えることができます。

ここで石川県下の登録外国人の多い市町村を順に並べて，外国語によるホームページの有無について一覧表にして見てみましょう（表5.4）。

表5.4　石川県の市町村の外国語版ホームページの有無（2004年2月現在）

市町村名	外国人数	対応言語	市町村名	外国人数	対応言語
石川県	8,374	英，中，韓，ロシア	野々市町	226	なし
金沢市	3,669	英，中，韓	津幡町	176	なし
小松市	1,446	英，ポルトガル	珠洲市	141	なし
七尾市	569	なし	根上町	132	なし
加賀市	508	なし	内灘町	130	なし注)
松任市	237	なし	輪島市	120	英
辰口町	235	なし	鶴来町	103	なし

注）町長の挨拶のみ，英，中あり　　（人数は2001年末の登録外国人数）

これらのホームページは必ずしも外国人観光客向けに準備されたものであるとはいえず，観光関係の情報を入れるなどして，これから充実させていく必要があるでしょう。また将来は，各市町村とも少なくとも英語版のホームページは必要になるでしょう。

パンフレットに関しては，多くのすぐれたパンフレットが準備されており，県の国際交流協会や金沢駅構内の外国人案内などの場所に置いてあります。これらは，多岐にわたるものであり，必ずしも観光客向けとは限らずに，定住している外国人向けのものも一緒に置いてありますが，表5.5にそれらをまとめて紹介しておきます。

表5.5 石川・金沢における外国人向けのパンフレットの一覧表

使用言語は2000年7月時点で実際に入手可能なパンフレットの言語，筆者が入手可能であった言語のみ記してあり，実際は在庫切れなどの要因があり，もっと多くの言語で作成されていたと思われる。使用言語に関しては，C＝Chinese，E＝English，F＝French，G＝German，J＝Japanese，K＝Korea，P＝Portuguese，R＝Russian，S＝Spanishを意味する。

観光に関するパンフレット

タイトル	使用言語	主な内容	所管
石川	G	石川県の案内	石川県国際交流協会
美しきいしかわ	E, J, K	石川県の観光案内	石川県観光推進総室
Kanazawa Japan	E	金沢市の文化案内	（不明）
Exotic JAPAN Ishikawa	E	石川県の伝統的文化と観光案内	石川県観光課
Ishikawa Foundation for International Exchange	C, E, P, R	国際交流の案内一般	石川県国際交流協会
Information of ISHIKAWA	E	石川県の文化産業案内	石川県県民生活局広報室
金沢	C, E, F, G, K	金沢市の案内	金沢市観光課
石川県の国際化の現況	J	石川県の国際化の現況に関する各種資料集	石川県県民文化局国際課
石川県国際化推進計画	J	県民向けに石川県の国際化へ向けた各推進策の紹介	石川県県民文化局国際課/石川県国際交流協会
金沢国際ボランティア	J	ホームスティ，通訳，広報，交流活動のボランティア募集	（不明）

緊急事態の対応に関するパンフレット

タイトル	使用言語	主な内容	所管
外国人のみなさまに	J, P	犯罪，災害などの緊急時の対応の仕方（コピー）	（不明）
いいね金沢あなたが安全に暮らせるために	J	火事，救急，地震のときの対応の仕方	（不明）
地震に自信を	C, E, K, P	地震のときの対応の仕方	消防庁震災対策指導室
外国からこられたみなさんのために	C, E, K, P, S	警察の案内，犯罪防止の方法，交通事故の対策	石川県県警本部
外国からこられた皆さんのためのセーフティガイド	C, E	110番への通報の仕方，交通ルールの説明，金沢市内の交番の位置	石川県県警本部

（次ページへ続く）

保健・福祉・教育に関するパンフレット

タイトル	使用言語	主な内容	所管
いしかわ医療ハンドブック	C, J, K, P	診療の受け方，病院の所在地，病院での会話の実例集(日本語にはふりがながふってある)	国際交流協会
Six Points Food Poisoning	E	食中毒を防ぐ方法	厚生省保健部
AIDS	E	エイズへの啓蒙	厚生省
Kaigo-Hoken System	C, E, K, P	介護保険制度の解説	金沢市
石川県内所在大学等入学案内	C, K	留学希望者のための県内の大学の概要	石川県国際交流協会
ごみの正しい分け方・出し方	C, E, K	家庭用ごみの分け方・出し方	金沢市生活環境課
交通規則	C, E, K, P	交通規則の説明	石川県県警本部
Rules of the Road	E, K	交通規則の概要	警察庁交通課
郵便局 Information	E	郵便局の案内説明	(不明)
KIEF NEWS	E	生活に関する情報(定期刊行)	金沢国際交流財団
Ishikawa International Times	C, E, F, G, K, P, S	県内の外国人向けの行事の紹介(月刊)	石川県国際交流協会
Kanazawa Convention Times	E	イベント紹介・観光案内(四半期ごとに発行)	金沢コンベンションビューロー
石川ジャパニーズセミナー	C, E, P, R, S	日本語・日本文化研修プログラムの紹介	石川県国際交流協会

外国人市民の義務に関するパンフレット

タイトル	使用言語	主な内容	所管
Immigration	J	出入国案内	法務省入国管理局

外国人市民の利用の多い施設に関するパンフレット

タイトル	使用言語	主な内容	所管
Easy Living Map	C, E, P, K	外国人向けの地図と簡単な観光ならびに施設案内	石川県国際交流協会
石川国際交流ラウンジ	E, J	石川国際交流ラウンジの文化活動(華道，茶道，琴，尺八など)の紹介	石川県国際交流協会
石川県留学生交流会館	J	留学生のための宿舎の紹介	石川県国際交流協会
石川県国際交流センター	J	石川県国際交流センター施設の紹介	石川県国際交流協会
石川県国際交流センターご利用の手引き	J	石川県国際交流センター，施設利用の手引き	石川県国際交流協会

おわりに

2006年1月4日，谷本正憲石川県知事は年頭のあいさつで，高い知識を持つ「観光スペシャルガイド」を認定して養成する必要性を述べています。それについて，2006年1月7日付の北國新聞は次のように述べています。

> こだわりの旅を求める観光客の増加に対応して，新年度から三年がかりで伝統芸能や文化，自然，まつりなど特定分野ごとに質の高いガイドができる人材を三十人ほど育成する…そんな新構想「観光スペシャルガイド（仮称）育成」を，石川県の谷本正憲知事が年頭の記者会見で打ち上げた。全国初だそうだが，ガイドは観光の質を大きく左右するのだから，性根を入れて取り組むだけのことはある。

石川県の観光の推進のために，さまざまな施策が今後は行われていくでしょう。その意味で，知事の年頭のあいさつは頼もしく思われます。このあいさつに見られるように，県の首脳部は積極的であり，トップダウンという形で力強く政策が行われています。もちろん，並行して，ボトムアップという形で，観光の関係者や現場からの提案の声が上がっていくことも望まれます。

このように，県が総力をあげて，観光を一大産業化しようとしているのであり，それには外国人観光客の増加が望まれます。いろいろな具体的な政策が検討されるべきですが，その一つとして，本章では，多言語標識を中心として言語サービスのあり方について論じました。言語サービスを充実させることにより，外国人観光客にとって石川県が魅力のある観光地となっていくことを望みたいと思います。

【参考文献】

[1] 大薮多可志：北陸地域と中国東北部の観光交流推進に関する考察，金沢星稜大学ORC主催「東アジアの交流学」（2005年11月24日配付資料）

[2] 東京都交通局電車部（内部資料）：“旅客案内標識設置マニュアル”（1997）

[3] 東京都産業労働局観光部（内部資料）：“歩行者用観光案内標識設置事業（概要）”（2003）

[4] 東京都情報連絡室：“東京都公的サインマニュアル（案）”（1994）

[5] バックハウス：内なる国際化—東京都の言語サービス，河原俊昭（編）“自治体の言語サービス”春風社（2004）

[6] 金沢星稜大学 http://www.seiryo-u.ac.jp/index.html

[7] 観光カリスマ（小田禎彦）http://www.mlit.go.jp/sogoseisaku/kanko/03oda.htm
[8] 観光立国行動計画 http://www.mlit.go.jp/sogoseisaku/kanko/keikakuhajimeni.htm
[9] 観光立国懇談会報告書
http://www.kantei.go.jp/jp/singi/kanko/kettei/030424/houkoku.html
[10] 東京都生活文化局文化振興部："外国人にもわかりやすいまちの表記に関するガイド"
http://www.seikatubunka.metro.tokyo.jp/index3.htm
[11] 東京都知事本部外務課："国際化に関する各局の取組み状況 平成14年度"
http://www.chijihonbu.metro.tokyo.jp/gaimuka/sonota/kokusai.htm
[12] 能登演劇堂 http://www.engekido.com/

第6章

兼六園における外国人観光客の動向と言語景観調査

金沢兼六園には多くの外国人が訪れます。2005年には約7万9000人が訪れました[1]。とくに，台湾からの観光客が急増し，訪問者数の67％を占めています。これは，2003年に日本政府が音頭を取って推進しているビジット・ジャパン・キャンペーン（VJC）効果[2]，石川県による台湾での観光PR活動や旅行会社によるチャーター便設定が功を奏したからです。このチャーター便は2005年には70便にも達しています[3]。このように台湾人観光客が急増しているにもかかわらず，石川県内の観光スポットにおける各種表示や看板には，台湾で使用されている繁体字中国語ではなく，中国本土で用いられている簡体字パンフレットが多く，台湾観光客に対するソフト・インフラの欠如が認められます。看板は，観光スポットにおける訪問者の行動や満足度に大きな影響を与えます。

看板表示の現状を知るため，石川県の観光資源の中で最も知名度の高い兼六園のすべての看板の調査を行いました。この調査は，台湾人のみならず他外国人観光客にとってのソフト・インフラ整備評価の一つとなることを目的としました。結果として，英語による表示が多く，一部にハングル文字や簡体字，繁体字中国語が使われているのみでした。これは，政府が進めているアジア諸国からの誘客を目指すVJCの趣旨に即しておらず[2][4]，東アジアの観光交流推進に対する障害要因といえます。まず，看板などにできる限りアジア地域の文字を採用していく必要があると思われます。しかしながら，あまりにも多くの看板を設置すると景観が損なわれる恐れがあることも留意する必要があります。

6.1 金沢兼六園の沿革

金沢市中心部に位置する兼六園は，水戸市の偕楽園，岡山市の後楽園とともに日本三名園の一つです。広さは約3.5万坪で，1676年に加賀藩5代藩主・前田綱紀が蓮池亭(れんちてい)を造り，その庭園として作庭されたのが始まりです[5]。兼六園は，江戸時代を代表する回遊式庭園としてその特徴をよく残しています。回遊式庭園は，庭の中に大きな池や築山を作り，御亭(おちん)や茶屋を点在させて，それに立ち寄り，風景を見ながら楽しむ庭園のことです。兼六園は季節ごとに異なった趣があり，日本国内をはじめ，世界各国から多くの観光客が訪れます。とりわけ，雪の重みで樹木の枝が折れないように縄で枝を保持するための「雪吊り」は，冬の風物詩として有名です。その写真を図6.1に示します。写真の右下はことじ灯籠であり，多くの観光客がその前で記念写真を撮ります。池は霞が池と呼ばれ，左奥に雪吊りが見えます。外国人訪問客にとっては珍しく，その幾何学模様に魅せられます。

兼六園に隣接して，加賀藩主前田氏の居城である金沢城があります。金沢城の天守閣は焼失しており，近年整備されたものです。兼六園は，金沢城に付属して作られた大名庭園です。兼六園内には，13代加賀藩主が建てた奥方御殿である成巽閣があります。成巽閣は金沢城から見て巽の方角にある御殿です。成巽閣は寄棟造りの2階建てです。公式対面所として「謁見の間」があります。また，次郎左衛門雛一対も展示されており，興味ある資源です。この3点が一つの

図6.1 兼六園ことじ灯籠

大きな前田家ゆかりの観光資源であり，地域住民のみならず，日本人観光客，外国人観光客に魅力ある観光資源となっています。

6.2　兼六園の入園者数

1976年から2005年までの30年間の兼六園入園者数の変化を図6.2に示します[1]。1991年をピークに減少し，その50％までに落ち込んできています。1991年には第46回石川国体が開催され，兼六園を無料開放しました。それにより入園者数が310万人にも上ったと思われます。ここ10年間の月別入園者数の動向を示すと図6.3のようになります[1]。毎年，同様な傾向が示されており，入り込み数が多いのは4，5，8，10，11月です。これは，4月は桜，8月は夏休み，10，11月は紅葉という季節毎の特色によるものと思われます。とりわけ4月は入園者数が最も多い月です。各年の4月の入り込み数のみのデータをグラフ化したものを図6.4に示します。ここ10年間では，1996年がピークで，その後入園者は急激に落ち込みましたが，1999年以降は上昇傾向にあります。今後は外国人訪問客の増加とともに上昇が続くものと予想されます。

2005年の月毎の入園者数を累積した特性を図6.5に示します[1]。各月の入園者数も同時に示されており，年間で160万人程度になります。この累積分布特性の近似式を求めると

$$y = -0.33x^2 + 17x \quad \text{(million)} \tag{6.1}$$

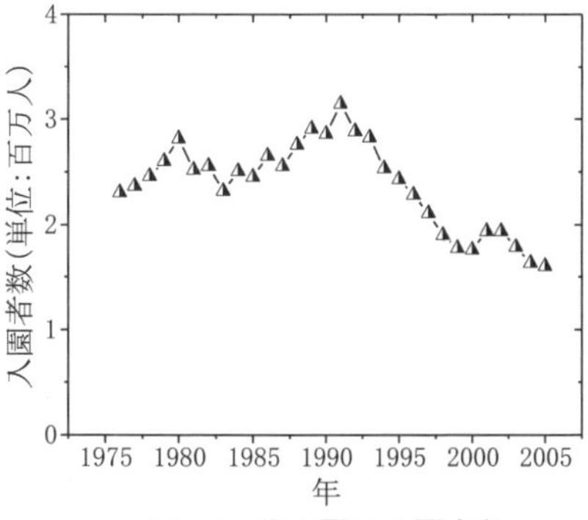

図6.2　兼六園の入園者数

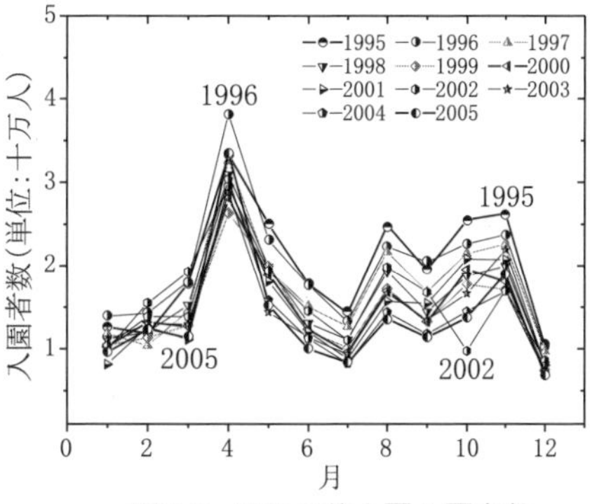

図6.3　月別の兼六園入園者数

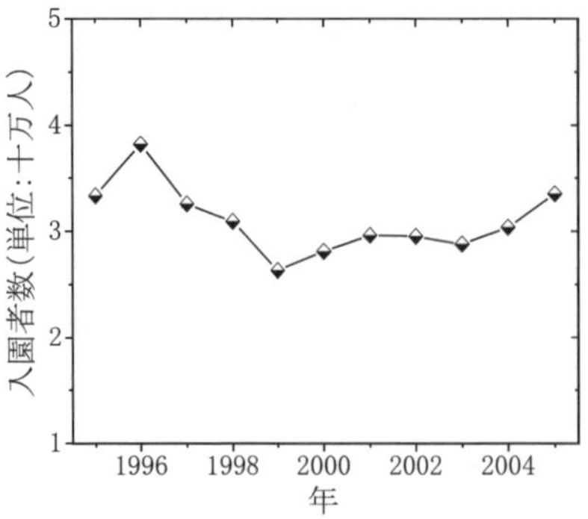

図6.4　4月の入園者数の動向

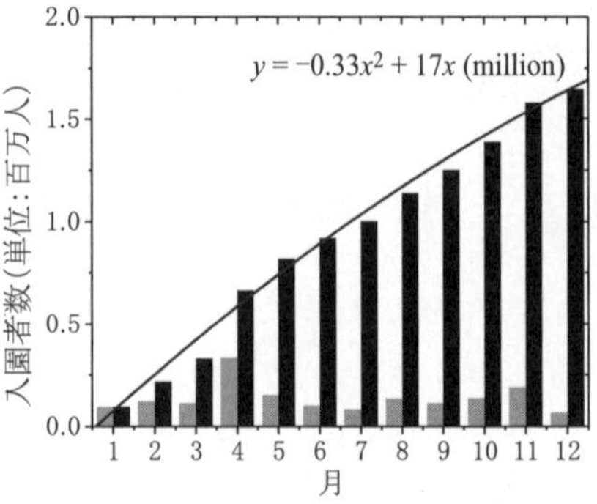

図6.5　兼六園の累積入園者数

となります。この式により，年間入園者数の予測などを行うことができます。図6.3に示したように，月毎の訪問者特性が毎年酷似しているため，この予測が可能です。2005年以前の近似式も同様の二次式（$y = ax^2 + bx$）で示すことができます。

6.3　外国人訪問者数

兼六園の外国人訪問者数は，2005年は7万9318名で，2006年は1月から9月までの入園者数は6万7649名というデータが得られています。このデータから二次式による累積訪問者数の近似式を求めると式(6.2)のようになります。xは月を示します。

$$y = 490x^2 + 2300x \tag{6.2}$$

式(6.2)より2006年の年間外国人訪問者数は9万8160名と推定されます。また，1〜9月の間の外国人訪問者の内訳は，台湾人63.3％，韓国人10.9％，米国人7.6％，中国人3.2％，そして豪州から1.6％です[6]。2005年の石川県訪問外国人は約10万人であり，その中の8万人が兼六園を訪問し，5万3000人は台湾人（67％）でした。

ここ5年間の外国人の兼六園訪問者数を調査したものを図6.6に示します[1]。外国人入園者は台湾人が最も多く，続いて英語圏からの観光客，韓国人，中国人，という順になっています。台湾人訪問者数は2003年から急増しています。

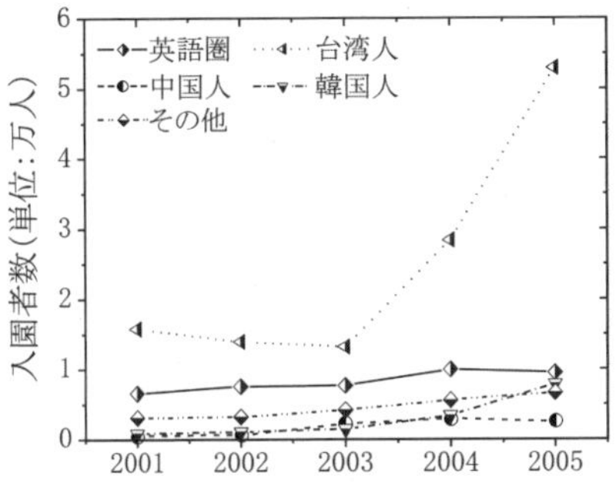

図6.6　外国人の入園者数

これは，石川県が台湾で行っているPR活動が功を奏していると思われます。また，台湾での温泉，日本ブーム，加えて老舗旅館である加賀屋の誘客戦略やPR活動も大きな要因です。

年々海外からの兼六園訪問客が増加してきている現状に対して，石川県など観光資源管理者サイドの対応が十分であるか検証し評価する必要があります。これらの調査を行うことにより，持続的に外国人訪問客数を増加させることができます。

6.4　言語景観調査項目

兼六園における外国人観光客に対する看板やパンフレット，食堂メニューが外国人の入り込み率に整合しているか調査を行いました。これらは言語景観と呼ばれています。調査項目は次の通りです。

- 看板の種類
- 看板に使用されている言語種
- 看板の分布
- 兼六園，金沢城，成巽閣のパンフレット
- 園内，周辺のレストランの表示，メニューの言語

以上の5種類の調査を行いました。

6.4.1 園内看板種

兼六園内にあるすべての看板の調査を行い，それら看板を写真にて記録しました。その一部を図6.7〜6.9に示します。図6.7は日本語のみのものであり，行書体で示されています。図6.8は楷書体で記されており，英語表記もあります。図6.9は，日本語，英語，朝鮮語，中国語，台湾語の五つの表記がなされたものです。各看板の分布も求めました。看板に使用されていた言語は五つの国・地域語で，日本語，英語，朝鮮語，中国語（簡体字），台湾語（繁体字）でした。看板は，大きく分類すると3種類に分けられます。まず，日本語のみの看板，日本語と英語の看板，そして5カ国語による看板です。看板の総数は159枚であり，日本語と英語の看板は74枚（47％）で最も多く，日本語のみの看板数は50枚（31％），5カ国語で書かれた看板は最も少なく35枚（22％）でした。

カテゴリー別に見ると，(1)七つの各出入り口にある兼六園総合案内図（4.5％），(2)見所スポットの説明書き（20％），(3)トイレや見所スポットへの道案内板（29％），(4)兼六園料金・入園案内（13％），(5)足元注意（3％），(6)由緒ある木や石，橋や地名などの名称（16％），(7)注意書き・警告（10％），(8)その他（4.5％）と分類されます。

どの分類の看板にどのような言語が使われているかを見てみると，(1)のうち主となる出入り口2カ所（桂坂と蓮池門）にある看板と，(2)の看板は5カ国語の看板，(3)〜(5)はほとんどが日本語と英語が併記，(1)のうちの他の5カ所の出入り口，(6)，(7)のものは多くが日本語のみの看板でした。

図6.7 日本語のみの看板

図6.8 日本語・英語の看板

図6.9 5カ国語の看板

6.4.2 看板の分布

各種設置されている看板の園内の分布について調べました。5カ国語の看板が多いのは，主となる出入り口2カ所と園内に点在する各見所スポットです。日本語と英語の看板は，道の案内のものが多く，園内各ポイントにあります。日本語のみのものは，同じく園内各地にある木や石，橋などの名称の看板，出入り口付近の入園案内や注意書きなどに多く見られます。

兼六園の広さは約3.5万坪で，千坪（1坪＝3.3 m^2）当たり4.6枚の看板が点在していることになります。園内を回遊した感じでは嫌味がなく，適切な数であると思われます。看板の配置や数，種類については今後の検討が必要です。すなわち，看板の種類や言語において兼六園の景観を損ねない範囲で設置すべきです。このため，外国人観光客に対するアンケートを実施し過不足を調査して反映すべきと思われます。

6.4.3 パンフレット

兼六園，金沢城五十間長屋，成巽閣，そして兼六園内にあるお茶所である時雨亭のパンフレットの種類を調べました。兼六園，金沢城五十間長屋では5カ国語すべてのパンフレットが用意されていました。時雨亭では，日本語の案内パンフレットの一部に他の4カ国語での案内が記してありました。成巽閣は，日本語と英語のパンフレットのみでした。これは，兼六園と金沢城は石川県内主要観光名所であり（成巽閣，時雨亭は兼六園の一部として存在している），パンフレットの整備に力が入れられているためと思われます。パンフレットは観光者の知識欲を満たすものであり，内容もさることながら視覚的にも配慮したものを作成する必要があります。

6.4.4 園内周辺レストランの表示・メニュー

兼六園内と主要入り口付近における土産店・レストランはそれぞれ8店舗ずつあります。各々の店舗において，外観の看板言語と店内でのメニューの言語調査を行いました。全店舗において，外から見た看板の言語はすべて日本語でした。軽食を提供している店舗は，園内では8店舗すべて，主要入り口付近では8店舗中6店舗です。それらの店舗でのメニューは，園内では3店舗が写真付きのメニューを用意しており，さらにその中の1店舗が英語でのメニューも用意していました。写真付きではありませんが日本語と英語のメニューを用意している店舗も1店舗ありました。主要入り口付近の店舗では6店舗中5店舗が写真付きのメニューを用意し，その中の1店舗は英語でのメニューも用意していました。

園内外をまとめてみると，写真付きのメニューを用意している店舗が多く，それによって，各国の言語に翻訳されなくてもある程度理解され注文しやすい環境が提供されているといえます。中国語や朝鮮語でのメニューなどはまったくなく，アジア地域の観光交流推進を図るためには改善が必要です。近年，アジアからの訪問者が増えていることも考慮すべきと思われます。

6.5　看板の下限達成度

先に述べた調査項目の中から，とくに兼六園内の看板数の評価を行いました。兼六園内における看板の種類として，5カ国語（日本語，英語，朝鮮語，中国語，台湾語）での表示，2カ国語（日本語，英語）での表示，そして日本語のみでの表示と3種類あることを先に述べました。

これらの設置率が訪問外国人の出発地域・国の人数に合致していることが望まれます。この特性を調べるために，x軸に兼六園訪問外国人の地域・国毎の率をとり，y軸に各言語に対する看板率をとったグラフを図6.10に示します。訪問外国人の割合は2005年のデータを採用しています。その割合としては，台湾

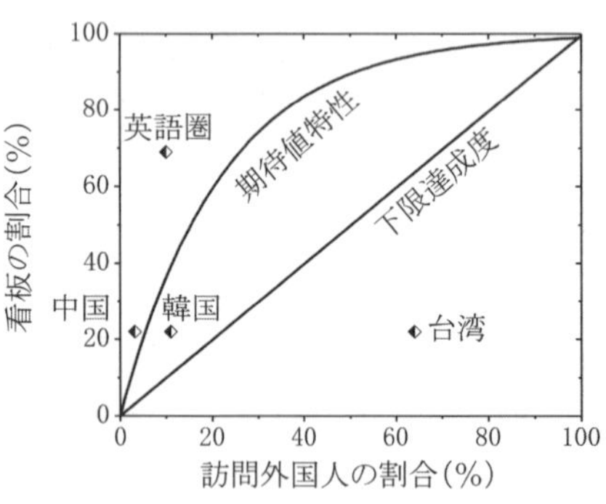

図6.10　下限達成率と期待値特性

67％，英語圏12％，韓国10％，中国3％です。これに対して言語別看板の割合は，英語69％，その他の台湾語，朝鮮語，中国語は22％です。図6.10には下限達成度（lower limit of achievement）として $y = x$ の特性が示されています。台湾観光客に対する看板など言語景観が不十分であることがわかります。この特性より上部にプロットがくるようにインフラ整備が必要です。さらに，外国からの訪問者が母国語の看板設置率をどの程度期待するかという特性として，経験的に式(6.3)を採用しました。

しかしながら，実際の訪問客が求めている看板数やパンフレットに対する調査を行っていく必要があります。つねに外国人観光客のニーズや満足度を高める対応が望まれます。下限達成度に比べて，この期待値（researcher's expected responses）はそれをさらに上回る特性が予想されています。

$$y = -\exp(-4.5x) + 1 \tag{6.3}$$

図6.10に式(6.3)の特性が同時に示されています。この特性の期待値（h_2）を100％として，看板設置率（h_1）から満足度（satisfaction degree）s を以下の数式で導出することができます。

$$s = \frac{h_1}{h_2} \times 100\ (\%) \tag{6.4}$$

看板の言語整備がこの満足度に近づくことにより観光客の評価が上昇します。

6.6　ピクトグラム

トイレやペット持ち込み禁止などを絵文字（pictogram）で表示することにより，看板内の文字数を制限でき，かつ，大きさも小さくすることが可能です。言語景観として，これらピクトグラムの活用も検討すべきです。調査した兼六園においては，あまり活用されていません。図6.11にオーストラリア・ゴールドコースト近くの公園のピクトグラム例を示します。ピクトグラムが多用されており，視覚として外国人にも理解が容易です。図6.12に兼六園の例を示します。ペット持ち込み禁止，自転車乗り入れ禁止，禁煙のピクトグラムです。これらは，一般案内用図記号検討委員会（事務局：交通エコロジー・モビリティ財団）で策定されたものに準拠しています[7]。兼六園では，5カ国語で表記された

図6.11　オーストラリアのピクトグラム例

図6.12　兼六園のピクトグラム

総合案内板以外の看板のピクトグラムとして，この3種類が主であり，他にトイレと車椅子のマークがあります。5カ国語の総合案内板には，12～14種類のピクトグラムが表示されています。ピクトグラムは世界標準化機構などを設置し，早急に標準化し全世界で使用していくべきです[7][8]。

まとめ

ここ数年における兼六園年間訪問者数は160万人前後に留まっています。この中で外国人数は約8万人であり，石川県を訪問する外国人（約10万人）の8割が兼六園を訪問しています。兼六園におけるこれら外国人に対する言語景観評価として，看板に表示されている言語の種類を調査しました。総看板数は約160枚であり，千坪当たり4.6枚となっています。この値の評価を，偕楽園や後楽園などの調査と比較することにより行う必要があります。結果として，67％を占める台湾人観光客に対して台湾語で示された看板は22％と非常に少ないことが明らかとなりました。この結果を踏まえて看板などのインフラ整備に対して指針を与える必要があります。また，できる限り簡潔にピクトグラムなどを用いて表示し，世界共通のピクトグラムを提案していく必要があります。

将来，中国・韓国・台湾からの観光客増加が見込まれるため，新たなる言語景観を構築する必要があると思われます。看板において，どの程度までアジア地域言語を採用すべきか検討する必要があります。そのため，実際にアンケート調査を行い観光客側から期待される数値を把握し，理想とされる言語景観と満足度を示す必要があります。また，観光客の満足度を表す期待値特性の裏づけが必要です。

【参考文献】

［1］石川県金沢城・兼六園管理事務所資料（2006 年 10 月受領）

［2］国土交通省編：“観光白書”（平成 18 年 7 月 10 日）

［3］平成 18 年 4 月 26 日付北國新聞朝刊

［4］中村悦幸：急増する中国からの観光客，観光，No.482，pp.58–59（2006）

［5］石川県公園事務所編：“兼六園全史” 兼六園観光協会（1976）

［6］平成 18 年 10 月 24 日付北國中日新聞朝刊

［7］交通エコロジーモビリティ財団標準案内用図記号研究会：“標準案内用図記号ガイドライン” 交通エコロジーモビリティ財団（2001）

［8］太田幸夫：“ピクトグラムのおはなし” 日本規格協会（1995）

第7章

韓国人観光客の動向と北陸地域との観光交流推進策

世界観光機関（WTO）によると2004年において7億6300万人だった全世界の海外旅行者数は，2010年には10億人，2020年には15億6000万人に達すると予測されています。2005年の日本のインバウンド数（訪日外客数）は前年比9.6％増の673万人でした。2003年に始められたビジット・ジャパン・キャンペーン（VJC）や訪日ビザの緩和措置，愛知万博の開催などが増加の要因と思われます。しかしながら，その数は1740万人であったアウトバウンド数（出国日本人数）の4割弱に過ぎず，大きなアンバランスが生じています。

北陸地域（石川県，富山県，白川・飛騨・高山地区とする）における観光入込み数は1990年頃をピークに減少し続けています。とくに北陸の主要な8温泉の宿泊者数はその現象が顕著で，1990年から2004年までの14年間において平均45％減少し，老舗旅館が廃業するなど深刻な状況にあります。一方，北海道や九州など他地域において，インバウンド誘致を積極的に行い成功しているケースもあります。2005年の国別インバウンド数では韓国が175万人で全体の26％を占め，次いで台湾（128万人），米国（82万人）でした[1]。これに対し，北陸地域における外国人観光客はほとんどが台湾人であり，韓国からの訪問者は少ない状況にあります。

本章では，韓国観光公社で行われている「国民海外旅行実態調査」[2]を基に，韓国海外旅行者の現状を分析しました。また，韓国における観光資源，とくに世界遺産に焦点を当て，北陸地域との観光交流推進策について検討を行いました。

7.1 訪日韓国人の動向

我が国におけるインバウンドの主要国について，2003年の各国における出国者数と訪日者数の関係を図7.1に示します[3]。出国者に対する訪日者の割合は，韓国がトップで20.6％，台湾13.3％，中国7.3％，香港5.9％，オーストラリア5.1％でした。韓国人海外旅行者の5人に1人が日本を訪問していることになります。

1970年から2005年における韓国と日本の相互訪問人口の推移を図7.2に示します。訪韓日本人は1985年頃から順調に増加し，ソウルオリンピックが行われた1988年には100万人を超えました。1991年の湾岸戦争，1996年の香港が中国に返還されるために起こった訪港ブームにより一時的に減少しましたが，韓国のウォン安などを背景に1998年から2000年までの3年間でほぼ1.5倍となりました。その後，2001年米国同時多発テロ，2003年のSARSの発生などにより大きく落ち込み，2004年以降は横ばいの傾向にあります。

訪日韓国人は1989年の韓国人海外旅行完全自由化後，顕著な増加を示し，1997年には100万人に達しましたが，同年末に起こった経済危機により1998年には72万人に激減しました。しかし，1999年には経済危機前に近い数まで回復し，その後，韓国における日本大衆文化開放やワールドカップ開催などにより急増

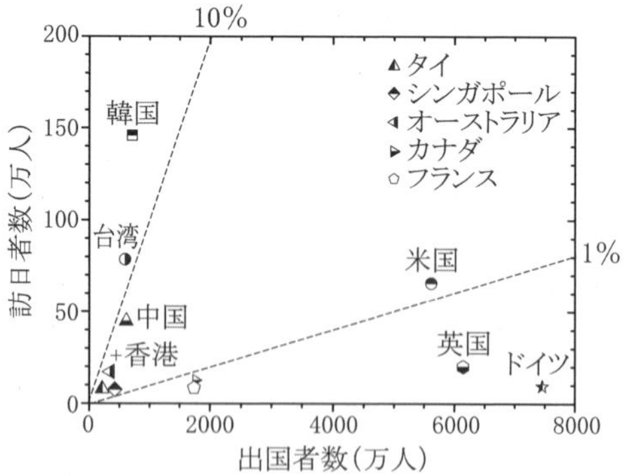

（JNTO訪日旅行誘致ハンドブック2005/2006より作成）

図7.1 インバウンド主要国における出国と訪日者数の関係

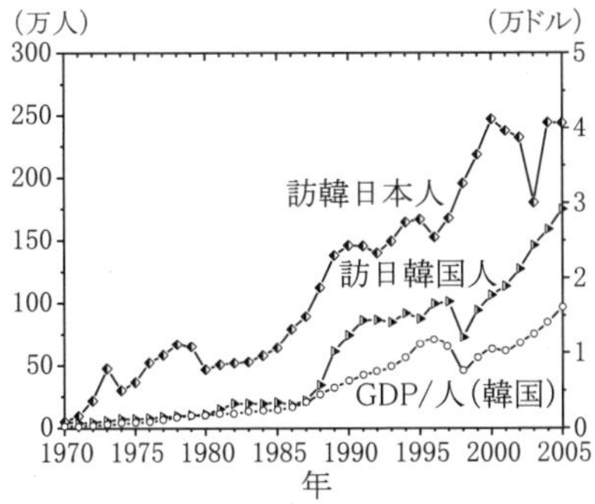

(JNTO訪日旅行誘致ハンドブック2005/2006，韓国統計局データより作成)

図7.2　訪日韓国人と訪韓日本人の推移

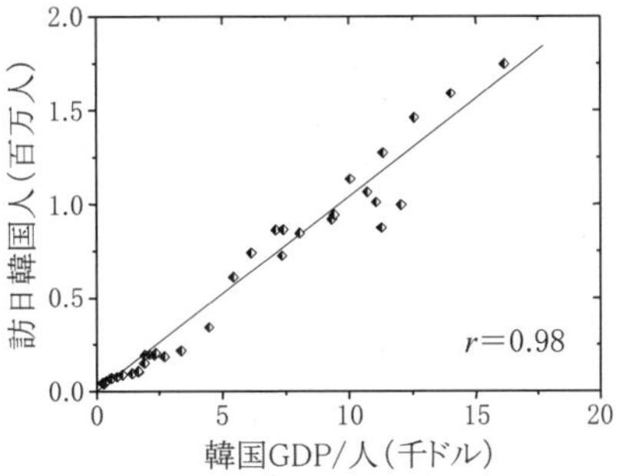

図7.3　訪日韓国人とGDP/人の関係

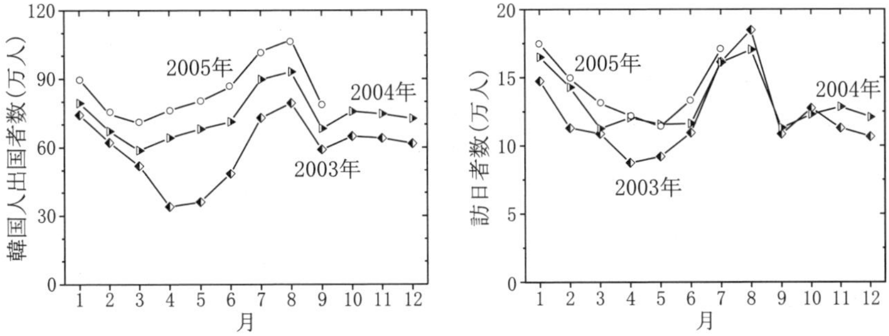

(a) 韓国人出国者　　(b) 訪日者

(JNTO訪日旅行誘致ハンドブック2005/2006より作成)

図7.4　月別韓国人出国者と訪日者数

しています。図7.2には韓国人の一人当たりGDPも示しています。訪日韓国人と一人当たりGDPは酷似した傾向を示しています。これらの関係を図7.3に示します。相関係数は0.98であり，非常に強い相関が認められました。この図より，一人当たりGDPが2倍になると訪日韓国人数もほぼ2倍になることがわかります。また，月別の韓国人出国者数と訪日者数を図7.4に示します。出国者数は2003年の4～6月はSARSの影響により落ち込んでいます。年々出国者が増加傾向にありますが，SARSの影響を除けば各月は毎年酷似した変動を示しています。7～8月にピークがあるものの，比較的変動が少なく月別の出国率は安定しています。訪日者数も毎年似た変動を示しています。3〜6月と9〜12月の入込みは少なくなっています。出国者数と訪日者数の相関係数は0.8で，特定の月の訪日者数が少ないことの主要因は韓国人出国者数の減少であると考えられます。各季節に合わせた観光ルートの提案などにより訪日者数を増加させることが必要です[4]。

7.2 韓国人海外旅行者の現状

2003年における韓国人海外旅行者数は709万人，2004年では883万人，2005年には1000万人を突破し，急速な伸びを示しています。韓国観光公社は，海外旅行者2000人に対し「国民海外旅行実態調査」を2年ごとに行っています。この調査結果より，今後の訪問希望国を図7.5に示します。一人3カ国を選んでいるため，各年の合計は100％を超えています。2001年に最も訪問希望率が高かった米国は減少傾向にあります。イギリスは増加していますが，その割合は低い状況にあります。日本は徐々に増加し2005年において1位となっており，日本への韓国人旅行者の増加が期待できます。また，日本への訪問希望者を年代別にみると，20歳以下では22％，21〜30歳は19％，31〜40歳は16％，41〜50歳は16％，51〜60歳は20％，61歳以上では23％を占め，31〜40歳を除く各年代において日本は訪問希望国の第1位となっています（31〜40歳における1位は米国（18％）で日本は2位でした）。

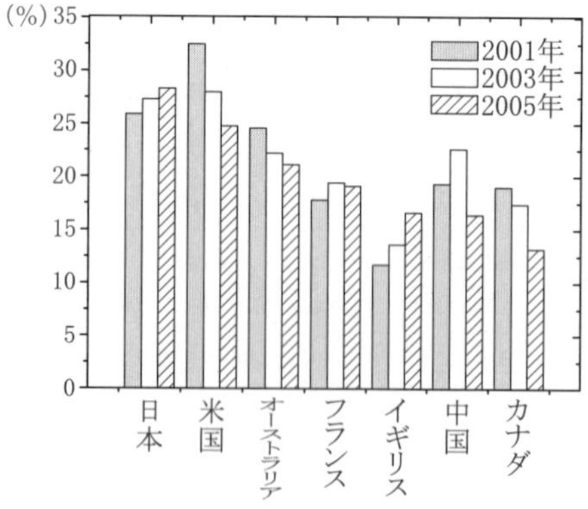

（2005年国民海外旅行実態調査（KNTO）より作成）

図7.5 今後の訪問希望国

2003年の韓国人出国者の訪問国上位10カ国を図7.6に示します。7割以上がアジア諸国であり，1位が中国，次いで日本，タイとなっています。実態調査による訪問希望国では日本が1位でしたが，実際には中国を訪れる人が50万人近くも多くなっています。これは中国への旅行費用が安いことが大きな要因であると考えられます。訪日韓国人を増加させるためには，価格では対抗できませんが，日本固有の観光資源や質の高いサービスの提供が必要です。

2005年に韓国人が海外旅行で訪問した都市および観光地を図7.7に示します。北京（10.6％），上海（10.5％）が圧倒的に高く，次いで東京（6.4％），中国・張家界（6.2％），万里の長城（6.2％）です。発表されている上位14カ所のうち，日本の都市は東京と大阪（5.7％）のみで，地方都市は含まれていません。しかしながら，韓国人観光客の訪日リピーター率は47.1％と高い状況にあります[5]。したがって，すでに東京や大阪などの都会を訪れた人がリピーターとして日本を訪れ，地方都市を訪問することは十分に期待できます。また，韓国人がこれまでに海外旅行をした回数は増加傾向にあり，海外旅行時の滞在日数は減少傾向にあります。2005年の滞在日数は5日以下が63.7％を占めます。韓国では2004年に勤労基準法が改正になり，週休2日制が導入され始めています。この導入により日本など近隣諸国への海外旅行の機会が増えることが見込まれます。

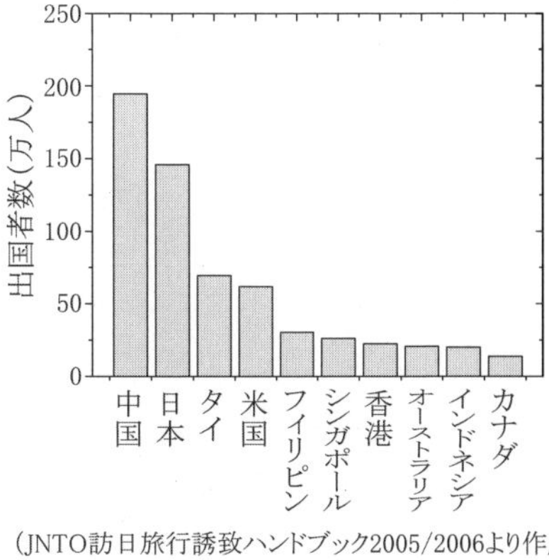

（JNTO訪日旅行誘致ハンドブック2005/2006より作成）

図7.6　韓国人出国者訪問上位10カ国

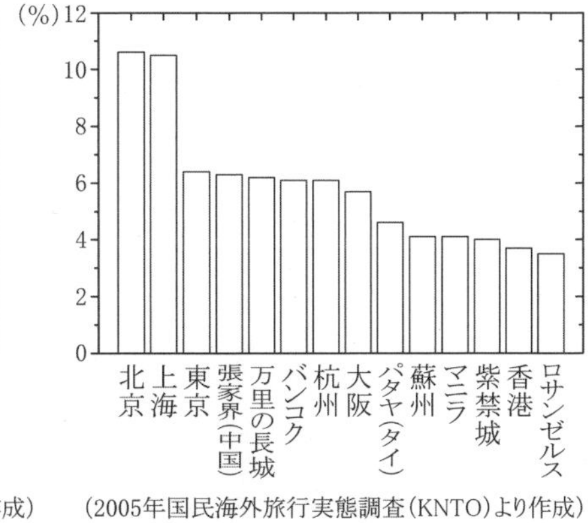

（2005年国民海外旅行実態調査（KNTO）より作成）

図7.7　韓国人訪問都市および観光地

7.3　北陸地域の観光資源と誘致策

北陸地域はここ数年アジアからの観光客が急増していますが，その多くは台湾人です。2005年に石川県内に宿泊した外国人の60％が台湾人，韓国人は12％です。富山県では台湾人44％，韓国人17％，岐阜県高山市では台湾人は52％で，韓国人はわずか2％です。前述したように，2005年の訪日外国人のトップが韓国（26.0％）で，台湾（18.9％）は2位でした。北陸地域の空港（富山・小松・能登）には台湾への直行便がありません。各空港における台湾チャーター便の運航およびビジット・ジャパン・キャンペーンなどの取り組みにより，北陸地域を訪れる台湾人が急増したと思われます。2005年の台湾チャーター便は富山・小松・能登でそれぞれ135便，13便，56便となっています[6]。

2004年の韓国人訪日旅行者の性・年齢別構成を図7.8に示します。30〜49歳が全体の46％を占めており，50歳以上の訪日者が少ない状況です。また，20〜29歳の男性も少なくなっています。これらの層の訪日促進策が必要です。北陸地域は韓国との歴史的つながりが強く，金沢市野田山には韓国の英雄である独立運動家ユン・ボンギルの石碑があります。上海で日本軍に爆弾を投げ逮捕され，1932年に金沢市三小牛山で処刑されました。積極的にPRを行い観光資源として活用すべきです。ユン・ボンギルの石碑の写真を図7.9に示します。

韓国のゴルフ人口は300万人で，2010年には380万人を超えると予想されています。韓国内にはゴルフ場が190カ所しかなく不足しています。年間50万人が海外ゴルフに出掛けているといわれています。一方，北陸地域には39カ所の

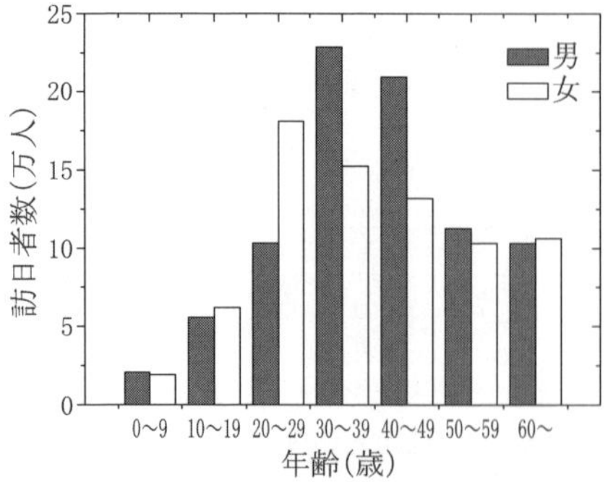

（JNTO訪日旅行誘致ハンドブック2005/2006より作成）

図7.8　訪日者の性・年齢別構成

図7.9　金沢三小牛山のユン・ボンギルの石碑

ゴルフ場があります。韓国から北陸地域へはアクセスが良く便利な環境にあります。ソウルから富山空港へ週3便，小松空港へは週4便運航しており，所要時間もそれぞれ1時間40～50分です。空港から車で30分～1時間程度の範囲にも多くのゴルフ場があり，韓国から訪れる場合，移動時間が短く，週末などを利用した旅行にはメリットが大きいといえます。50歳以上の韓国シニア世代に対し北陸のゴルフ場を観光資源として活用することが必要です。

また，韓国のスキー人口は400万人といわれており，若者を中心に人気があります。韓国内のスキー場（13カ所）は数が不足しており混雑しています。時期によっては人工雪を使用するスキー場が多く，雪質も良くありません。日本のスキー人口は1993年を境に減少し，現在はピーク時の6割程度になっています。北陸地域にはスキー場が26カ所あり，経営難のスキー場も多い状況にあります。日本の若年人口の減少やレジャーの多様化などにより国内市場には限界があります。国外市場開拓の必要性が求められる中，北陸地域への韓国からのスキー客誘致を推進していく必要があります。ゴルフ場，スキー場は日本国内の他地域にも多く存在します。北陸地域における優位性は素朴で日本的な雰囲気であるといえます。北陸地域にはそれらを堪能できる雄大な自然（立山黒部アルペンルート）や温泉が数多くあります。このような観光資源を春から秋はゴルフ，冬にはスキーと組み合わせ提供することが必須です。その概要を図7.10に示します。また，韓国人に対する北陸地域の代表的な観光資源の写真を図7.11に示します。(a)は飛騨ハイランドのゴルフ場，(b)は立山山麓スキー場，(c)は宇奈月温泉，(d)立山黒部アルペンルートです。韓国人の海外旅行時の活動(2005年実態調査，重複回答）としては，自然名勝・風景観覧が97.6％，都市

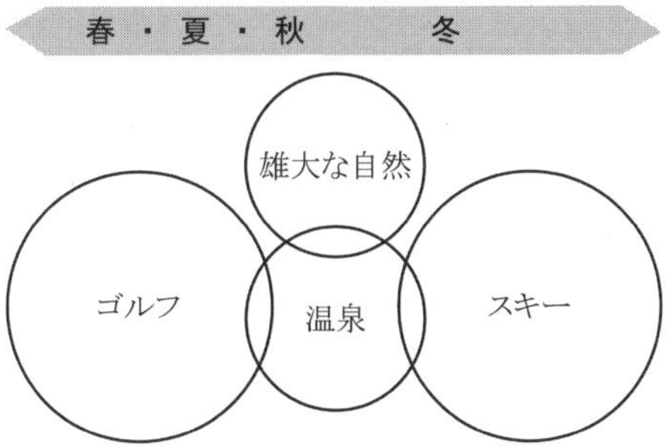

図7.10 北陸地域の観光資源

(a) 飛騨ハイランドゴルフ場
(b) 立山山麓スキー場
(c) 宇奈月温泉
(d) 立山黒部アルペンルート

図7.11 韓国人のための観光資源

見物93.8％，ショッピング93.6％が大きなウエイトを占めます。地方空港にはショッピングを楽しめる店があまりありません。富山・小松空港に大型電気店や100円ショップなど韓国人観光者に人気がある店を併設することも考慮すべきです。

韓国人が日本を訪れてどの程度満足したかを調査した結果を図7.12に示します[7]。肯定的なイメージでは，訪日前より訪日後の印象が良くなったものは9項目（300票）で，逆に悪くなったものは7項目（296票）でした。また，否定的なイメージでは，訪日前より訪日後の印象が悪くなったものは11項目（165票）で，逆に良くなったものは5項目（105票）でした。訪日後に印象が悪くなったものとして，「言語障害」「交通機関が不便」「生活水準が低い」「にぎわい・活気がない」などがあります。外国語併記の案内標識やパンフレットの作成および観光産業に従事する人の簡単な韓国語の習得などが必要です。訪日後に印象

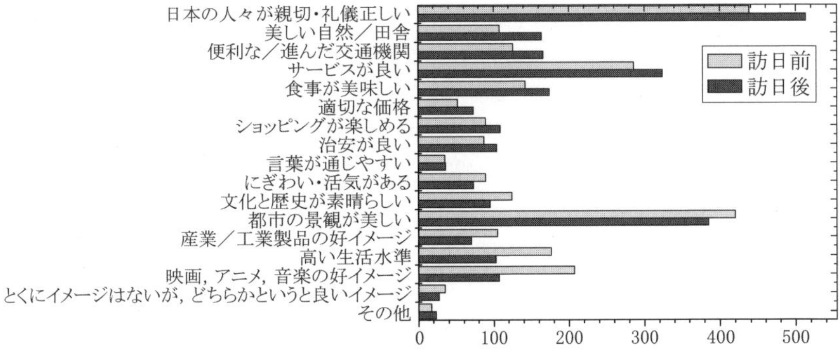

(a) 肯定的なイメージ

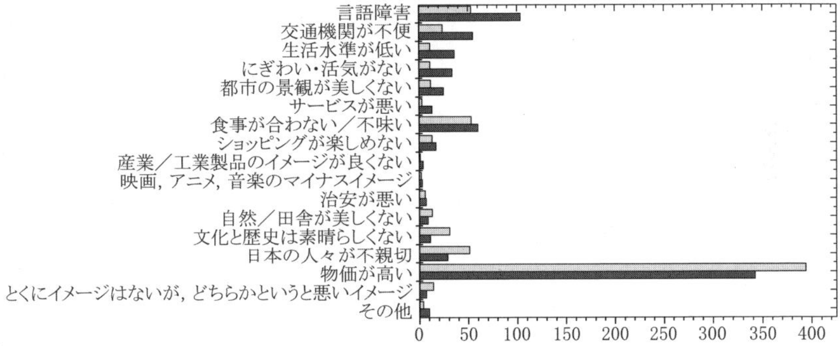

(b) 否定的なイメージ

（訪日外国人旅行者満足度調査報告書（JNTO）より作成）

図7.12　訪日韓国人の訪日前後のイメージ比較

が良くなったものには，「日本の人々が親切・礼儀正しい」「美しい自然／田舎」「便利な／進んだ交通機関」「サービスが良い」「食事が美味しい」などがあります。これらを維持・向上させ，満足度を高め，リピーターの確保につなげなければなりません。北陸地域の新鮮な海の幸・山の幸・郷土料理・地酒など，北陸の食をその歴史とともに紹介した韓国語のパンフレットの作成やインターネットでの公開など，韓国人観光客が北陸の食文化を楽しめる仕組みが必要です。

7.4　韓国の観光資源の現状と交流推進策

訪日韓国人は図7.2に示したように増加していますが，訪韓日本人は横ばい状態が続いています。日韓両国は，青少年交流，姉妹都市交流，文化交流などを柱とする共同事業の実施によって双方向型交流の拡大を目指し，2005年に約420万人だった両国間の交流人口を将来500万人に増やすことを目標としています。ここでは，韓国の観光資源として世界遺産に焦点を絞り，北陸地域との観光交流の可能性について述べます。

2006年7月現在における全世界の世界遺産リスト登録件数は，文化遺産644件，自然遺産162件，複合遺産24件で，合計登録数は830件です。韓国には七つの世界文化遺産があります。その内容を表7.1に示します。

表7.1　韓国の世界遺産

世界文化遺産	登録年
石窟庵（ソックラム）と 仏国寺（プルグクサ）	1995
八萬大蔵経の納められた 伽耶山海印寺（カヤサンヘインサ）	1995
宗廟（チョンミョ）	1995
昌徳宮（チャンドックン）	1997
華城（ファソン）	1997
慶州（キョンジュ）歴史地域	2000
高敞（コチャン），和順（ファスン）， 江華（クアンファ）の支石墓群跡	2000

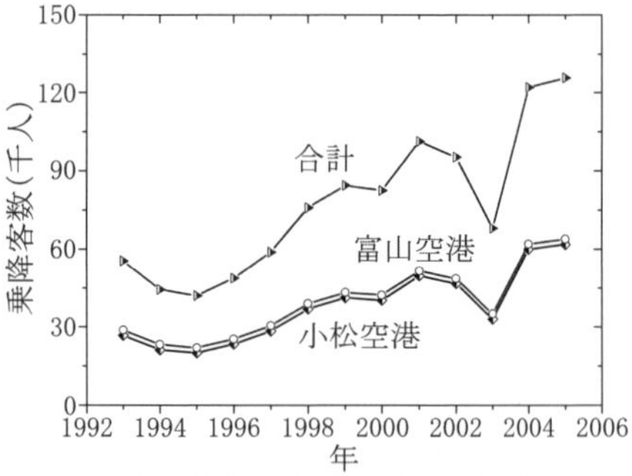

（石川県企画振興部空港企画課資料，
富山空港管理事務所資料より作成）

**図7.13　小松・富山空港における
ソウル便乗降客数の推移**

北陸地域から韓国へは先に述べたように小松空港および富山空港からソウル便が就航しています。図7.13に小松・富山空港におけるソウル便乗降客数の1993年から2005年の推移を示します。両空港の特性は酷似しており，相関係数はほぼ1です。2003年のSARSの影響を除くと過去10年間は順調に増加しており，2005年における両空港の合計乗降者数は，12万5000人に達しています。ソウルから韓国世界遺産を巡り，港町の釜山へ行くことが可能です。たとえば，そのルートとして北陸地域（小松・富山）→ソウル→宗廟→昌徳宮→海印寺→慶州（石窟庵と仏国寺，歴史地域）→釜山→ソウル→北陸地域（小松・富山）

が考えられます。釜山から北陸地域への直行便がないため，釜山からソウルに戻る必要がありますが，釜山–ソウル間は約410キロメートルで，飛行機（所要時間1時間），高速鉄道（2時間40分），高速バス（5時間30分）で移動可能です。これまで，訪韓日本人の多くはソウル滞在型でしたが，2004年に開通したフランスTGV方式による高速鉄道は地方都市まで足を伸ばす有効な手段となっています。このため，ソウル便のみ就航している北陸地域と韓国間の交流人口増加が期待できます。以下に上記ルートに示した世界遺産の概略を示します。

（1）宗廟

ソウル市にある李氏朝鮮の祖先祭祀場で，李朝歴代の王と王妃などが祀られています。李成桂によって漢陽（ソウル）遷都の年である1394年に建設されました。毎年5月に全州李氏一族により宗廟祭礼が行われており，歌，器楽，舞踊などを総合した宗廟祭礼楽によりその伝統が受け継がれています。宗廟祭礼および宗廟祭礼楽は，世界無形文化遺産に登録されています。

（2）昌徳宮

ソウル市にある李氏朝鮮第3代国王が1405年に，正宮の景福宮に対する離宮として建築した宮殿です。韓国最古の門（敦化門）や1411年に造られた韓国最古の橋（錦川橋）があります。宮内外の公式行事が執り行われた仁政殿，公式の執務の場であった宣政殿，王妃の生活空間であった大造殿などの木造建築が残っています。秘苑と呼ばれ韓国を代表的する庭園があり，四季折々の姿を見ることができます。

（3）八萬大蔵経の納められた伽耶山海印寺

大邱市の西40数キロにある伽耶山海印寺は，802年に僧侶である義湘によって建立されました。八萬大蔵経（国宝32号）と蔵経板殿（国宝52号）をはじめ数多くの文化財があります。八萬大蔵経を保管するために建てられた蔵経板殿は，多湿時に湿気を吸収し，乾燥時に湿気を放ち，一定した湿度を保つ工法が採用されています。ここに納められている大蔵経の版木は8万枚以上に及びます。これらの版木は高麗がモンゴル軍の退散を祈願し1236年に製作に着手したもので，1251年当時の都のあった江華島で完成し，1398年に海印寺に移されました。

(4) 石窟庵と仏国寺

慶州市の郊外に位置し，新羅の景徳王10年（751年）に金大城により建立されました。石窟庵は国宝第24号としても指定されています。花崗岩で作られた人工石窟寺院で，前室・扉道・主室から成り，主室には本尊である釈迦如来坐像をはじめとして菩薩と弟子像などが安置されています。韓国仏教美術を代表する世界的な傑作といわれています。

仏国寺は高い築台の上に平地を造成し，そこに殿閣を建てた伽藍で，中心的建物は大雄殿，極楽殿，毘盧殿です。その他に青雲橋・白雲橋（国宝23号），蓮華橋・七宝橋（国宝22号），多宝塔（国宝20号），釈迦塔（国宝21号），金銅毘盧遮那仏（国宝26号）など多くの文化財があります。図7.14に毘盧殿の写真を示します。

図7.14 仏国寺の毘盧殿

(5) 慶州歴史地域

慶州周辺は，紀元前57年から紀元後935年までの約1000年間，新羅王朝の都が置かれていました。その時代に作られたと考えられている古墳や仏教関連の遺跡が多数点在しています。慶州市付近に広がる史跡や古墳を保護し公開している地域が世界遺産として登録されています。この地域は，南山・月城・山城・皇龍寺跡・大陵苑の５地区に分かれており，52の指定文化財が含まれています。以下に各地区における主な史跡を示します。

1. 南山地区：南山石仏群
2. 月城地区：瞻星台（東洋最古の天文台），半月城（月形の城跡），鶏林
3. 山城地区：明活山城
4. 皇龍寺跡地区：皇龍寺，芬皇寺址
5. 大陵苑地区：大陵苑（古墳公園）

むすび

韓国観光公社が行っている実態調査を基に，韓国海外旅行者の現状を分析しました。日本は訪問希望国のトップであるにもかかわらず，実際の訪問国の１位は旅行費用が安い中国でした。価格では中国には対抗できませんが，日本固有の観光資源や質の高いサービスを提供することにより，差別化を図ることが重要です。北陸地域は韓国からのアクセスが良く，空港から比較的近い場所に多くのゴルフ場，スキー場があります。移動時間が短いことは地方都市の大きなメリットです。空港からの送迎システムの確立と，韓国人が利用しやすい資源の提供が必須です。

韓国人に訪問地として北陸地域を選択してもらうためには，“Hokuriku”という名前を浸透させることが重要です。旅行会社への継続的なPRおよび韓国人旅行者が必要とする北陸地域のさまざまな観光情報提供を韓国語で行うことが必要です。さらに，北陸地域を訪れた人が満足し“Hokuriku”の名前を自国で広めてくれる，いわゆる口コミも重要です。韓国ではインターネットの普及率が高く，掲示板やブログなどの影響力が大きいと考えられます。「“Hokuriku”に来てよかった」「“Hokuriku”にもう一度訪れたい」と思ってもらえるサービスの提供が必要です。地方都市への旅行では地域住民とのふれあいも重要な要素です。観光産業に携わる人のみならず，地域全体でホスピタリティの重要性を認識し，実践していくことが必要です。

また，韓国では高速鉄道の開通により国内の移動が容易になりました。これにより，ソウル以外の地方都市に点在する世界遺産を観光資源としてより有効

に活用できるようになりました。とくに，ソウル便のみ就航している北陸地域からの訪問者にとってメリットが大きいと思います。日本との歴史的なつながりなどが浸透することにより，北陸地域と韓国との観光交流人口の拡大が期待できます。

〔謝辞〕 ハングル文献は金沢星稜大学地域経済システム研究科・楊貞善女史（平成18年9月修了）に邦訳していただきました。また，立山黒部貫光株式会社から写真を提供していただきました。ここに深く感謝申し上げます。

【参考文献】

[1] 国際観光振興機構（JNTO）：訪日外客数・出国日本人数，報道資料（2006年4月10日）

[2] 韓国観光公社（KNTO）：“2005年国民海外旅行実態調査”（ハングル文）

[3] 国際観光振興機構（JNTO）編：“JNTO訪日旅行誘致ハンドブック2005/2006”

[4] Ayako Sawada, Manli Mo, Tatsuya Shimbo and Takashi Oyabu : Trend of Aged Tourist and Application of Tourism Resources in Nanao City，観光情報学会誌「観光と情報」，Vol.2，No.1，pp.41–48（2006）

[5] 国際観光振興機構（JNTO）編：“国際観光白書2005年度版”

[6] 国土交通省北陸信越運輸局：平成17年の外客来訪状況と北陸信越地域におけるVJCの取り組み状況，報道発表資料（2006年4月17日）

[7] 国際観光振興機構（JNTO）編：“訪日外国人旅行者満足度調査報告書”（2005）

第8章

北陸地域と台湾間の観光交流の現状と推進策

日本を訪問する外国人観光客が増加してきています。変動があるものの50〜70万人/月に上ります。これは，2003年に日本政府より提案されたビジット・ジャパン・キャンペーン（VJC）によるところが大きいと思われます。日本全体として，訪日外国人で最も多いのは韓国人であり約175万人（2005年度，26%）に上ります。続いて，台湾人約130万人（19%），米国人83万人（12.3%）となっています。台湾からの入込み数増加率は17%にも上り，日本と台湾との観光交流が活発になってきていることがうかがえます[1]。とくに，北陸地域（石川県，富山県，白川・飛騨・高山地区とする）においては，最も多い訪問外国人は台湾人です。2004年と2005年に富山県や石川県が中心となり，台湾で観光キャンペーンを実施しました。また，和倉温泉の老舗旅館（加賀屋）が中心となり台湾–小松・能登間にチャーター便（2005年は70便）を配し誘客に努めてきたことが功を奏したといえます[2]。

北陸地域においては，1992年頃と比べて観光入込み数が大きく減少しています。ここ5年間においても緩やかな減少傾向にあります。広く国際化を視野に入れ，外国人観光客の増加策を提案し，交流人口を増加させることが必須です。とくに，台湾の人々は比較的日本に親近感を有しており，日本文化に触れることを望んでいます[3]。この有効な特徴を観光交流に応用する必要があります。台湾は人口2275万人で，GDPは約2900億米ドル（2004年）にも達しています。

外貨準備高も中国，日本，ロシアに次いで世界4位です。面積は日本の九州程度で，98％が漢民族，残りがタイヤル族などの先住民です[4][5]。2005年に国交を有しているのは26カ国に止まっており，台湾の国際化に大きな障害となっています。台湾の経済力から勘案すると，北陸地域においては，台湾観光客のさらなる誘致のためのハード・ソフト面からの方策が必須です[6]。

北陸地域における台湾観光客の動向について調査を行いました。台湾と北陸との結びつきで特記すべきことは，金沢出身の八田與一(1886～1942) が台南市近くのダム・烏山頭水庫（ウーサントウスエクウ）と灌漑用水路を建設し，嘉南平原を台湾最大の穀倉地にしたことです。いまでも多くの台湾人に慕われ，映画なども製作されています。本章では，台湾観光客の訪問が多い兼六園（石川），立山黒部アルペンルート（富山），高山市・白川村の動向を調査しました。また，台湾人にとって魅力ある観光資源を調査し，北陸地域と台湾との観光交流推進策についてまとめました。その結果，温泉を軸として雪（景色，体感），花見，町並み，自然などのルートを開発・充実させ，かつ，ニュー・タイワン・ドル両替所や大型電気製品量販店・100円ショップなどを設置することにより，台湾を含む東アジア地域からのさらなる観光客誘致が可能と思われます。

8.1　金沢兼六園

石川県には多数の観光資源があります。とくに，金沢市，七尾市・輪島市，小松市・加賀市には年間を通して多くの観光者が訪れます。兼六園を有している金沢市は人口約45万人，世帯数約18万3000，GDP約2兆円であり，入込み数は約600万人（2005年度，石川県全体で約2040万人）と推定されます。金沢における宿泊者数は210万人にも上り，訪問者の1/3が宿泊するものと推測されます。外国人宿泊客数は約11万人（2005年度）で全体の5％程度です。兼六園入園外国人数は約7.5万人でした。多くの人が隣接する金沢城公園も同時に訪れます。金沢を訪れ宿泊した外国人の68％が兼六園を訪れたことになります。2005年の地域別年間宿泊者数は，台湾約6.5万人，韓国1.3万人，米国1万人，中国0.22万人，香港0.08万人です。台湾観光客が大きな伸び率を示しています。他の国からの観光客は微増か横ばいです。北陸地域を訪れた外国人観光客の多くは東京・大阪・名古屋との観光をセットにしています。北陸地域観光においては，兼六園，和倉温泉，加賀温泉，立山黒部アルペンルート，世界遺産である白川郷などの訪問と体験型観光を組み合わせています。台湾旅行会社などと協力し誘客を進めてきた和倉温泉・加賀屋の宿泊者数は1.85万人にも上っています。

金沢市の月別入込み数の変化を図8.1に示します。これは2004年のデータです。2005年も同様な傾向があります。8月に多くの入込み数があります。4，5，10，11月も比較的多くなっています。少ないのは冬季である12～3月です。この時期は，雪による交通マヒなども予想され，また，お祭りなど開放的な日本文化に触れる可能性が少ないためです。しかしながら，他の季節では味わえないカニや魚など冬の味覚は格別です。食と温泉，雪景色をセットにしたPRが必要です。兼六園訪問外国人の推移を図8.2に示します。2005年における台湾，韓国，米国，中国のプロットも記してあります。図8.3に金沢城と兼六園の写真を示します。これらは隣接しており，両施設を訪問するのが一般的です。金沢城は，1583年に前田利家が入城したことから本格的な城作りが始まりました。高山右近（キリシタン大名）が築城の指導を行ったといわれています。兼六園は日本三名園の一つで，江戸時代の代表的な大名庭園です。兼六園の南隅に成巽閣があります。成巽閣は1863年に13代加賀藩主によって建てられ，12代藩主夫人・眞龍院の隠居所として使用されました。古い次郎左衛門雛一対なども展示され，歴史的に非常に興味ある建物です。展示されている次郎左衛門雛を図8.4に示します。金沢の魅力を述べるには歴史的背景は欠かせません。

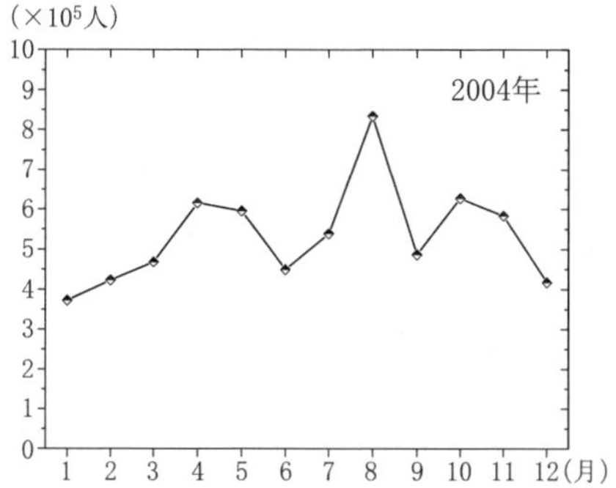

図8.1　金沢市の月別入込み数推移

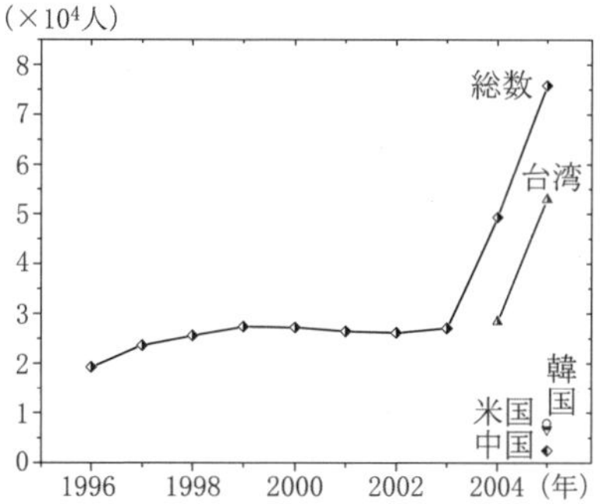

図8.2　兼六園外国人入園者数

(a) 金沢城

(b) 兼六園

図8.3 金沢城と兼六園

図8.4 成巽閣の次郎左衛門雛一対

金沢には，加賀百万石時代から培われた独特の伝統文化があります。また，戦災を免れたことから多くの歴史的遺産がそのままの形で残っています。伝統文化として，能，茶道，加賀友禅，九谷焼などが挙げられます。また，東茶屋街など町並みも魅力ある観光資源です。これらは台湾観光客の魅力ある資源となっています。これらの資源は，それほど中国人観光客には魅力ある資源となっていません。台湾と中国の観光客の興味は幾分異なります。

8.2 立山黒部アルペンルート

富山県の代表的な観光資源として，立山黒部アルペンルート，宇奈月温泉，越中八尾おわら風の盆，高岡瑞龍寺（重要文化財）が挙げられます。立山黒部アルペンルートは1971年（昭和46年）に全線開通し，国内有数の観光地となりました。立山は中部山岳国立公園に属し，北アルプスの一部で，日本を代表する山岳です。白馬岳，立山，槍ヶ岳，穂高岳，乗鞍岳と3000 mを超える山々が連なっています。これらは全国の登山者のあこがれの山々でもあります。立山は，鎌倉時代に越中守・佐伯氏が開山したと伝えられています。一般的なルートは

富山駅→立山駅→美女平→弥陀ヶ原→室堂→大観峰→黒部平→黒部湖→黒部ダム→扇沢→信濃大町

です。逆コースもあります。これらの駅を電車，ケーブルカー，バス，トロリーバス，ロープウェイなどを乗り継いで周遊するものです。室堂（2450 m）から徒歩で立山山頂（3015 m）を目ざすことができます。冬季にはすべて閉山されます。また，夏でも雪が残っており，雹などが降ることもあり，貴重な体験ができます。5月の連休には大型バスが通れるように除雪し，多くの観光客が訪れます。除雪の後に雪の壁のようになった道路をバスが通ります。これを雪の大谷と呼び，毎年ニュースで放映されています。台湾からの団体客も多く訪れます。立山黒部アルペンルート訪問者推移を図8.5に示します。年毎に減少と増加を繰り返しながら緩やかに減少しています。2003～2005年の外国人訪問者の推移を図8.6に示します。台湾からの訪問者がリニアに増加しており，今後も順調に増加することが期待されます。年間約2万名増加してきています。図8.7に，2005年4月～2006年4月までの月別の訪問者数を示します。冬季である12～3

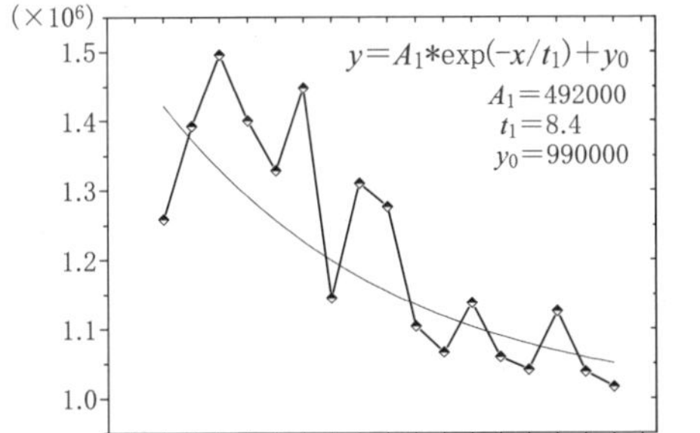

図8.5　立山黒部アルペンルート訪問者推移

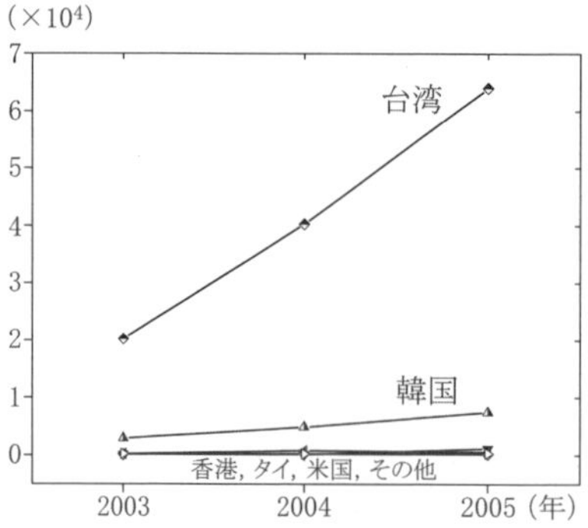

図8.6 外国人訪問者推移（2003～2005年）

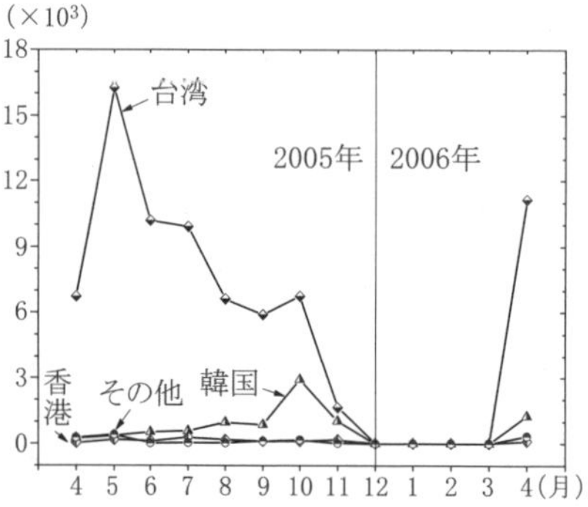

図8.7 月別外国人訪問者（2005～2006年）

図8.8 雪の大谷

月は閉鎖されるため入込み数はゼロとなります。4月末から5月のゴールデンウィーク中の雪の大谷訪問者が多く，これは日本人訪問者も同様の傾向です。6～11月中に外国人訪問客を増加させることができれば，施設有効利用面からも大きなメリットといえます。2005年4月に比べて2006年4月は大きく伸びています。これは，天候にも左右されますが，ゴールデンウィーク全体の入込み数で比較する必要があります。雪の大谷の写真を図8.8に示します。高い雪の壁が特徴であり，観光客にとって大きな魅力です。

富山県の東側に位置する宇奈月温泉も多くの観光客が訪れます。宇奈月温泉は，1924年に黒薙温泉（開湯1868年，無色透明のアルカリ性単純温泉，源泉温度98 °C）から引湯管を敷設し開発された比較的新しい温泉街です。2006年3月に，平成の大合併で黒部市に組み込まれました。その折，温泉街の地名が

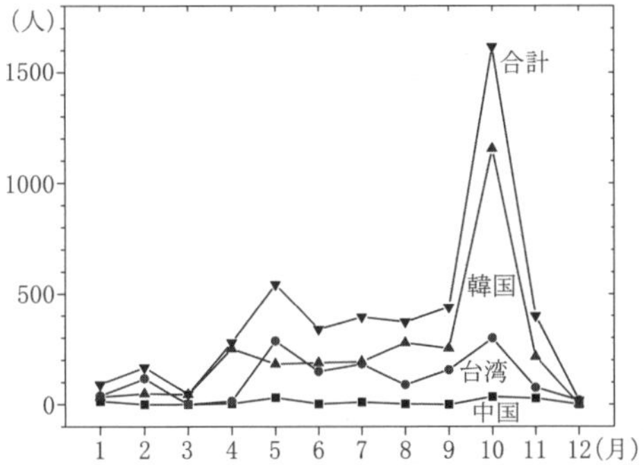

図8.9　平成17年宇奈月温泉月別外国人入込み数

図8.10　冬の宇奈月温泉

「宇奈月温泉」と命名されました。平成17年の宿泊者数は約40万人，日帰り者数は6万人です。外国人入込み数は0.5万人（韓国60％，台湾30％）です。平成17年の外国人月別入込み数の変動を図8.9に示します。5月と10月にピークが見られますが，12～3月までは訪問者が少なくなっています。図8.10に冬の宇奈月温泉の写真を示します。宇奈月温泉駅前には温泉噴水が設置されており，観光客の目を引きます。宇奈月温泉は，他の北陸地域とは異なり韓国人観光客が多いのが特徴です。台湾からの観光客には，七尾市・金沢市・加賀市や立山黒部アルペンルート，飛騨・高山・白川を周遊するルートが定着しており，宇奈月は新潟県寄りに位置し，ルートからはずれることがあるためと推察されます。

飛騨に近い八尾も観光の町です。八尾おわら節は佐渡おけさと酷似しており，1690年代の元禄時代に始まりました。胡弓が使われ始めたのは明治の終わり頃（1910年頃）と伝えられています。最初に使用したのは，輪島出身の漆職人・松本勘玄です。毎年，9月1～3日におわら風の盆として踊り流しが行われます。踊りには，豊年踊り，男踊り，女踊りの3種類があります。8月20日頃からの前夜祭を兼ねた踊り流しと9月の本祭りの期間には，多くの観光客が訪れます。外国人観光客にも，このような味わいのある日本の祭りを体験する機会を提供していく方策が必要です。

8.3 高山市

高山市は，縄文時代からの魅力ある遺跡が数多く存在し，歴史的にも多くの日本人が関心を寄せています。高山で出土した貴重な土器や石器も展示されています。高山市の基礎が築かれたのは，1586年に金森長近が国主となったことが始まりといえます。長近は1588〜1600年の13年間をかけて高山城を建設しました。金森氏の政治は6代107年間続きました。その後，幕府直轄領となり，加賀・前田綱紀が高山城在藩を命ぜられたこともあり，加賀ともつながりがあります。1876年に美濃と飛騨を合わせて岐阜県が誕生しましたが，美濃と飛騨との結びつきはそれほど強くなく，経済的格差も生まれています。もともと飛騨は石川県・富山県と交流が盛んです。

現在の高山市は平成17年2月に10市町村が合併して生まれた市です。人口は約9万6000人，世帯数3万4200，面積2179.2 km^2（東京都とほぼ同じ）です[7]。ここ10年ほど観光産業に力を注いでおり，その効果が入込み数にも表れています。また，安全・安心・快適な街づくりを推奨し，町全体をバリアフリー化する運動を行っています。このため，障害を持った観光客も訪れやすい町となっています。観光情報も日本語を含め10カ国語で対応されており，多くの外国人観光客が訪れます。愛・地球博の効果もあり，2005年度の入込み数は約430万人にも達しています。外国人宿泊者は高山市の人口に匹敵する約9万人でした。2005年度の月別訪問者数の推移を図8.11に示します。日帰りと宿泊，全訪問者数の特性が示されています。連休期間中の4・5月，夏休み中の8月，紅葉の時期である10月の訪問者数が多くなっています。また，外国人訪問者の国・地域を図8.12に示します。台湾が過半数を超える52.1％も占めています。アジア全体では61.4％です。欧米からの訪問者も30％を超えており，訪問者の地域バランスが良いといえます。欧米人は，環境・福祉に配慮しホスピタリティが行き届いた街を訪問する傾向が強い。2000〜2005年の外国人訪問者数の推移を図8.13に示します。アジアからの増加が全体を牽引しています。宇奈月を除く北陸地域も同様の傾向があります。

図8.14に高山市の町並みの写真を示します。古い町並みを残す政策が採られています。高山市は，伝統的な町並み，歴史・文化，春夏秋冬魅力ある自然があり，観光資源の豊富な都市といえます。合併後には「新高山市100景」などが制定され，住民の観光に対する意識も高まっています。アジア・欧米からの

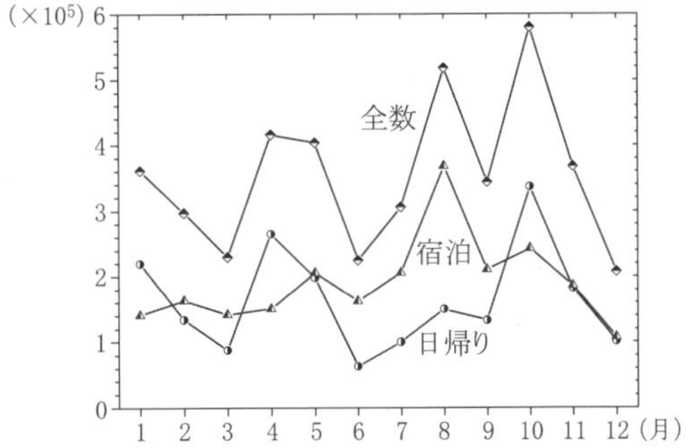

図8.11　高山市の2005年月別訪問者数

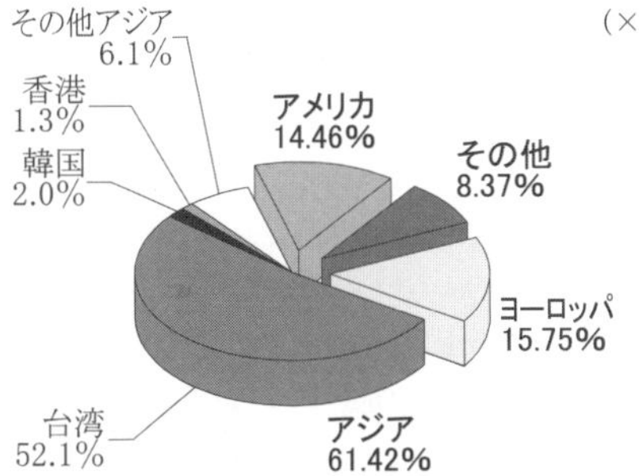

図8.12　外国人訪問者の国・地域

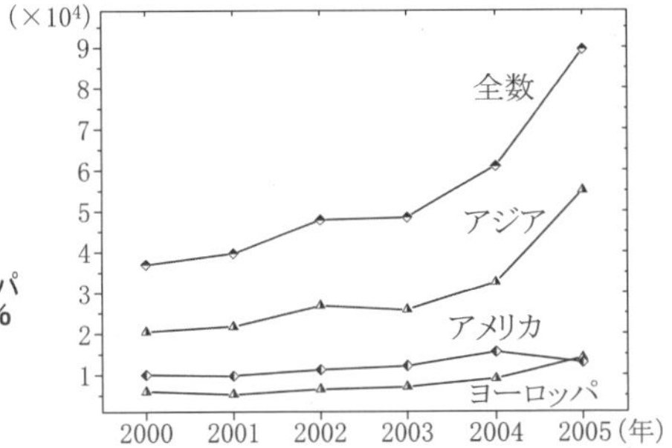

図8.13　外国人訪問者の推移

図8.14　高山市の古い町並み

図8.15　飛騨高山の猿ぼぼ

訪問者を満足させる資源を豊富に有していると考えられます。

また，高山には「猿ぼぼ」という人形があり，大きいものから小さいものまでお土産として売られています。これは高山特有の人形です。猿ぼぼは赤い布で作られています。赤い布は天然痘などの流行病を予防するとされ，作られた人形が赤く，猿の赤ちゃんに似ていることから，猿のぼぼ（赤ちゃん）と呼ばれるようになりました。猿ぼぼには顔が描かれていません。顔は持っている人のその時々の心を写しだすものと考えられています。猿ぼぼは病気予防や家内円満などのお守りとしてあり，由来を知った外国人観光客にも人気が高い人形です。猿ぼぼを作る体験学習も盛んに行われています。図8.15に猿ぼぼの写真を示します。これは小さなもので安く，外国人観光客もお土産として購入します。また，猿ぼぼの説明が日本語のみならず英語，韓国語，中国語で記述されており，国際化を意識した配慮がなされています。

8.4　白川村

1995年12月に白川村と富山県五箇山の合掌造り集落はともに世界遺産 (Historic Villages of Shirakawa-go and Gokayama) に登録され，観光客が急増しました。白川郷とは白川村荻町のことです。五箇山とは，富山県上平村菅沼と平村相倉をいいます。これらの世界遺産登録とともに，主産業が農林業から観光へと変遷しています[8]。白川郷は人が実際に住んでいる世界遺産です[9]。現在ある合掌造りの多くは，江戸末期から明治時代に建てられたものです。白川の歴史としては，8世紀頃に白山を信仰する山岳信仰の修験場として開かれ，12世紀後半に源氏と平家の合戦で敗れた平家の落人が住み着いたと伝えられています。白川村は高山藩領から幕府直轄領を経て加賀藩領となりました。五箇山はもともと加賀藩領です。産業としては，農林業とともに和紙，火薬の原料となる塩硝，養蚕がありました。

2005年の白川村の人口は約1900人，世帯数545，面積約357 km^2です。入込み数は144万人（日帰り136万人，宿泊者数8万人）であり，2003年度（入込み数156万人）をピークに緩やかな減少傾向にあります。白川郷と五箇山の入込み数の比は概ね7 : 3と思われます。2005年度の外国人入込み数は約5万人であり，台湾人が88％の4.4万人です。続いて，韓国（0.16万人），アメリカ（0.095万人），ヨーロッパ（0.126万人）でした。このデータは，せせらぎ公園と荻町駐車場を利用した観光バスから聞き取り推計したものです。図8.16に1989～2005年の観光入込み数の推移と，日帰りと宿泊者数の散布図を示します。(b)図の相関は約−0.7です。日帰り客数が増えると宿泊客数が減少することになります。荻町合掌造り集落の写真を図8.17に示します。世界遺産に宿泊者数を増加させることは難しい。日帰り訪問者数を増やし，地域固有の魅力あるお土産を開発する必要があります。

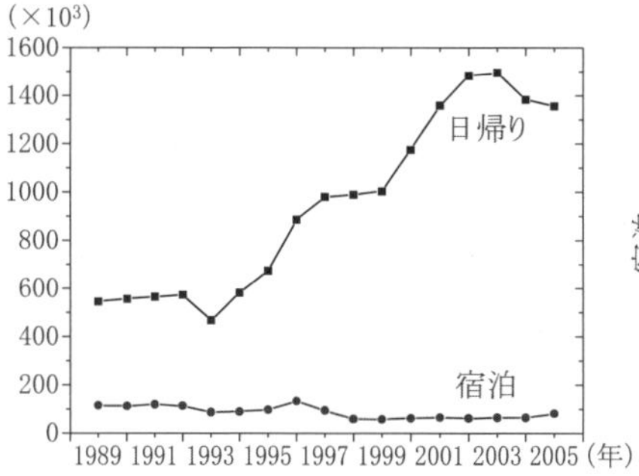

(a) 入込み数推移

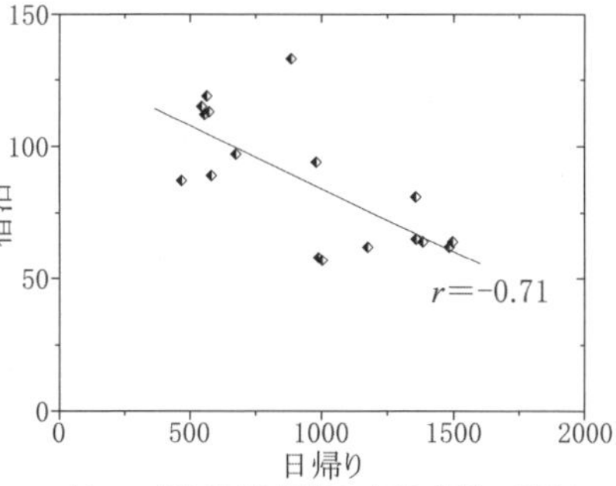

(b) 日帰り訪問者数と宿泊者数の関係

図8.16　白川村入込み数推移および宿泊者数と日帰り訪問者数の関係

図8.17　荻町合掌造り集落

8.5 台湾観光客にとって魅力ある資源

台湾は，一人当たりGDPが160万円を超え，アジアの中では，日本，香港，シンガポール，ブルネイ，マカオに次いで6位（7位が韓国）です。また，世界一の親日地域であり，インバウンドの増加が期待されます。さらにアメリカとEUに対抗するアジア連合（AU）を視野に入れた観光政策が望まれます。GDPなどからみてAUの核となるのは，日本，中国，韓国，台湾，香港などの国・地域であることは明らかです。今後のアジア連合を目標とすると，これらの国々との人的交流推進策が必須です。

台湾人観光客の志向も大きく変わりつつあります。都市周遊から地方訪問を目的としつつあります。団体から個人旅行へ移行していますが，まだ，コスト面から数年はパック旅行が主と考えられます。また，自国では観ることができない立山黒部アルペンルートなどの景観に興味を持っています。台湾からの日本訪問者は，宿泊・食事・買い物については高く評価していますが，北陸旅行はコスト高であるとの意見が少なくありません。台湾観光客が北陸地域を訪問する場合，日数としては5日間，費用は約9万8000円（東京では7万円前後）以上です。日本の中でも，北陸は最も費用がかかる地域です[4]。

今後は，台湾個人訪問者のニーズに即した観光政策が必要です。台湾観光者に対する北陸地域の魅力として次の七つが挙げられます。

1. 温泉
2. 雪（風景・体験）
3. 雄大な自然（中部山岳国立公園など）
4. 古い町並み（合掌作り・高山・古川・金沢東山・武家屋敷群）
5. 花火大会と浴衣体験・桜
6. 兼六園・神社仏閣
7. 漢字文化

これらの資源と宿泊・食事・ショッピングを連携させ，台湾観光客のニーズに即し付加価値の高い旅行を提示していくことが必要です。また，ニュー・タイワン・ドル両替所や大型電気製品量販店や100円ショッピングセンターの設置が望まれます。

8.6 北陸地域における推奨スポット

観光ルートは，季節，旅行形態，目的，資金などにより異なります。超富裕層は自家用ジェット機などで観光地を訪れたり，豪華なホテルの広い部屋を占有したり，食事やチップなどに掛ける費用も想像の域を超えます。北陸地域においては，超富裕層が訪れるインフラは皆無です。このため，一般的な中流階級にターゲットを絞り推奨ルートを構成することが望ましい。台湾人観光客は滞在型よりも移動型観光を好み，複数地域の訪問を好みます。推奨できるルートとして下記の地域を念頭に置き構成することが必要です。ただし，冬季においては立山黒部アルペンルートが閉鎖されるなど，季節ごとに構成する必要があります。

1. 石川県（和倉温泉，兼六園，東茶屋街，21世紀美術館，加賀温泉）
2. 富山県（立山黒部アルペンルート，ホタルイカ漁，宇奈月温泉，八尾おわら風の盆）
3. 岐阜飛騨（高山・飛騨古川の町並み，白川村・五箇山世界遺産）

どのようなルートを構成しても，温泉，ショッピング，自然景観，町並み，住人とのふれあいなどを織り込む必要があります[10]。ここ3〜4年はパックなどの団体旅行が主流です。今後は個人旅行者が急増することが予想されるので，その対策も必要です。画一化した宿泊施設ばかりでなく，さまざまなタイプのものを準備する必要があります。

まとめ

北陸地域における台湾観光客の入込み数などの動向調査を行い解析を行いました。北陸地域では，宇奈月温泉を除いて台湾観光客が著しく増加しています。宇奈月温泉は新潟県寄りであり，北陸地域広域観光圏ルートからはずれる可能性が高いものと思われます。これは，東京，大阪や名古屋から日本に入国し，観光バスなどで多くの地域を訪問する直線的なルートを企画しているためです。将来，新幹線整備により日本人観光客の増加が予想されますが，台湾観光客の増加はバスによる周遊が主です。団体観光客にとって，列車よりもバスはコストが抑えられ便利です。アジア地域からの団体観光客を増加させるには，バスを主体とする交通インフラの整備と付加価値の高いサービスを確立する必要があります。また，台湾観光客のニーズ動向をつねに調査しておくことが大切です。台湾のGDPの向上とともに個人旅行へのシフトが行われます。

〔謝辞〕 金沢市調査統計課，高山市観光課，立山黒部貫光株式会社，白川村産業課，宇奈月温泉観光協会からは多くのデータを提供していただき，また，解析の快諾をいただき深く感謝申し上げます。

【参考文献】

[1] 平成18年4月12日付読売新聞朝刊

[2] 平成18年4月26日付北國新聞朝刊

[3] 国土交通省編：“観光白書”（平成16年7月5日）

[4] 国際観光振興機構（JNTO）編：“JNTO訪日旅行誘致ハンドブック2005/2006”

[5] アジア太平洋観光交流センター：“2004年国際観光観”（2006年3月）

[6] 月刊 台湾観光，日本語版，第449号（2005年11月1日発行）

[7] 高山市商工観光部観光課：“平成17年観光統計”（平成18年4月）

[8] 白川村役場産業課：“古心巡礼”（2005）

[9] 白川村役場：“結”（2005）

[10] Ayako Sawada，Manli Mo，Tatsuya Shimbo and Takashi Oyabu：Trend of Aged Tourist and Application of Tourism Resources in Nanao City，観光情報学会誌「観光と情報」，Vol.2，No.1，pp.41–48（2006）

第9章
中国・東北地域の観光資源概観

近年，中国国内における経済の継続的な発展に伴い，国民収入がしだいに向上してきています。これに加え，国家が“週5日制”を実施以来，人々の余暇が多くなりました。この二つの観光に有利な要素は，中国観光産業の発展に大きな影響を与えています。すなわち，国内・国際旅行市場は盛んになり，急速に発展の兆しが現れてきています。観光産業は“成長産業”として，世界規模で拡大しており，高度発展産業の一つです。中国のみならず，近隣諸国の経済発展にも大きな波及効果があります。

中国の観光産業も，経済のテイクオフに従って盛んになってきました。国家観光局情報センターの最新データによると，改革開放から2005年末まで，全国の総入国旅行者数は累計で12.4億人に達しています。旅行の外貨収入は累計で2200億ドルに達しており，急速に観光産業が発展しつつあることはデータからも明らかです[1]。中国・東北部の観光産業も全国観光ブームにのり前例のない発展と挑戦の時期を迎えています。しかしながら，市場においては観光者のニーズも多様化してきています。たとえば，探険旅行，ビジネス拡大旅行，コミュニティ旅行，スポーツ旅行，農業体験旅行など多種多様なものが企画されています。ニーズの広がりと共に，旅行商品にはさまざまなものが提供されるようになりました。この現象は観光者が伝統的な旅行商品のみに満足するものではないからです。旅行市場が柔軟にあらゆる分野で新規な旅行商品を提供できるシステムが必要となります。中国東北部にはさまざまなニーズに応える観光資源が多々あります。

本章においては，中国東北部の観光資源を紹介します。まず，記述されている観光スポットを訪問し，リピーターとして伝統的なものとは一味異なる観光を体験してほしいと思います。

9.1　東北三省の観光資源

中国・東北三省は遼寧省，吉林省，黒竜江省から構成されます。東北地方の観光資源は大別して二つの旅程に分けることができます。すなわち南線と北線です。南線は，瀋陽–千山–大連，北線は，ハルビン–長春–吉林–長白山です。以下に各都市の観光資源などの概要を示します。

9.1.1　南線

(1)　瀋陽

瀋陽市は遼寧省中部に位置し，中国の最も豊かな東北のグレートプレーンの南端に位置します。遼寧省の省都であり，中国の有名な重工業都市であり，省の経済・文化の中心です。東北地区の交通の要でもあります。総面積は1万3000 km^2（市区の面積は3500 km^2），総人口は685万人（市街区の人口は490万人）です。瀋陽市は温帯の季節風型大陸性気候に属し，冬は寒く乾燥し，北風と北西風が強い地域です。1月の平均気温は零下13 °Cにもなります。夏は暑く雨が多

図9.1　瀋陽故宮

図9.2　瀋陽北陵（清昭陵）

い地域で，南風と南西風が強いところです。7月の平均気温は25°Cですが年平均気温は8°Cと低いことから，夏と冬の温度差が大きい地域といえます。瀋陽市の降水量は年760 mmくらいで，6〜8月で年間降水量の50％以上を占めています。

瀋陽市は歴史的に悠久な古い都市です。市区の北部に掘り起こした“新楽の遺跡”はそれを証明しています。7200年前の新石器時代に，瀋陽人の祖先はすでにこの土地に生活していました。瀋陽故宮は沈河区瀋陽路に位置し，中国に現存している二つある帝王宮殿の一つです。瀋陽故宮の写真を図9.1に示します。瀋陽故宮は歴史・芸術的に高い価値を持っています[2]。それは，後金の天命10年（1625年）に造り始められ，清崇徳元年に完成しました。清太祖ヌルハチと清太宗皇太極が建造し使った宮殿です。これらは世界遺産として登録され，日本など世界中から多くの観光客が訪れています。瀋陽の福，昭2陵は，有名な“東北地方3陵”の中の二つであり，中国の古代建築の特色と民族の風格を備えた帝王陵墓です。太祖のヌルハチと孝慈高皇后葉赫納喇氏の陵墓です。瀋陽北陵（清昭陵）の写真を図9.2に示します。

（2） 千山

千山は“東北の明珠”と称され，遼寧省鞍山市東南17 kmに位置しています。千華山，千頂の山，千の蓮花山と呼ばれ，国の重要名勝です。千山の歴史も悠久であり，隋唐の時代から山上に寺院建物が存在していました。千山の範囲はとても広く，その地域は長白山の支脈でもあります。全山は999個の山の峰から成り，千山の名の由来になっています。千山は四つの遊覧区から構成され，

図9.3　千山の入口

図9.4　千頂の山

名所旧跡は200カ所もあります。千山は渤海を南に臨み，北は長白山に連なっています。その主要な観光スポットとして，千山の弥勒大仏が自然遺産に登録され，各国から訪問客が訪れつつあります。大仏は千山の有名な古廟の“南泉の庵”の反対側の山峰にあります。仏像の高さは70 m，肩の幅は46 m，頭の高さは9.9 m，幅は11.8 m，耳の長さは4.8 m，中国三大仏像の一つであり，訪問客は皆感嘆します。毎年6月6日は千山の大仏節であり，そのときに盛大な仏事の祭りを行い，近隣からも多くの観光客が訪れます。千山の門の写真を図9.3に示します。また，千頂の山の写真を図9.4に示します。

(3) 大連

大連は中国北方の新しい港であり，工業，商業，貿易と観光の都市です。歴史的に新しく著名な遺跡などは特別ありません。遼東半島の最南端に位置し，黄海，渤海に囲まれ，気候が穏やかで心地よく，生命力あふれる沿海開放都市です。総面積は4427 km^2（市街区面積2890 km^2），水源保護面積と観光地区は1537 km^2，海岸線の長さは1906 km，総人口は570万人（市街区人口318万人）です。大連は東北地方で最も暖かい所です。大陸性気候と海洋性気候をあわせ持つ地域です。夏季は暖かく，酷暑がありません。冬季は少し寒いが，それほど厳寒とは感じない所です。年間降水量は550～1000 mm，降水の多くは夏季に集中しています。夏季の平均気温は22 °Cくらい，降水量は350～700 mmです。海洋性気候のため，冬季でも人に心地よい感じを与えます。大連の春季は，桜，ライラック，モモの花，リンゴの花などが次々に開花し，その香りは人々の心を和ませます。5月にエンジュの花が満開になり，人々の心にまで染みわたる香りを放つため，大連は“エンジュのパリ”と呼ばれています。また，青い海と青い空，日光ときれいな砂浜，観光客を魅了するスポットが多くあります。何といっても安全できれいな町で，日本との交流が進んでいる都市です。図9.5に日本とのかかわりを示す旧満鉄ビルの写真を示します。多くの日本人観光客が訪れます。

大連の自然資源として，海洋資源が有名です。海の幸であるナマコ，アワビ，ホタテ貝，クルマエビなど貴重な品々が多く揃っています。魚類として，タチウオ，キグチ，ライギョなどが捕れます。大連は東北地方最大の貿易港であり，陸海空の交通至便な都市です。工業化も凄いスピードで進行しています。農業

図9.5　旧満鉄ビル

や海産品も豊かです。社会・文化・生活は発展し，この地域は三城を有するといわれています。すなわち，ファッション城，サッカー城，旅行城です。これらのイベントは積極的に誘致されています。

大連市の建築は独特の風格があり，古いものと新しいものが混在しており，調和の取れた街並みを形成しています。大連の記念日である慶祝活動日は国の内外に浸透しています。また，“中華の花火と爆竹のオウバイ会”“エンジュ祭り”“国際服装節”“国際マラソン”“大連輸出商品交易会”などは国際的な祭りやイベントになってきています。大連経済技術開発区と金石浜国家リゾート地はその整合の取れた配置，優美な建物で多くの人の注目を集め，大連の新しい市街区になりました。このような，街並み形成も市の政策の一つです。

金石浜の国家リゾート地は黄海浜に位置し，大連市街から58 km離れています。陸地の面積は62 km^2，海域の面積は58 km^2，海岸線の総延長は30 kmです。金石浜は海，浜，礁，島の風光が一体化しており，地質が珍しい景観で有名です。地質博物館と称されています。煌びやかで美しい堆積の岩石層，見事な海蝕の地形，希少価値がある亀裂奇石，一級の砂浜，魚が多く釣れる島と美しい岩々があります[3]。金石浜の景色は名所の基本的な要素をすべて構成しています[4]。ここには世界一流のゴルフ場，国際遊覧船クラブ，猟場，釣りクラブがあります。休日を過ごすホテルの別荘など施設も多くあり，バカンスや観光に最適な地域といえます。西欧的な雰囲気が形成され，多くの富裕層が訪れます。

9.1.2 北線

(1) ハルビン

ハルビンは黒竜江省の省都であり，氷と雪の文化発祥地の一つです。第3回アジア冬季体育大会が開催されました。ハルビン市は松嫩平原東部，松花江の右岸に位置し，黒竜江省の政治，経済，科学技術，文化の中心であり交通の要です。総面積は5万6579 km^2（市区面積4272 km^2），人口は970万人（市区人口395万人）もいます。暖かい大陸性モンスーン気候で，年平均気温は3～6 °Cです。ハルビンの氷雪祭は，独特な芸術の形式を有しており，その特徴は独自色が強く慶祝活動が活発です。氷雪の都と呼ばれるハルビンは，全国の氷と雪の観光の中心となるよう開発されました。ハルビン氷雪祭の作品例を図9.6に示します。

ハルビンの文化・歴史は古く，北方の少数民族の歴史と文化を一カ所に集めただけではなく，国内外の文化融合都市です。ハルビンの孔子廟，極楽寺と西方の古い建物，造形が珍しいロシア正教などの教会堂は市街区を多彩に装っています。“小さな東方のパリ”と称されています。有名な“ハルビンの夏のコンサート”は伝統的な音楽祭になっています。その豊富で多彩な内容は国内外の観光客を引きつけています。毎年開催されるハルビンの経済貿易商談会には，50余りの国からビジネスマンが訪れ，貿易と経済・技術協力の商談が活発に行われています。現在，ハルビンは東北地区の国際貿易都市となっています。ハルビンの冬で最も壮観なのは氷灯園遊会です。氷灯園遊会は，1960年代初頭において，ハルビン人が松花江の原生氷を使い，氷と雪の芸術作品を造ったことに始まります。芸術家たちは，各自の技術と想像力で多彩な氷の彫刻芸術作品を造りました。それに加えて近代的な科学技術の手法を用いて，北国特有の氷の彫刻芸術品を仕上げてきています。

亜布力のスキーリゾート地は，黒竜江省東部尚志市境界近くに位置し，ハルビンから200 km，長白山脈の張広才嶺地区に属しています。多くのスキー客が訪問します。図9.7に亜布力のスキー場の写真を示します。亜布力は低い山岳区で，全体として東から西へ延びています。温帯の大陸性気候に属し，四季の区別は明確で気温差は大きく，極限に達した最低気温は零下44 °Cを記録しました。最高気温が34 °C，年の平均気温が1 °Cくらいです。凍結が始まるのは10月下旬であり，解氷時期は 4 月上旬です。平均積雪は 40 cm，高山の積雪は 60 cm

図9.6　ハルビン氷雪祭の作品

図9.7　亜布力のスキーリゾート地

以上にも達します。避暑地でありスキーエリアでもあります。亜布力のスキー場は，中国でもゲレンデ条件が良く，広さも最大級です。総面積は2255 haで自然環境にも恵まれ，群山に囲まれています。林が密集しており，雪の量も多く，景色は壮観です。高山の雪道は海抜1300 m，長さは3080 m，幅40 m程度で，毎年11～4月まで積雪は1 m以上になります。環境汚染はなく，滑りやすく理想的なスキー場といえます。将来，春夏秋冬を問わず多くの観光客が訪れる資源です。

(2)　長春

長春は吉林省の省都です。松遼平原中部に位置し，総面積は1万9000 km^2（市区面積3600 km^2），総人口680万人（市街区280万人），中温帯の半湿気候区に属します。年間の温度変化は著しく，四季の区別は明確です。年平均気温は4.6 °C，1月は最も寒く，最低気温は零下37 °Cにも達します。1月の平均気温は零下17.2 °Cです。夏季の7月は最も暑く，最高気温は38 °Cにもなり，平均気温は23 °Cです。長春は美しい都市であり，自動車工業や映画で有名です。科学技術と文化の府でもあります。また，森林が多く，自然環境にも恵まれています。国内有数のトウモロコシ，大豆生産地です。1994年に政府より副省級都市に認定され，吉林省の政治，経済，文化と交通の中心として機能しています。全国15の中心都市の一つです。長春も森林が多いことで知られています。都市の緑化率は40 %近くに達し，全国の大都市と比較しても遜色がない優美な生活・ビジネス環境を提供しています。

図9.8 満州国皇宮

長春市東北部に，有名な塀で囲った庭付き住宅があります。庭内の中心に瑠璃瓦で極彩色の美に輝いた建物があります。庭は一見不揃いのような感じを受けますが，よく観ると秩序があり趣のある庭園です。日本にも馴染みのある満州国皇宮です。これを図9.8に示します。清王朝最後の皇帝である愛新覚羅溥儀が3回目の“即位”をした宮殿です。中国封建王朝の最後の宮殿といえます。

長春の映画制作所は1985年に建設されました。長春市の南西に位置しています。長春映画制作所は中国映画文化芸術の中心でもあり，観光地となっています。最近では映画よりもテレビの撮影が多くなっています。観光客は，芸術家たちの映画やテレビなどの撮影現場を見て回ります。また，映画やテレビ撮影のトリックを解き明かしたりし，観光客に人気があります。

(3) 吉林市

吉林市は東北の有名な古い都市です。全国の省の中で唯一，省の名称が都市名となっています。吉林市は長春の東124 kmに位置し，山も水源もある美しい都市です。群山と周囲を囲む江水により，吉林に“四方の青い山に三側の水を形成させ満城の山色に半城の江”といわれるほど天然の美しい景色を有しています。吉林市の面積は2万7100 km^2（市区面積1万7650 km^2），全市総人口は430万人（市区人口160万人）です。中国30特大都市の一つであり，中国一級の開放的な都市でもあります。また，歴史文化都市です。吉林市は中温帯の大陸性モンスーン気候に属し，春季は乾燥し風が多く，夏季は暖かく雨が多い地域です。秋季はさわやかで青空が多く，冬季は寒くて長い所です。

吉林の冬季はとりわけ注目されます。自然の氷と雪の不思議な景観を見ることができます。これらの景観は観光客の心を魅了します。また，吉林の霧松があります。これは，長江三峡，桂林山水，雲南の石林とともに中国四大奇観と呼ばれています。毎年，正月の氷雪祭に，霧は風に軽く舞い上がり，美しい花が満開するように見えます。ここには全国的に有名な北大湖があります。松花湖のスキー場，スケート館，冬季スポーツ練習館などで構成される氷上スポーツセンターがあります。時々，国際的な氷と雪の競技が開催されます。

(4) 長白山

長白山は国連も推奨している動物保護地区です。ユーラシア大陸の東端，吉林省東南部に位置し，総面積 8000 km^2 もあります。長白山は世界の中で標高が最も高い火山口の湖（長白山天池）を有しています。落差が世界最大の火山湖の滝（長白滝）もあります。広範囲に分布している温泉群，霧にかすむ果てしない原始林，多彩な自然景観，長白山グランドキャニオンなどが魅力ある自然資源となっています。生態保護と観光が一体となる中国最大の自然保護区です。長白山は世界的にも有名であり，独特な観光地として数百万人に上る国内外の観光客が訪れます。春は珍しい花を見ることができ，夏は日光を浴び，秋は紅葉，冬は瑞雪を楽しみます。鄧小平氏はこの長白山を心から賛嘆し“長白山に登らないと一生残念に思う！”と述べています。

長白山は風光明媚であるのみならず非常に多くの生物種が生息しています。長白山天池を中心にし，南，西，北の三つの長白山保護区は，中国最大の保護区となっている原始林です。保護区の総面積は 19 万 6465 ha，野生動物は 1225 種類にも上り，野生植物は 2277 種類も生息しています。林木の生産面積が 4400 万 m^2 もあります。長白山は，観光，自然保護の価値を有し，中国人民のみならず世界各国の貴重な資源となっています。

9.2 中国旅行業界の問題点

9.2.1 観光地の管理運営

旅行に対する需要が拡大するに伴い，各地の観光スポットが開発・整備されつつあります。地域政策や住民の志向に適合した観光開発が望まれます。これまで粗放的な開発が多々見受けられました。目前の功利を求める急激な開発は，観光産業運営において管理不備な点が多々現れます。観光産業は，科学的な管理が必要不可欠です。すなわち，先進的で科学的な理論に基づいた管理と専門的人材の配置が必須です。将来予測を行い，つねに環境に配慮した観光運営を行う必要があります。中国においても，いくつかの観光地で自然景観の破壊に遭遇した事例があります。地域におけるマクロ的管理や調和のとれた開発が必要です。

9.2.2　土産品の特色と品質

観光地は観光者が土産品を購入するスポットでもあります。観光者が土産品を購入する目的は，主に訪問記念と，家族や親友などに自分が享受した観光地の雰囲気を贈るためです。このため，その地域特有の特徴がなければなりません。しかしながら，中国観光市場の土産品は北から南までほとんど同じ商品が並んでいます。また，商品の品質は低く，価格は気の向くままに付けられ，交渉により大きな幅があり，比較的高いのが現状です。不良品を優良品に見せかけ，偽物を本物として売りさばくこともあります。国際化を目指している中国にとっては，今後このような商行為は大きな障害となることは明らかです。包装も粗末で，購入後持ち歩くのに不便なものも多くあります。このような事例が観光者のショッピング欲求を極めて低下させています。早急にこのような状況を改善しなければ，観光地の経済効果を低下させることになります。

9.2.3　名所の入場券

観光スポットは観光産業の重要な生産地であり，観光者の訪問地です。観光スポットは持続的に経済効果を提供する場所でもあり，重要な価値があります。中国国内の観光地においては，入場券など必要なコストが依然として高く，一般人の訪問意欲を低下させています。また，同様な観光価値と思える観光地の入場券の価格においても大きな差があります。観光者ニーズや国民のレベルを把握し決定されていないのが現状です。一般観光者の動向を解析し，多くの人が訪問できる観光地を形成する必要があります[5]。少し知名度のある名所の入場券は，一般人の平均月収にも相当する場合があります。その価格は，人々が受け入れることのできるレベルを遥かに超えています。入場券の種類も多種多様で混乱しています。たとえば，一般切符，セット券，半額券，特恵切符（特別割引切符），通し切符などがあり，外国人にとっては混乱することがあります。観光者は，その種類を見て判断しかねる場合もあり，購入をあきらめることもあります。このような問題は，観光産業が一日も早く解決していかなければならない問題です。早く単純明快なシステムを形成しないと観光者の訪問情熱まで低下させることになり，挽回できない損失を被ることが予想されます。入場者収入と必要経費，将来計画などを鑑みて，適正な入場料を設置することが必須です。

まとめ

中国観光資源を見渡すと極めて豊富でさまざまなものがあります。とくに歴史・文化的資源は世界一級のものが揃っています。これらを適正に活用することで，世界の中でも大きなマーケットを形成できる素地を持っています。改革開放とともに，最近の観光産業は大きな発展と進歩を遂げつつあります。しかしながら，その過程でチャンスと挑戦がつねに共存しています。多くの困難が伴い，希望している通りのことは叶えられることは少ないのが現状です。とくに，観光資源の開発，保護，利用などの面で，いくつか早急に解決しなければ，今後とも観光地として成り立たなくなる恐れがあります。我々は，観光産業が発展している過程でいかに対処すべきかが問われています。世界の中で，観光のみならず政治・経済・文化など，良いイメージを確立していく必要があります。できる限り合理的で環境などに配慮した観光空間配置を体系的に構築し，中国観光資源の利用率を向上させ，サービスやホスピタリティ度を向上させていく必要があります。何よりも今後の交流人口の拡大が必要です。

【参考文献】

［1］国家観光局情報センター：2006年全国旅行工作会議（7月21日武漢）
［2］大藪多可志："東アジアの交流と地域諸相：北陸地域と中国東北部の観光交流推進に関する考察" 思文閣出版，pp.71–82（2006年6月）
［3］楊斌：海辺旅行製品の深さの構想の探求，桂林の旅行する高等専科学校学報，2006年(6) 315-3
［4］王詩成：海浜旅行増加による施設開発，海洋フォーラム2000年（1）1-4
［5］梁学成：複合観光資源の系統的な価値分析，旅遊学刊，2004年（1）61-66

第10章

観光産業による地域の持続的発展
—食との連携による方策を考える

地方を取り巻く経済環境はたいへん厳しく，国の財政構造改革による公共投資縮減や金融環境の変動などに加え，規制緩和や地方分権の進展に伴い市場競争や地域間競争が激化してきています。今後，さらなる少子高齢化のもとで，国の財政に依存する体質の抜本的な改善が求められています。このような自らの知恵と工夫で地域の持続的な自立発展を目指していかなければならない状況の中で，地方においては観光への期待が高まってきています。

しかしながら，一方でバブルの時代に推進された観光開発プロジェクトの多くが破綻している現実への不安や，もともと観光に地域経済を牽引していく力が本当にあるのかという懸念があるのも事実です。地域の持続的，自立的な発展にとって観光は本当に切り札となりうるのでしょうか。

それを検証していくためには，観光を地域の経済力を総体的に高め，安定した雇用を維持，創出していく地域産業として捉えるとともに，観光による消費の流れをきめ細かく把握しながら観光の産業としての実態を多面的に調査分析していくことが必要です。そこから得られる実証的なデータをもとに，それぞれの地域の安定的な産業振興と雇用創出に結び付けていくという体系的な産業戦略としてのシナリオが描ききれるかという見極めとそこから示された課題を解決する政策展開が出てくるのです。

しかしながら従来の観光議論の実態はややもすると「集客」の発想が中心で

あったように思われます。わが国では観光を議論する統計データは入込統計が主であり，入込客の数を把握する統計が中心でしたが，観光客の数のデータだけでは，たとえその精度を高めても，観光客の消費によって地域にどのような経済効果があり，どのような産業に観光消費の経済波及効果が及んでいるのかは見えません。そこから効果的な産業戦略，地域政策につなげていく検討を進めるのは限界があります。

観光議論の難しさの一つは，他産業の議論と違って，明確に産業区分された「観光産業」というものが実感されないことによるあいまいさが一因ではないかと感じています。観光というのは「営み」であり，「する」行為であることから，その行動実態だけでは，地域の活性化や地域経済の向上にどの程度寄与するのかは，推し量ることができないのです。観光が地域に及ぼす経済的な効果を把握するためには，観光客の消費態様を詳しく調査するとともに，それらの消費がどのような産業にどのような程度で波及していくのかを具体的な数値によって把握することにより，地域における観光産業の実態を理解することが必要です。それによって，観光産業の力や，雇用力を示すことが可能となり，地域産業全体の中での観光産業の位置づけも把握することができ，地域産業政策の中でバランスのとれた観光産業政策を展開していくことができるのです。そこからは，いままで観光とは無縁だと思っていた産業が観光消費による経済波及効果を受けていることを認識することによって，産業間連携の強化が図られることもあります。さらに，経済波及効果のつながりを示すモデルが構築されれば，それを利用した試算により効率的に経済効果の上昇につながる施策を進めていくことも可能となるのです。

このような問題意識のもとに，釧路公立大学地域経済研究センターでは，北海道の釧路・根室地域を対象モデルとして，6カ年にわたって「地域観光の地域自立型産業への展開に向けての研究」を財団法人日本交通公社（以下「JTBF」と略します）との共同研究として実施してきました。ここでは，本研究の成果を紹介する形で，10.1節では観光消費の経済波及効果による実証的な分析から見た観光の地域自立産業としての持続的発展の可能性を探るとともに，10.2節では食産業との連携による観光産業の展開方策について考えていきます。

なお，上記「地域観光の地域自立型産業への展開に向けての研究」は，三つの段階で展開しました。第1段階の研究は平成12，13年度の2カ年で実施しましたが，そこでは主に釧路・根室地域を事例に，観光消費実態調査，事業者調査などによって，観光による地域内消費実態を調査，分析するとともに，地域産業連関表の作成により地域内での経済波及効果を分析し，地域産業全体の中での観光産業の実態と今後の可能性を探り，今後地域内で波及効果を高め，観光が地域における自立型産業として発展していくための方策について検討を行いました。第2段階となる平成14年度からの研究では，観光の経済波及効果を高める具体的な施策として，地元食材を生かした料理の提供や地元素材の加工による土産品の販売，地域ブランドの確立を目指し，それによる経済波及効果の試算，道内外での先進地事例調査を行いました。次いで，平成15年度には食事や土産品に関する購入状況や満足度を把握するため，来訪客アンケート調査を行うとともに，地場産品のブランド化施策などについて自治体アンケートを実施し，観光施策を通じた地域ブランド確立に向けた方策について検討を行いました。

第3段階となる平成16年度，17年度の研究では，食と観光の連携をテーマに，食を取り巻く近年の動向を踏まえた上で，旅行先での食事の楽しみに関するアンケート調査などのマーケティング調査を行うとともに，釧路・根室地域内外での食と観光の連携によって地域の付加価値を高め，魅力の向上につなげていく取り組みについての事例調査を実施し，食と観光の連携の推進に向けて，より戦略的・重点的に取り組んでいく方策について検討しました。

なお，これらの本調査研究の対象地域は，経済効果分析については釧路・根室地域をモデル対象とし，アンケート調査については釧路・根室地域および北海道を，一部調査では全国を対象としています。

10.1　観光産業の可能性を探る

10.1.1　観光の消費経済効果

地域における観光消費の実態と経済波及効果を探るためには，まず観光者の数と消費の金額，内訳，事業者の売上高の内訳，原材料，雇用などの地元調達度合いの現状をアンケート調査やヒアリング調査でより詳細に把握していきました。観光客の数については，既存の入込統計の数字をそのまま使用するのではなく，より実態に合った数字を調べて精度を上げていく努力が必要です。残念ながら現在の地方自治体が発表している入込統計の数字には精度の低いものも少なくありません。経済波及効果の推計については，乗数理論や産業連関表を用いることが多くありますが，われわれの共同研究では，観光産業の実態をより正確に把握するために，観光消費の支出項目に対応した産業項目を組み込んだ独自の観光産業分析のための地域産業連関表[1]を作成しました。

消費経済効果分析の結果，2000年度中に釧路・根室地域で宿泊した来訪客は131万人で，これらの人々が域内で消費した額は総額646億円と推計されました。その消費額から域外で生産された土産品などの移輸入を除いた域内での直接効果は555億円で，これによって観光産業で5500人の雇用を生み出しています。さらに原材料調達などのために域内の商業や金融・保険・不動産業，電力・ガス・水道業，農漁業などへの間接的な経済波及効果をも合わせてその生産波及効果を計算すると859億円と，観光消費の1.3倍となりました。また，産業全体では7700人の雇用誘発効果が生じており，これは域内総雇用の4.0％を占めていることがわかりました。ここでは観光産業の雇用力の大きさが浮かび上がってきています（図10.1）。

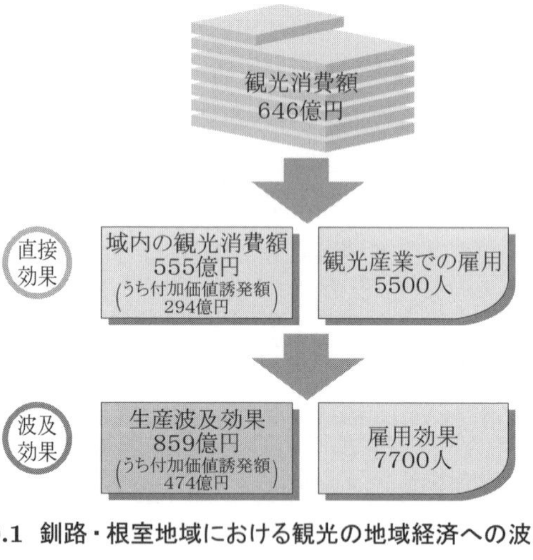

図10.1　釧路・根室地域における観光の地域経済への波及効果

[1]「平成7年釧路・根室地域産業連関表」部門分類は67部門。平成7年北海道産業連関表の統合63部門を中心に，観光関連4部門（貸自動車業，鉄道旅客輸送，道路旅客輸送，旅館その他宿泊所）を細分化。分析はこれをさらに38部門に統合。モデルは地域内表（競争輸移入型）。

10.1.2　観光は幅広い複合産業

さらに分析結果からは，観光消費が幅広い多様な産業に波及していることが読み取れました。旅館や飲食店だけでなく，商業や金融・保険・不動産業，漁業など，さまざまな産業にその効果がもたらされています（図10.2）。

この産業別経済波及効果分析からは，たとえば，レンタカーを借りて，ガソリンスタンドで給油し，お土産には地元の海産物を買い，そして移動途中にコンビニエンスストアなどで買い物をしている来訪者の姿が浮かんできます。同様にその雇用効果はさまざまな産業にもたらされており，サービス業，卸・小売・飲食店などを含め5000人を超える雇用を生み出しています（図10.3）。このように観光消費は幅広い産業にかかわっており，これらの幅広い複合産業群が地域にとって意義のある「観光産業」であるという認識を持つことが大切ではないでしょうか。決して宿泊や交通などの業種だけが観光産業ではないのです。観光旅行者は，時間と空間をさまざまな態様で移動することから，食事をしたり，土産物や思い出の品を買ったりするほか，その地を知るためにガイド書などを買い，必要に応じてその地でさまざまなサービスを購入することで，幅広い消費活動を行っており，かなりその消費形態は定住している住民に近いものがあります。

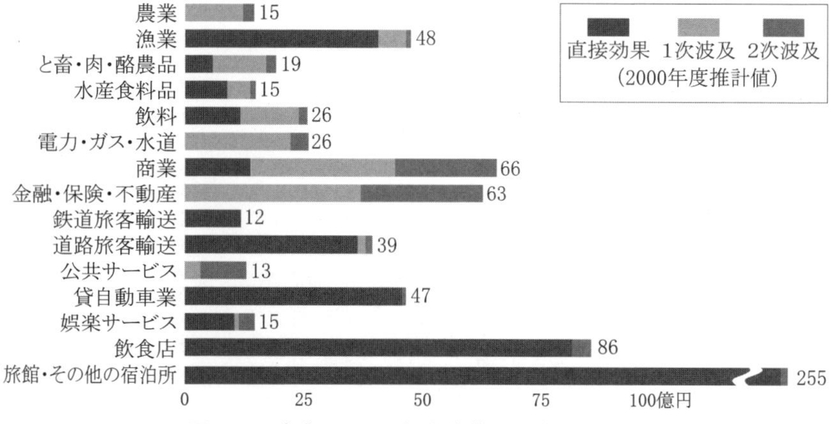

図10.2　産業別にみる観光消費の生産波及効果

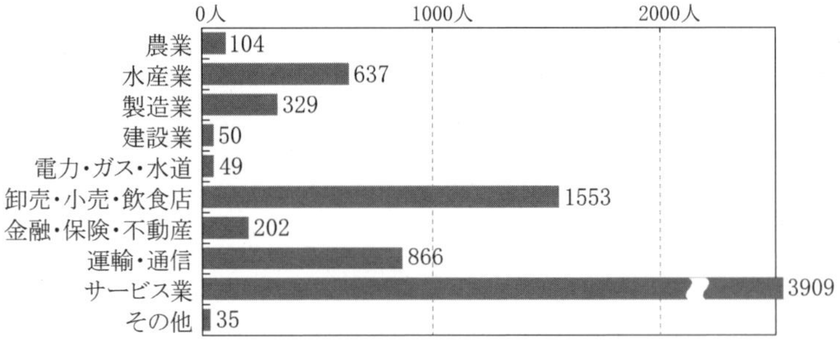

図10.3　産業別にみる観光消費の雇用効果

問題は，このように観光産業が幅広い多様な産業から構成され，その波及効果も広範囲の産業にわたっているにもかかわらず，それぞれの産業にかかわる人たちが観光産業であるという自覚を持って行動しているかどうかという点です。たとえば，コンビニやガソリンスタンドなどで働いている従業員が，自分たちが観光産業だという意識で，観光旅行者に対して接しているかということです。その意識があれば的確な情報提供やホスピタリティによって地域の観光魅力も増し，結果として消費も大きくなるのです。また，今回の調査では，水産業への経済波及効果が高いことが示されましたが，調査研究スタート当初は釧路の漁業関係者は観光なんて俺たちとは無縁だという意識でした。しかしながら，経済波及効果の産業別の数字を見て漁業者の意識は徐々に変わり始め，現在では，地元の漁協も積極的に観光への関心を示すようになってきました。たとえば，築地，札幌にしか流通されなかった上質の秋刀魚が観光消費用に地元にも出回るようになったのです。自分たちが頑張って観光消費を高める努力をすれば，自分たちの産業も発展し，地域全体も潤うという意識が芽生えてきたのです。さらに，地域の中で従来つながりの少なかった漁業生産者，飲食店，料理者，旅館・ホテルなどの業者間連携の動きも出てきています。

このように，観光消費がどのような産業に経済波及しているかという観光産業の実態，位置づけを客観的に示すことで，新たな意識の醸成や変化，動きが出てきたのです。また，地域の幅広い産業が観光旅行者に目を向けることで，地元の市民もそれまで地元に出回らなかった秋刀魚を食することができるようになるなど，より選択肢が広がり，豊かさを享受できる生活が送れることにもなるのです。

10.1.3　域内調達，域内循環の重要性

さらに，観光消費を地域経済の安定的な発展に結び付けていくために重要なポイントは，地域内循環を高めていくことです。多くの消費がなされたとしても，それが地域外に漏れてしまえば経済波及は生まれません。地域の食材を使った料理の提供や，地元産の土産を積極的に開発することは観光客の満足を高めるだけでなく，消費を効率的に地域経済に結び付けて，多くの産業，雇用を生み出すことにつながるのです。

地域内循環を高めていくということは，今後の地域経済全体の発展を考えていく上でも重要な視点です。ちなみに「平成10年北海道内地域間産業連関表」(平成15年2月，北海道開発局）で釧路・根室地域の自給率（釧路・根室地域内の需要をどれだけ地域内で生産されたモノ，サービスでまかなっているか）を見ると63％となっています。この自給率を上げると地域経済にどの程度影響があるのか，均衡産出高モデルを利用して試算してみると，自給率が3％上がると，生産額で約342億円，雇用者数で2730人が増加する計算になります。5％に増加すれば，4000人を超える雇用が生まれます（図10.4）。

地域の基幹産業である農業，水産業従事者に匹敵する数の雇用が，域内循環を高めるだけで新たに生まれてくるのです。しかも，産業別に見ると，釧路・

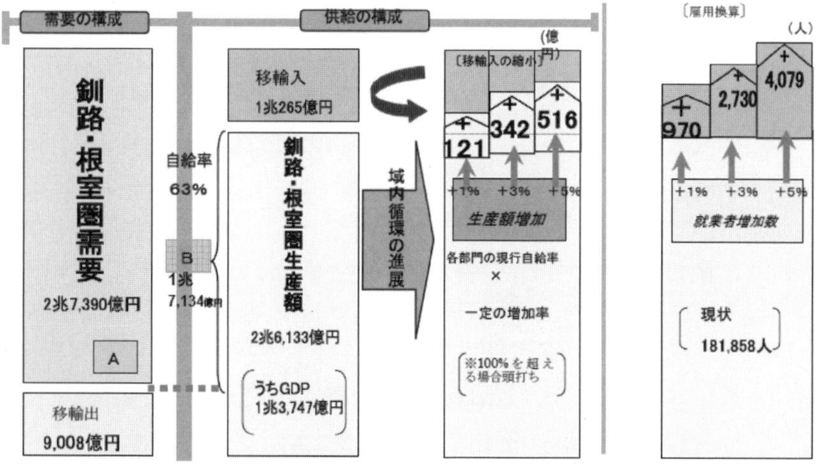

図10.4　自給率増加による地域経済への影響

根室地域に優位性がある食品加工で地元産の原料利用の割合が低いという意外な結果が出ています。いつのまにか，地元地域で生産されたものが使われなくなっており，その分消費が外に漏れてしまっているのです。個人や個々の企業から見れば資材や材料の購入が地域の中か外かというのはそれほど大きな問題ではないでしょうが，地域経済全体の活力の維持という点から見れば域内循環を生み出さない外への消費漏出を食い止めるというのは大事なことです。これからの地域経済運営は，外の市場で稼いでくるとともに，域内循環を少しでも高めながら地域経済の力を増していこうというバランスの取れた政策展開が必要です。

とくに，観光については地域内循環への取り組みが地域経済の力を高めていく上で大切です。地元の食材を使った料理の提供や地元資源を使った土産品を開発，販売していくことで地域内循環を進め地域経済効果を高めていくとともに，観光旅行者の方も，地元産の食材を生かした料理への志向や，土産においても地元産のものを好む傾向が極めて高くなってきていることから，料理材料や土産物の域内調達率を高めれば，結果として地域における観光消費額の向上にもつながっていくのです（図10.5）。さらに，地域経済として域内循環を目指していくことは，域内産品のブランド化の進展や，観光地域としてのブランド力の向上などによりさまざまな形で地域の付加価値を増していくことにもつながっていくのです。

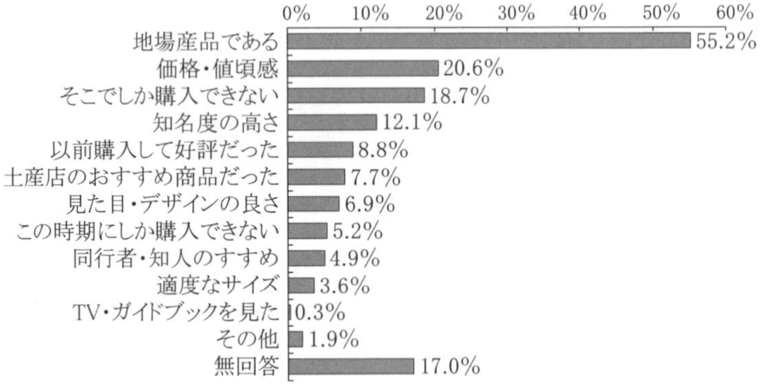

図10.5 宿泊旅行で土産物を購入する際に重視した点（複数回答）

10.1.4 移輸出産業としての観光の役割

次に観光産業の重要な特質として，域外からやってきた観光旅行者が域内で支出をすることから移輸出産業であるという点があります。釧路・根室地域の場合には，地域の域際収支は2000年の産業連関表ベースで1030億円の赤字と推計されていますが，域外からの来訪客消費の直接効果は555億円となっており，この観光消費が見込まれない場合には，域際収支が1.5倍に増加することになり，域際収支の赤字改善に大きな役割を果たしていることがわかります。ちなみに，同時期の国内でも有数の観光地である沖縄県の域際収支は3900億円の赤字，来訪客消費は3954億円と推計されており，観光産業が域際収支の改善に果たしている役割がいかに大きいかがわかります。沖縄においては観光が地域の自立産業として大きな役割を果たしてきています。これは，これからの地方圏において，厳しい政府財政環境の下，公共事業，地方交付税，各種補助金などの政府財政移転が減少していく中で，観光産業が地域経済の自立に向けて貴重な役割を果たしうる可能性があることを示しています。

地方においては，製造業などの移輸出産業の立地が難しくなっている上に，厳しい政府財政環境の下で政府資金によって域際収支の赤字を埋めることが困難な状況になってきており，経済的な自立を目指していく道のりは容易ではありません。しかも，金融，不動産，流通，メディア産業などの大都市集積が加速している流れの中で，あらためて地域自立に向けた戦略産業として，域際収支を改善する移輸出産業としての観光産業の重要性を再認識する必要があります。

10.1.5 観光産業の客観的位置づけ

観光経済統計の整備は世界的な課題でもあり，WTO（世界観光機関）が提唱する観光経済計算の国際基準であるTSA（Tourism Satellite Account）の取り組みが近年，世界中で始まってきています。TSAのマニュアルには，観光・観光消費・観光産業の定義づけや，統計手法の推薦，推計手法や作成指標などが提示されており，観光産業の有様や域内での位置づけを一定の信頼性の下で明らかにするためのツールとなっています。たとえば，観光産業の付加価値（TGDP）を計算することで，国民経済計算体系下のGDPや他産業付加価値との産業間比較を可能にしたり，TSAが整備された国や地域との間での地域間比較を行うことができます。

釧路・根室地域における観光産業の付加価値（TGDP）については，地域産業連関表による分析の結果，2.3％という数字が示されました（図10.6）。地域における産業別の比較で見ると，基幹的な1次産業である農業（酪農），水産業の半分程度のシェアを占めていることがわかりました。一方，2000年の沖縄県における観光消費がもたらすTGDPは，5.7％となっています（図10.7）。沖縄県においては1988年時点に比べると，2000年までにほぼ倍増しています。今後，仮に釧路・根室地域が観光への取り組みに総力を挙げて，沖縄県と同じように倍のレベルまでに観光消費を高めていくことができれば，10年後には観光産業が，農業，水産業と並んで釧路・根室地域を牽引するリーディング産業となる可能性があることが読み取れます（現在のトップは，公共事業に支えられた建築・土木部門ですが，大幅な落ち込みが予想されます）。もちろん，これは可能性を示すものですが，釧路・根室地域では，このような観光産業の姿を他産業や他地域と比較しながら共同研究の成果として科学的なデータで示したのです。これによって，地域経済に果たす観光産業の役割の大きさや，将来に向けての可能性に対する理解が深まり，地域全体で力を合わせて観光に取り組んでいこうという機運が高まってきています。観光産業の位置づけを他産業や他地域と比較しながら客観的に見極めることができる意義は大きいといえます。TSAの整備が急がれるとともに，観光消費に着目した統計整備が求められます。

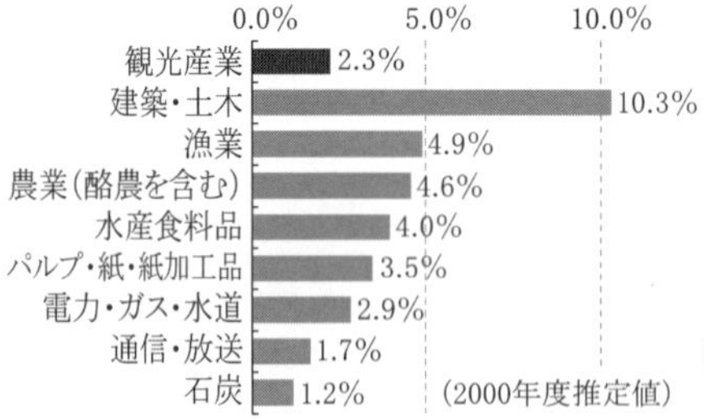

図10.6　域内総生産に占める各種産業の付加価値の割合（主要産業間比較）

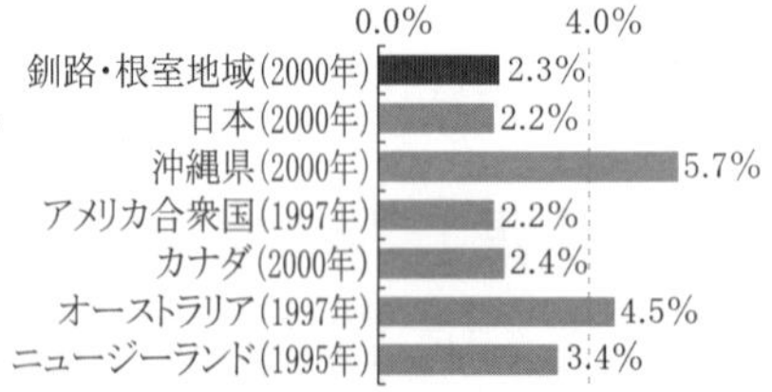

図10.7　域内総生産に占める観光産業の付加価値の割合（地域間比較）

10.1.6　観光による地域の持続可能な発展に向けて

以上，観光消費の経済波及効果の分析により，観光産業をさまざまな視点から見つめてきましたが，いずれにしてもトータルな観光消費は，1. 来訪客数，2. 消費単価，3. 域内調達率の三つの要素で決まります。観光を地域の持続的，安定的な発展に結び付けていくためには，集客の視点に偏ることなく，これらの三つの要素をバランスよく地域の特性に合わせて観光消費を高めていくための地域戦略を組み立てていくことが大切です。

北海道の例でいえば，世界遺産に登録された知床では今夏，多くの観光客が訪れましたが，貴重な自然環境に恵まれた知床のような地域においては，来訪客増をねらうよりも，滞在日数を延ばすことや域内循環を高めることで消費効果を高め，自然への負荷を少なくしながら地域発展を目指すという，持続可能な展開がふさわしいように思われます。また，最近ではニセコ地域に豪州から多くのスキー客が訪れ，さらに観光旅行者だけでなく，豪州からの活発な投資の動きも見られるようになってきましたが，それらの消費，投資が地域内でしっかり循環していく仕組みと戦略を地元で考えていかなければ，消費が外に漏れるだけで，地域への経済効果は期待はずれに終わってしまうことにもなるでしょう。

このように，これからは集客のみの発想ではない，消費単価や域内循環を高める仕組みに着目した，質の高い観光戦略が求められてきています。行政部門における観光施策の展開に当たっても，集客のためのPRやプロモーション，イベントなどにややもすれば重点が置かれていたように思われますが，これからはより幅広い客観的な実証データの収集分析や，それらに基づく体系的な観光政策が求められてきています。

また，消費経済効果は地域全体で取り組むことによって相乗効果が増し，地域の経済力が高まっていくという認識が必要です。たとえば各地域の観光協会による取り組みなどは，ややもすれば現実の観光消費効果を受けとめている産業よりも狭い業界の枠組みとなっているように思われますが，より広範な業界連携，地域内連携を深めていくことが大切です。

観光産業は，域際収支を改善する貴重な移輸出産業であるとともに，多様な産業からなる地域複合産業であり，さらに地域資源の活用によって成り立つ産業であることから，地域の自立的な発展にとっては極めて重要な産業です。それだけに，より科学的，実証的な分析に基づく観光戦略の検討が必要です。

10.2 食との連携による観光産業の可能性

10.1節では，地域におけるこれからの観光への取り組みは集客のみの発想ではなく，消費単価や域内循環を高める仕組みに着目していくことが大切であることを指摘しました。消費単価や域内循環を高めていく上で地元食材など地域の食の魅力を活用していくことは有効な手だてになります。10.2節では，地元食材を生かした料理や土産品の提供，地域ブランドの確立など，地域資源としての食との連携によって消費単価および域内調達率を高めて，観光産業の発展に結び付けていく方策を探っていきます。

ここでは，観光者から見た食の魅力についての意識，地域食材や料理についてのイメージを探るとともに，消費効果の分析も行いながら，地域資源としての食の魅力を生かしながら観光産業をさらに発展させていくためにはどのような方策が必要かについて，実証的な分析事例をもとに幅広い観点で考えていきます。

なお，ここでの調査分析に当たっては，JTBFが2004年[2)]および2005年[3)]に実施した「旅行者動向調査」の調査データについて，釧路公立大学地域経済研究センターとJTBFが前記共同研究の一環として独自に分析した結果を用いています。

10.2.1 旅行動機における食の魅力

財団法人日本交通公社が毎年実施している「旅行者動向調査」では，旅行者の意識，心理を探る調査を行っていますが，その中で「どのような動機で旅行に出かけるのか」という問いに対しては，「旅先のおいしいものを求めて」という回答が1985年の調査開始以来つねに2番目に高い順位となっています（図10.8）。

[2)] 2004年調査の概要は次のとおり。1. 調査時期：2004年10月，2. 調査対象：全国18歳以上の男女，3. 調査方法：郵送による調査票の配布と回収，回答者本人による筆記調査，4. 調査数：2511票

[3)] 2005年調査の概要は次のとおり。1. 調査時期：2005年10月，2. 調査対象：全国18歳以上の男女，3. 調査方法：郵送による調査票の配布と回収，回答者本人による筆記調査，4. 調査数：2440票

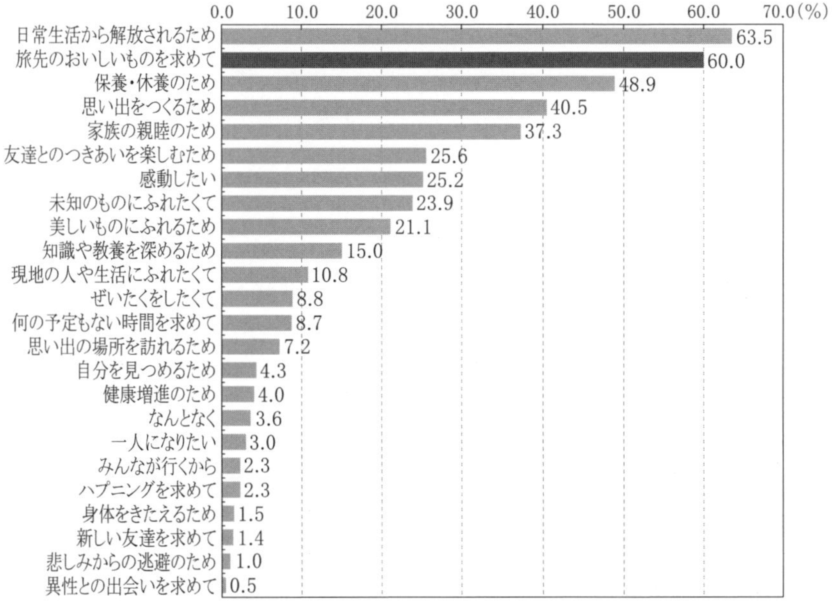

図10.8　旅行の動機（「財団法人日本交通公社（JTBF）旅行者動向2006」より）

他の動機を見ると，第1位の回答が「日常生活から解放されるため」，第3位が「保養・休養のため」，第4位が「思い出をつくるため」，第5位が「家族の親睦のため」というような観光，旅行全般に通じる共通の動機であることを見ると，地元のおいしい料理，食材の提供を心がけることによって，旅行者の期待に応え，満足感を与えることが地域の観光戦略にとって大切な要因であることがうかがえます。

また，同じ「旅行者動向調査」の中で実施されている「行ってみたい旅行タイプ」の質問では，代表的な30の旅行タイプの中で，「グルメ（おいしいものを食べる旅行）」が温泉旅行に次いで2番目となっており，「食べる魅力」が自然周遊観光，歴史・文化周遊観光，テーマパーク観光などを上回って安定的に旅行者の希望する旅行スタイルになっています。

10.2.2 食の魅力の分析—観光消費をもたらす食の魅力とは

ここでは，JTBFが2004年度に実施した「旅行者動向調査」の結果から，旅行先での「食事の楽しみ」について分析し，消費者側から見た食と観光の連携に向けた考え方を探っていきます。

(1) 食事は旅行の楽しみか

まず食事が「旅行中の大切な楽しみのひとつ」であるかどうか尋ねた結果，「当てはまる」とした回答が73.9％,「やや当てはまる」とした回答が20.4％で，双方を合計すると94.3％に上ります。7割以上の旅行者が食事を旅行の重要な楽しみであると明確に認識していることがわかります。また，ほとんどの旅行者が食事の楽しみに関心を払っていることが読み取れます（図10.9)。

年齢別に見ると，若い回答者層において食事を旅行中の重要な楽しみとしてより明確に認識する傾向が見られ，18〜34歳の各層では，8割以上が「当てはまる」と回答しています。

一方で高齢者層では「当てはまる」とする回答は低くなっており，65〜69歳では63.5％，70歳以上では58.1％です（これは食事に対する興味が低いというよりは，食事以外にも幅広い興味対象を持っていることの表れではないかと推測されます)。

男女間での回答に大きな差は見られませんが,「当てはまる」とする回答は女性において若干高い比率となっています（女性76.5％，男性70.7％)。

性別と年齢を組み合わせたカテゴリーで見ると，「当てはまる」とする回答は若い女性層でとくに高く，「20〜24歳の女性」では86.4％が「当てはまる」と回答しています。

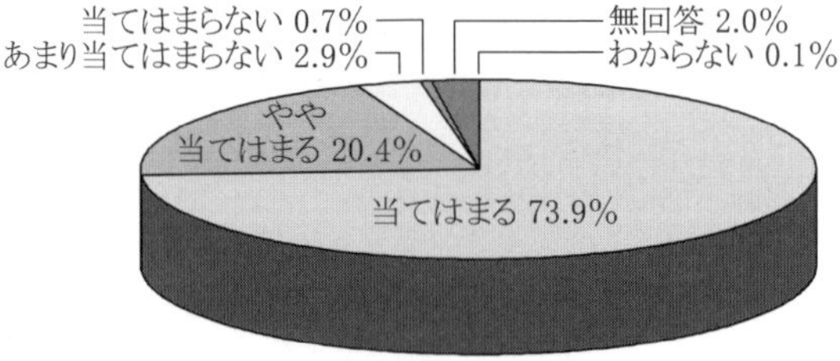

図10.9 食事は旅行中の大切な楽しみのひとつである

(2)　食事を目的に旅行先を決めるか

次に，食事を目的として旅行先を決めることがあるかどうか尋ねた結果では，「当てはまる」とする回答は23.8％，「やや当てはまる」とする回答は34.5％で，双方を合計すると58.3％でした。一方で「あまり当てはまらない」とする回答が29.7％に上ります。先に紹介した「旅行者動向調査」の「行ってみたい旅行タイプ」の回答結果と比較してみると，「食事は旅行の大切な楽しみのひとつだが，それだけで旅行先を決定する要因とまではならない」という図式が見て取れます。旅行タイプでは「グルメ（おいしいものを食べる旅行）」が温泉旅行に次いで2番目となっているものの，一方でさまざまな旅行タイプに対するニーズは多様化してきているようです（図10.10）。

年齢別に見ると，比較的高い年齢層で「当てはまる」とする回答が目立ち，50歳代の回答者では，3割近い選択率となっています。「やや当てはまる」とする回答まで含めると回答者カテゴリー間の差異は目立たなくなります。

性別で見ると，ここでも女性において「当てはまる」とする回答がやや多く，24.7％です（男性では22.8％）。

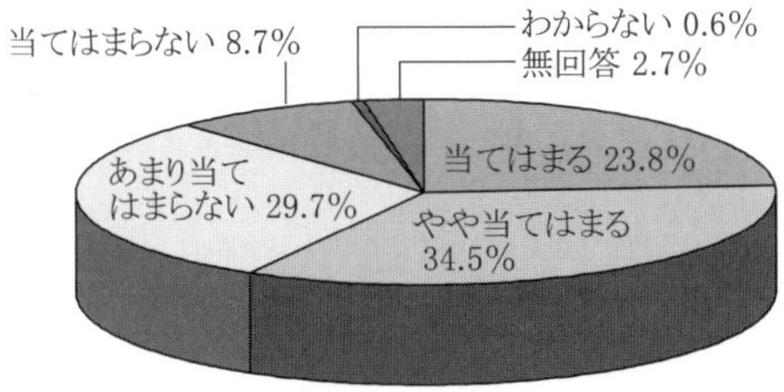

図10.10　食事を目的に旅行先を決めることがある

(3)　食事場所を選ぶ際に重視するのは

次に，旅行先での食事場所を選ぶ際に重視する点（複数回答）についての回答では，最も多いのは「地元の新鮮な食材」の73.2％で，続く「価格が手ごろ」64.0％とともに5割以上の回答者に選択されています。以下「その土地らしい風景」48.3％，「店の雰囲気」41.3％，「ガイドブックで紹介」40.0％，「地域色豊かなメニュー」38.9％となっています（図10.11）。

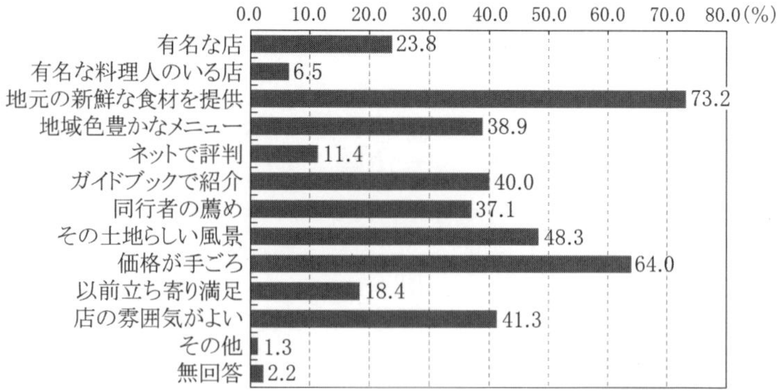

図10.11 旅行先で食事場所を選ぶ際に重視する点(複数回答)

「地元の新鮮な食材」「その土地らしい風景」は比較的高い年齢層で，逆に「価格が手ごろ」「店の雰囲気」「ガイドブックで紹介」などは比較的若い年齢層において重視されています。一方，「地域色豊かなメニュー」については年齢層を問わず4割前後の比率で選択されています。

「店の雰囲気」「その土地らしい風景」など料理以外も含めたトータルな心地よさに関する要素や，「ガイドブックで紹介」「同行者の薦め」など情報に関する要素については，女性がより重視する傾向にあります。

性別と年齢を組み合わせたカテゴリーで見ると，「地元の新鮮な食材」は55歳以上の男性および45歳以上の女性において概ね8割近い選択率となっています。また，「価格が手ごろ」については，24歳までの女性において8割程度選択されています。

(4) 地元食材使用であればいくらまで支払うか

食の魅力がどこまで観光者の消費に結び付くかというのは地域にとってたいへん関心のあるところです。ここでは，地元食材を利用した料理について，どこまで割増料金を支払うかという質問を行いました。それに対しては，「2割増まで」とする回答が最も多く，34.8％を占めています。続いて「3割増まで」21.3％，「5割増まで」15.9％となっています。また，「同じ金額」「1割増まで」「2割増まで」を合計すると54.6％で5割以上をカバーしており，これに「3割増まで」を加えると7割以上がカバーされます。ここでは，年齢別，男女別に見ても

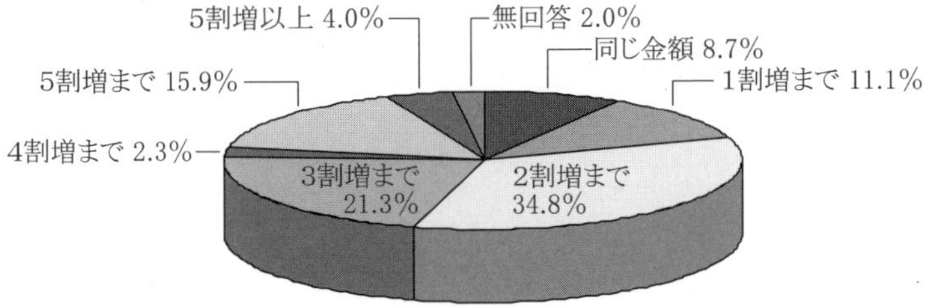

図 10.12　地元食材を利用した料理に支払う割増料金

上記の順位に変化は見られず，また，年齢層間あるいは男女間での回答に特段目立った差異は見られませんでした。

ここで平均の割増率を試算すると 26.2％（5 割増以上を 6 割に設定）となりました。通常 1000 円のものでも，1260 円まで支払うということです。地元食材を使用することで，観光の食に対する消費は拡大する可能性が大きいことを示しています（図 10.12）。

以上のように，食事の楽しみは観光旅行にとっての重要な要素であり，その楽しみの内容は，訪ねた地域らしい雰囲気の中で生産された新鮮な食材を味わうことです。とくに地元食材を活用することによって地域内での観光消費が向上する可能性が十分読み取れます。

10.2.3　食のイメージ分析

ここでは，JTBF による 2005 年の旅行者動向調査の成果を活用して，北海道の観光地と全国の観光地の「食に関するイメージ」について分析しました。調査分析のねらいは，旅行者が各地域の食に対して抱いているイメージを明らかにするとともに，他地域との比較を行うことによって，当該地域の「食」の強み・弱みをより詳細に分析し，食の魅力を高めていく方策を探っていこうとするものです。

(1)　各地域の料理などに関するイメージ

伝統的な料理文化のイメージが強いのは，京都や京文化の流れをくむ金沢などであり，町並みを含めた伝統的文化のある地域が上位に挙がっていると考えられます。また，独自の文化を築き上げている沖縄地方や，南蛮文化の受け入れ地であった長崎なども上位に挙がっています。一方で新しい食文化となるとそれほど強いイメージは持たれていませんが，横浜については中華街のイメージが強い結果，上位に挙がっていると考えられます。

新鮮な食材のイメージとなると，圧倒的に海の幸のイメージが強いことがうかがえます。具体的には，道内各地域・伊豆・伊勢志摩などです。一方で，野菜や山の幸の豊富な地域は，季節感のある料理・食材といったイメージでデー

	伝統的な料理（食文化）がある	新しい料理（食文化）がある	新鮮な食材が手に入る	季節感のある料理・食材がある	地域を代表する名物料理がある	土産にしたい食料品がある	とくにイメージがない
北海道地方	5.8	2.0	① 63.6	8.9	10.1	6.5	3.1
根室（北海道）	3.0	1.4	55.9	6.3	5.1	3.8	24.4
釧路（北海道）	3.5	1.8	③ 57.3	7.0	4.7	4.0	21.7
阿寒（北海道）	5.0	1.4	38.2	9.5	4.3	3.2	38.4
札幌（北海道）	4.9	③ 8.5	40.8	8.9	19.1	10.0	7.9
登別（北海道）	4.8	2.1	37.1	9.5	5.4	4.4	36.8
函館（北海道）	3.6	3.1	② 58.6	7.6	9.9	8.9	8.4
仙台（宮城県）	16.9	2.1	15.0	6.8	28.8	③ 11.4	19.0
会津若松（福島県）	23.3	1.2	4.0	10.8	12.7	4.2	③ 43.9
那須（栃木県）	4.4	2.1	6.6	② 19.9	5.8	4.9	② 56.2
佐原（千葉県）	2.8	2.4	9.2	3.1	2.6	2.4	① 77.4
横浜（神奈川県）	14.5	① 33.4	2.1	1.7	19.2	② 11.8	17.2
伊豆（静岡県）	5.0	2.3	47.1	③ 13.5	5.0	5.6	21.3
名古屋（愛知県）	27.9	6.9	1.4	1.9	② 37.9	6.8	17.3
伊勢志摩（三重県）	9.1	1.7	43.0	6.5	8.7	4.0	26.9
信州（長野県）	21.9	1.1	8.1	① 22.7	19.3	9.1	17.8
上越（新潟県）	17.0	1.5	16.9	13.1	11.3	5.4	34.7
金沢（石川県）	③ 33.6	1.4	17.9	9.2	9.6	3.6	24.8
京都（京都府）	① 62.6	1.7	1.7	12.5	10.9	5.6	5.1
大阪（大阪府）	16.8	② 19.9	1.7	2.1	③ 37.7	7.9	13.9
広島（広島県）	15.3	3.0	9.7	7.3	① 39.0	6.6	19.2
高知（高知県）	18.4	1.2	18.6	5.2	19.3	3.8	33.4
博多（福岡県）	20.0	5.2	9.3	3.7	36.0	① 14.4	11.4
長崎（長崎県）	31.2	2.6	9.1	2.7	29.9	9.4	15.1
鹿児島（鹿児島県）	24.7	1.5	8.2	4.1	25.6	9.2	26.7
沖縄地方	② 59.9	1.4	3.0	0.9	22.5	4.3	8.0

70.0 70%以上の選択率　50.0 50%以上の選択率　30.0 30%以上の選択率

表 10.1　各地域の料理などに関するイメージ

タに表れています（信州・那須など）。

地域を代表する名物料理のイメージでは，大阪や名古屋，広島など，いわゆるB級グルメが豊富な都市部が上位に挙がっています（表10.1）。

(2) 各地域の食材などに関するイメージ

食材のイメージについては，海産物のイメージが多くの地域について強いことがわかります。道内各地域など海産物以外の食材にも恵まれている地域にお

	野菜がおいしい	果物がおいしい	海産物がおいしい	きのこや山菜がおいしい	肉類がおいしい	乳製品がおいしい	おいしいお酒がある	とくにイメージがない
北海道地方	5.8	0.4	② **73.5**	0.5	0.5	① 16.7	0.6	2.1
根室(北海道)	3.1	0.5	③ **69.1**	0.1	0.3	5.1	1.9	19.9
釧路(北海道)	2.6	0.4	**68.2**	0.7	0.7	7.2	1.7	18.6
阿寒(北海道)	4.0	0.3	**43.8**	5.0	1.0	6.7	3.4	**35.8**
札幌(北海道)	4.2	0.4	**56.8**	0.5	5.5	② 15.1	3.1	14.6
登別(北海道)	4.0	0.6	**42.5**	4.8	2.2	6.6	4.2	**35.0**
函館(北海道)	1.9	0.2	① **79.7**	0.4	1.2	6.0	1.2	9.3
仙台(宮城県)	3.3	1.3	29.5	4.4	① **30.5**	1.0	6.1	24.0
会津若松(福島県)	8.0	③ 4.4	4.0	② 22.6	2.6	0.6	14.5	**43.4**
那須(栃木県)	③ 13.0	2.2	0.9	③ 20.1	6.1	③ 10.9	3.8	**43.0**
佐原(千葉県)	7.9	1.2	12.8	1.2	0.5	1.1	6.1	① **69.0**
横浜(神奈川県)	2.3	1.0	10.3	0.5	18.6	1.4	4.8	③ **61.1**
伊豆(静岡県)	2.8	3.3	**66.0**	3.0	0.4	0.5	1.5	22.6
名古屋(愛知県)	3.2	1.4	5.5	1.4	② 26.8	1.0	4.1	**56.5**
伊勢志摩(三重県)	1.3	0.6	**64.7**	1.1	3.1	0.4	2.0	26.8
信州(長野県)	② 14.3	① 17.9	2.0	① **41.5**	2.7	2.0	4.2	15.3
上越(新潟県)	9.3	1.9	16.7	11.8	0.1	0.5	① **33.1**	26.5
金沢(石川県)	5.8	1.1	**42.8**	4.0	2.8	0.4	12.6	**30.5**
京都(京都府)	① **48.0**	0.6	2.2	15.0	0.5	1.0	8.9	23.8
大阪(大阪府)	4.3	0.9	4.9	0.8	15.0	0.6	5.4	② **68.1**
広島(広島県)	4.3	2.0	**40.9**	2.0	3.5	0.6	6.6	**39.9**
高知(高知県)	4.9	4.4	**47.0**	1.7	1.2	0.4	7.1	**33.4**
博多(福岡県)	2.7	1.4	**43.7**	0.6	4.4	0.9	10.6	**35.7**
長崎(長崎県)	4.2	3.0	**40.8**	0.8	3.0	1.4	6.1	**40.7**
鹿児島(鹿児島県)	6.9	1.7	16.3	0.9	③ 21.6	0.6	② 25.2	26.8
沖縄地方	7.0	② 9.0	21.6	0.4	15.1	0.4	③ 24.5	22.0

70.0 70%以上の選択率　50.0 50%以上の選択率　30.0 30%以上の選択率

表10.2 各地域の食材などに関するイメージ

いても，イメージは海産物に大きく偏っています。

野菜がおいしいイメージは，圧倒的に京都で強く表れています。信州や那須など野菜の大規模生産地域よりも京都においてこのイメージが強いのは，京野菜のブランドイメージが強く浸透している結果と考えられます。一方，加賀野菜というブランドを有する金沢ではこのイメージは弱く，京野菜ブランド力の強さが感じられます。

肉類のイメージは，仙台や名古屋，鹿児島などで強くなっています。これらは，（恐らく仙台牛ではなく）牛タンの仙台，名古屋コーチンの名古屋，黒豚の鹿児島といったイメージが強く影響していると考えられます。これらの地域は，生産地というよりは提供地としてのイメージが強いと考えられます。

酒のイメージに関しては，日本酒の上越，焼酎の鹿児島，泡盛の沖縄が強く，日本酒の醸造で著名な会津若松や金沢についてはそれほど強く数字が出ていません。

(1) の料理のイメージの際には上位に挙がっていた横浜や大阪は，食材に関してはイメージが薄いことがうかがえます（表 10.2）。

(3) 北海道内の各地域の料理・食材イメージと今後の課題

各地域の料理などに関するイメージについて，道内各地域の間で特徴的な違いのあった「地域を代表する名物料理がある」と「新鮮な食材が手に入る」の 2 項目のポイントに着目して，以下整理を行いました（図 10.13）。

北海道全体の傾向としては，「地域を代表する名物料理」のイメージは弱く，「新鮮な食材」のイメージが総じて強くなっています。ただし，札幌に関してのみ「地域を代表する名物料理」のイメージが比較的強く，これは札幌ラーメンや近年のスープカレーなどのイメージに牽引されていると考えられます。札幌以外の道内各地域は，今後，新鮮な食材を生かして，イメージの強い料理を売り込む余地があります。

釧路・根室・函館は「新鮮な食材」のイメージが強く，「地域を代表する名物料理」のイメージが弱くなっています。そのため，現在イメージの良い「新鮮な食材」を使った「地域を代表する名物料理」を戦略的に売り込むことでイメージアップできる可能性が高いといえます。

登別・阿寒については，「新鮮な食材」および「地域を代表する名物料理」の

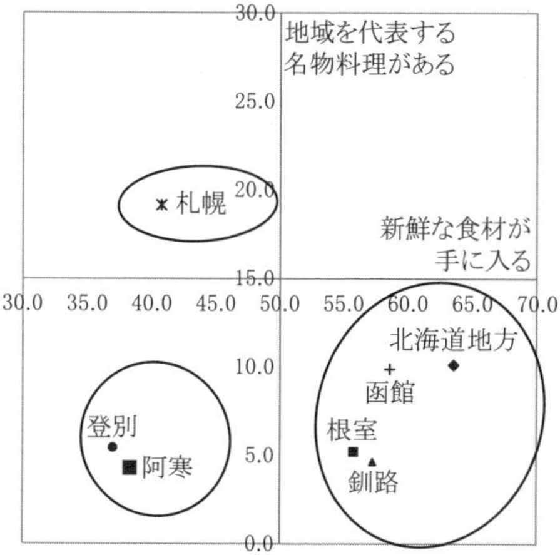

	新鮮な食材が手に入る	地域を代表する名物料理がある
北海道地方	63.6	10.1
根室	55.9	5.1
釧路	57.3	4.7
阿寒	38.2	4.3
札幌	40.8	19.1
登別	37.1	5.4
函館	58.6	9.9

図 10.13　各地域の料理などに関するイメージ

双方ともにイメージが弱くなっています。道内他地域と比較して新鮮な「海の」食材のイメージが弱いことも共通しています。両温泉地に限らず大規模温泉地については，そもそも食のイメージが弱いことも考えられ，積極的な食の魅力づくりをさらに進めるとともに，情報発信を図る余地があるといえます。

(4) 「食」のイメージ形成と高付加価値化の考え方

各地域の料理などに関するイメージは，伝統的料理や地域を代表する名物料理などの食文化に関するイメージと，新鮮な食材など産物に関するイメージに分かれています。料理についてのイメージに関して，伝統的料理は京都・沖縄・金沢，名物料理は広島・名古屋・大阪など都市部にイメージが集中する結果となっています。一方で，食材に関しては，圧倒的に海の近くの地域でイメージが強くなっています（道内各地域，伊豆，伊勢志摩など）。

道内各地域の料理などに関するイメージは，料理などの食文化に関するイメージが弱く，新鮮な食材などの産物に関するイメージに偏っています。地域を代表する名物料理のイメージが強いのは札幌のみで，他地域においては今後，料理文化の醸成とその情報発信を図っていくことがポイントだと考えられます。

各地域の食材などに関するイメージの内訳について見てみると，いずれの地域でも海産物に対するイメージの強さが顕著に表れています。その他については，野菜が京都，肉類が仙台，酒が上越でイメージが強い程度です。海産物に対するイメージの強さは人気の表れである一方で，他地域との差別化のためには海産物の活用方法を洗練させる一方，それ以外の食材イメージを戦略的に売り込んでいくことが必要と考えられます。

北海道内各地域の食材などに関するイメージは，海産物に対するイメージが非常に強くなっています。また，北海道全体のイメージで捉えた際に比べて各地域レベルでは野菜のイメージが希薄になることは，旅行者の北海道全般に対するイメージと道内各地域のイメージにズレがあるためと考えられ，その要因については検討の必要性があると考えられます。登別・阿寒などの温泉地については，道内他地域に比べて食材のイメージが弱く，食に関するイメージ戦略の検討余地があります。

釧根地域は，大酪農地帯であるにもかかわらず乳製品のイメージが札幌と比べても低くなっています。また同様に，質の高い生産地であるにもかかわらず野菜のイメージも低い結果となりました。今後はイメージの強い海産物と質の高い乳製品や野菜をうまく組み合わせた商品戦略が求められます。

10.2.4　地元食材活用による経済効果向上の試算

ここでは地元食材を生かすことで，どれだけ総体的な地域経済効果が向上するのかを数値で見ていきます。具体的には，地元食材の活用による料理の提供や地元素材の加工による土産物の販売によって域内調達率が向上することによる経済効果の上昇と，地元の食材であることによる消費額の割増し効果（地域ブランドの形成）による経済効果を推計したものです。本推計作業は，釧路公立大学地域経済研究センターとJTBFによる2003年度の共同研究で行ったものです。データについては，10.1節の観光消費経済効果分析で使用した観光消費データを使用するとともに，そこで使用した「平成7年釧路・根室地域産業連関表」を活用して分析しています。

（1）　試算の前提

1. 宿泊施設・飲食店が調達する食材について

   - 宿泊施設と飲食店が調達する食材・飲料品の域内調達率が10％上昇

- 域内調達される食材・飲料品のうち，50％については，ブランド化により，価格が2000年価格の1.2倍に上昇（域内調達品全体で単価1割増）

2. 観光客が購入する土産品について

- 観光客の購入する土産品の域内商品比率が10％上昇
- 観光客の購入する域内商品（域内商品比率上昇後）のうち，50％（金額ベース）については，ブランド化により，価格が2000年価格の1.2倍に上昇（域内土産品全体で単価1割増）

（2） 推計の結果

1. 域内消費額の増分

- 域内食材調達比率と域内食材価格の上昇による域内食材調達額の増加分は9億4百万円
- 域内土産品調達比率と域内土産品価格の上昇による域内土産品調達額の増加分は23億1百万円
- 域内食材調達額の増加分と域内土産品生産額の増加分を合わせた域内商品消費額の増分は32億4百万円

2. 経済波及効果（地域産業連関表による推計，図10.14）

- 32.0億円の消費額の付加価値額は15.4億円，雇用効果は286人
- 32.0億円に対応する域内調達額は14.2億円，これを最終需要とした場合の経済波及効果を，地域産業連関表を用いて推計すると，生産波及効果は22.1億円，付加価値効果は10.3億円，雇用効果は146人
- 総合的な効果は，生産波及効果は54.2億円，付加価値効果は25.7億円，雇用効果は432人

ここでは，地域資源である食材を活用し，観光産業と有機的に結び付ける努力を行うことで，釧路・根室地域においては生産波及効果が54.2億円増加し，雇用効果も432人増加することが推計の結果わかりました。これは釧路・根室地域の観光消費（宿泊）による生産波及効果および雇用効果の約6％に当たり

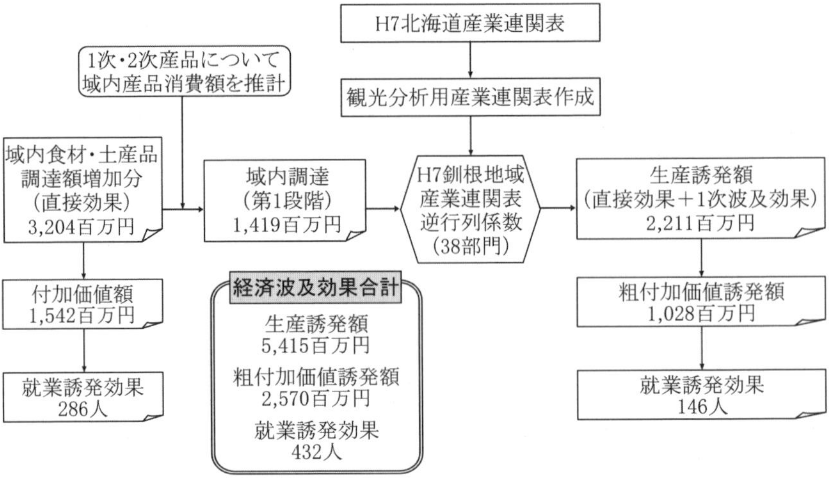

図 10.14　釧路・根室地域における観光消費による経済波及効果のケーススタディ

ます。この試算で前提とした内容は，どこの地域においても十分取り組みが可能な内容だと思われるものです。集客を増やすことなく，地域の食資源を生かす自助努力によって，このような経済効果の上昇を生み出し，自らの地域経済の向上，発展に結び付けることが可能であることを示しています。

10.2.5　食との連携による観光産業の展開方向

以上のように 10.2 節では，食の魅力によって観光消費を拡大し，さらに域内調達率を高めながら地域経済効果を高めていく方策を探るために，観光者から見た食の魅力についての意識や，地域食材や料理についてのイメージを探るとともに，消費効果分析などの結果を紹介してきました。2004 年度および 2005 年度に実施した釧路公立大学地域経済研究センターと JTBF による共同研究では，いままで紹介した調査事項に加えて，国内外の先進事例調査，観光および食関連事業者へのヒアリング，観光客の食消費の実態調査，さらに食イベントへの協力なども実施しています。とくに先進事例調査では，食の付加価値を高めるためのブランド化や認証制度について重点的に調査するとともに，魅力的な食空間づくりに向けてオーベルジュの調査も行いました。また地元地域での食の社会実験などのイベントにも積極的に協力し，実践的な調査成果も得たところです。

ここでは最後にこれら全体の調査研究から得られた成果をもとに，地域資源としての食の魅力を生かしながら観光産業をさらに発展させていくための方策，とくに観光消費における「食」関連消費拡大に向けての方策について重要なポイントをまとめておきます。

（1）地元食材をはじめ，地域資源の積極的な活用

地元の新鮮な食材は観光客にとって大きな魅力であり，消費拡大を促す大きな要素となっています。この食材を生かし，地域ならではの食文化を盛り込んだ食の提供が，観光客からは求められています。地域の観光，食にかかわる人たちが地元食材を積極的に活用し，提供していくことで地域産業が活性化し，地域経済の力が高まっていくことをしっかり認識し，積極的に実践していくことが大切です。

（2）地域内連携の出会いの場づくり

地元食材活用のためにも，食の生産者，流通業者，加工業者，宿泊施設や外食店の調理人など，食を提供する人たちの連携は大切です。情報交換や商談，隠れた地元食材の発見などのためにも，これらの分野の人々が地域内連携のための出会いの場づくりを積極的に行っていくべきといえるでしょう。観光産業と食産業の相互接触は，観光消費のみならず，総合的な域内での消費拡大にもつながり，地域経済の足腰を強くしていくものでもあります。地域内の連携によって地域の力を高めていくという意識と実践が大切です。

（3）食空間の演出と景観を生かした魅力の創出

雄大な羊蹄山を眺めながら地元食材を使った料理が楽しめる真狩村の「マッカリーナ」や，港を眺めながら地元の魚介類を味わえるマルセイユなど，食空間を魅力的に演出し，観光客に高い評価を受けている事例が示すように，食空間と景観の魅力を連携し，食の魅力を高めることで，食材や料理とは違った意味での付加価値創出につながります。

(4) 認証制度を核にした地域全体の付加価値を高める手法（地域ブランドの創出）

フランスのAOC制度やイタリア・スローフード協会の「プレシディオ」認定など，食における地域ブランド化は価格の向上，信頼性の定着，希少価値の創出，認知度アップ，産地保護などに加え，地域全体の付加価値を高める効果があります。標津町の地域HACCPのような地域独自の認証制度の取り組みも大切です。これらは，地域資源に最も近い人たちが，地域資源を評価し，質の低いものを排斥しながら，トータルに地域資源の価値を高めていく取り組みともいえます。それぞれの地域の個性を生かしたブランド創出の取り組みが求められます。

(5) 信頼性のある食の情報発信の仕組みづくり

認証制度，地域ブランドと共に重要なことは，信頼性のある情報の発信です。原材料の仕入れ状況までをチェックして地元産品使用を審査・評価する「いわて地産地消会議」や，厳正な基準で十勝産の食品を認定する「十勝ブランド」，さらに生産履歴を明示した農産品販売を行う愛媛県の内子町など，信頼性のあるルールで運用し，かつその情報をしっかりと消費者，観光客に伝えていくことが大切です。また，「ミシュラン」のような客観的な評価に基づいた食情報をわかりやすく発信していくことも大切です。

(6) 「食」部門における横断的な連携体制の確立

「食」の分野では，農業や漁業，加工業者などの生産者，仲介業者，飲食店や宿泊施設などの提供者などが個別に活動し，横の連携に欠けることで経済効果を減殺させています。地域全体で食の魅力や地域ブランドを高め，付加価値を高めていくためには，地域における横断的なネットワーク形成が必要です。民間，行政ともに，縦のつながりのみならず，横断的な体制を確立し，ブランド化や認証制度，地産地消に取り組んでいくことが求められます。

おわりに

本章では，観光産業が地域の持続的，自立的な発展に向けて可能性のある産業であること，持続的な発展に向けての視点について主に経済効果分析を用いながら検討するとともに，具体的に地域の食資源を活用しながら観光産業を持続的に発展させていく方策について考えてきました。観光産業は地域資源の活用によって成り立つ産業であり，地域のさまざまな資源をより有効に活用することによって観光産業としての総体の力を高めていくことができる可能性を持っていることがご理解いただければ幸いです。

本章は，釧路公立大学地域経済研究センターがJTBFとの共同研究として，北海道の釧路・根室地域を対象モデルに，6カ年にわたって実施してきた「地域観光の地域自立型産業への展開に向けての研究」成果をもとにまとめたものです。本共同研究に参加いただいた，JTBFの皆様には厚くお礼を申し上げるとともに，研究報告書の取りまとめに尽力いただいた関口麻奈美氏には心より感謝申し上げる次第です。

【参考文献】

［1］“地域観光の経済効果分析と地域自立型産業への展開に向けての研究（I）”報告書（2001年3月）

［2］“地域観光の経済効果分析と地域自立型産業への展開に向けての研究（II）”報告書（2003年3月）

［3］“地域観光の経済効果分析と地域自立型産業への展開に向けての研究（III）”報告書（2006年10月）

（以上の研究は，釧路公立大学地域経済研究センターとJTBFとの共同研究として実施）

［4］小磯修二：地域は観光で自立できるか—地域自立産業としての観光産業の可能性を探る，人と国土21（2006年5月）

［5］釧路公立大学地域経済研究センターホームページ http://www.kushiro-pu.ac.jp/center/

第11章
個人の嗜好に合わせた観光情報推薦システム

11.1　インターネットと観光情報

近年の統計データによれば，日本国内の旅行消費は24.5兆円に上るともいわれています[1]。また，その経済への波及効果が55.4兆円に達するとも試算されています。このように，旅行はもはや大きな産業の一つとなっています。さらに，さまざまな調査結果から，大きな潜在的需要があることが示唆され，今後もその市場規模の成長に大きな期待が寄せられています。

旅行には，いろいろな旅行がありますが，なかでも大きなウエイトを占めるものがいわゆる観光旅行です。観光旅行そのものは古い時代から存在するものですが，時代とともに，その形式や目的のバリエーションが広がってきています。旅行会社の旅行商品においても，団体で同じコースを回るいわゆる団体のパック旅行だけではなく，自分の行きたいところへ，自分自身の好みに合わせて回ることができる，旅行者自らが行き先や宿泊先の選択をする，いわゆるフリープランと呼ばれる個人や小グループの旅行のための商品が増加しています。たとえば，平成16年度の日本観光協会編「観光の実態と志向」によると，宿泊旅行の目的の世代別分布は，表11.1のようになっています。世代によらず，旅行の目的に多様性があることが顕著に示されています。このような統計は，毎

表11.1 宿泊観光旅行の目的の世代別分布

	全体	～20歳	20代	30代	40代	50代	60歳～
温泉浴	51.6	33.3	39.1	47.7	49.8	54.3	66.6
自然の風景	48.0	37.3	39.9	44.8	47.9	52.4	55.5
名所・旧跡	29.3	17.9	24.7	22.2	24.1	34.4	39.2
特産品など買物飲食	25.9	18.0	30.1	26.3	23.0	28.3	28.5
動・植物園など見学	18.2	19.6	19.4	21.0	18.4	16.4	16.8
テーマパークなど	13.8	26.5	20.2	22.2	13.8	7.4	4.8
ドライブ	12.1	8.4	21.7	16.5	16.7	12.9	6.7
季節の花見	10.1	3.8	4.5	6.5	6.9	12.9	16.6
神仏詣	7.9	4.0	3.0	6.1	3.1	9.4	13.6
都会見物	4.8	6.6	7.8	5.1	3.6	6.4	2.4
博覧会・イベントの見物	4.5	7.2	7.6	4.3	3.3	3.3	3.4
演劇の鑑賞，試合観戦	4.2	4.7	4.3	7.5	5.0	4.3	2.2
趣味・研究	4.0	3.4	2.5	2.0	4.0	2.2	6.7
ハイキング	3.9	3.5	2.0	2.6	5.9	3.4	4.8
キャンプ・オートキャンプ	3.8	9.3	3.3	4.1	10.0	0.4	0.3
海水浴	3.8	7.0	6.3	9.0	4.2	1.0	0.4
祭りや行事	3.2	4.1	3.5	2.6	1.5	3.9	3.0
スキー	3.1	5.7	2.8	5.1	4.0	2.5	1.0
その他のスポーツ	3.1	8.3	2.0	3.5	3.1	1.9	1.0
水泳	3.0	6.4	1.0	7.9	4.4	0.3	0.6
つり	2.7	3.5	1.0	2.6	4.6	3.3	1.6

（単位%，平成16年度の日本観光協会編「観光の実態と志向」より）

年のように取られていますが，慰安旅行などの団体旅行の減少も報告されており，旅行スタイルの多様化や自由化あるいは，個人化あるいは小グループ化が進んでいる傾向が示されています。

このため，旅行会社の広告や自治体などが行っている観光キャンペーンなどの観光や旅行のための情報発信においても，さまざまな旅行者の趣味や興味あるいは旅行の目的に合致するように工夫がなされるようになってきています。また，より多くの旅行者の獲得を目的とした潜在的需要を喚起するための取り組みが各地で模索されています。

一方で，インターネットの発展にともない，自治体，観光協会，旅行会社，個人，ポータル業者など，さまざまな運営主体によって，旅行や観光のための情報発信サイトが企画運営されるようになっています。このことによって，旅行者が観光情報を収集する手段がガイドブックや雑誌，観光協会や自治体，施設の作成するパンフレット，テレビラジオの情報番組および旅行会社の広告だけではなく，インターネット上のさまざまな情報源へと拡大しています。

インターネットの商用利用は1990年代のなかばから始まり，2000年からのe-Japan計画の後押しもあり日本ではブロードバンドが急速に普及しました。また，携帯電話を利用したインターネット接続サービスが目覚ましい発展を遂げ，携帯電話向けのインターネットサービスも広く利用されています。WWW (World Wide Web) は，その仕組みが開発された当初，限られた研究者のための情報交換の道具でしたが，いまでは「いつでも」「どこでも」「だれでも」利用が可能なユビキタスなサービスへと変化しています。観光情報に限ってみても，たとえば，旅行先の決定の際の観光情報の入手先に関する日本観光協会による調査結果が，平成8年では表11.2のようであったのに対して，5年後の平成13年には表11.3に示すように8位にインターネットが登場しています。両者を見比べると，他の項目の順位には大きな変化がなく，新しい手段としてインターネットが利用されるようになったことがわかります。最近の統計では，さらに高い割合でインターネットによる情報収集がなされていることが報告され，従来の情報収集手段に加えて，インターネットがすでに観光情報の収集手段としても定着していることがわかります。

しかし，インターネットの登場後も情報の入手先として最もよく利用されているものは，「家族や友人の話」です。このことは，観光情報の入手における口コミ情報の重要性をよく表しており，インターネットを利用した観光情報の流通にも口コミの要素を持たせていくことが重要であるということがわかります。

2006年には，インターネット上の個人の日記であるブログの利用者数が800万人を超えたという調査結果が報告されました。また，SNS（ソーシャルネッ

表11.2　観光情報の入手先（平成8年度）

1	家族や友人の話	48.1
2	ガイドブック	35.8
3	パンフレット	35.0
4	旅行専門雑誌	25.4
5	旅行会社	19.5
6	広告やチラシ	19.2
7	新聞や雑誌の記事	13.7
8	観光案内所や情報センター	13.1
9	テレビやラジオの番組	10.1

（単位%，平成8年度日本観光協会編「観光の実態と志向」より）

表11.3　観光情報の入手先（平成13年度）

1	家族や友人の話	41.6
2	ガイドブック	35.1
3	パンフレット	35.0
4	旅行専門雑誌	29.1
5	広告やチラシ	24.4
6	旅行会社	18.1
7	新聞や雑誌の記事	16.9
8	インターネット	15.4
9	観光案内所や情報センター	12.8
10	テレビやラジオの番組	12.1

（単位%，平成13年度日本観光協会編「観光の実態と志向」より）

トワーキングサービス）の利用者も700万人を超えているといわれています。このようなサービスを利用して，個人による情報発信が日常的にできるようになってきたことから，実際に，私たちはブログを通じての他人の旅行体験談などを読むことができますし，利用する施設に対する利用者の評価を知ることも可能になりました。このようないわゆる口コミ情報のネット上での流通が盛んになっていることから，情報収集やマーケティングあるいは情報発信の新たなかたちとして，個人から個人へ伝わる口コミ情報が注目されています[2]。ブログやSNSの普及は，観光情報がさまざまな口コミ情報として流通する状況をもたらします。そして，こうした情報を利用した観光情報の収集や発信あるいはマーケティングなどの今後の展開が期待されています。

11.2　情報の洪水

インターネットの発展にともなって，私たちはかつてない量の多様な質を持つ情報を自宅に居ながらにして，コンピュータの画面上に表示することができるようになってきました。しかしながら，一方で，情報の量の増大は，情報洪水とも情報爆発ともいわれる現象を招くようになってきています。また，質の多様化は，情報の信頼性の低下にもつながり，いままで以上にリテラシーが要求される状況になっています。かつてのインターネットでの検索は，「情報があるのかないのか，わからないけど，インターネットで検索してみよう」といった動機の検索でした。しかし，情報量の増加とともに「情報がきっとあるはずだから，検索してみよう」という意識のもとでの検索になり，さらに，情報量が爆発的に増えた結果，「検索してはみたものの，どれを見ればいいのか困るほど。何を信じればいいのか，悩むほど」のような状態への変化が起きています。

たとえば，富士山をキーワードに検索してみましょう。Googleで「富士山」をキーワードに検索をかけてみると，実に日本語のページだけで400万を超えるページがヒットします。目的が富士山登山だとして，「登山」を検索語に追加し検索結果を絞り込んでみても，ヒットするページ数は100万を超えてしまいます。このような大量の情報が個々の観光地や観光資源ごとにあります。また，地域の観光地を網羅的に紹介する観光案内のページもあれば，個人による体験談も存在します。そこで近年では，この情報の洪水のもとで，必要な情報を効率よく収集するための技術がさかんに研究されるようになってきました[3]。自動的に情報を選別する仕組みもそのような技術の一つで，あるユーザにとって必要な情報を見つけ出し，要らない情報は捨てていくという情報の選別を行うための方法が広く情報フィルタリング[4]と呼ばれています。簡単な情報フィルタリングの例としては，有害情報をカットするためのフィルタがあげられますが，これは年齢というユーザの情報（ユーザプロファイル）に基づいて有害な情報を遮断するもので，ページに含まれている特定の語などを手がかりに，もしユーザが青少年であれば，そのような語が含まれるページは表示しないという働きをします。

このように有害情報のカットは，年齢を参照し，見せたくない情報を見せないためのものですが，大量の情報から役に立つ情報を優先的に見ることができるようにするためには，ユーザの必要としているものを予測し，情報がどれくらいユーザにマッチしているかを見積もることが必要です。単なる検索システムではなく，このように情報を自動的に選別し，ユーザにマッチするものを提示するシステムはレコメンド（推薦）システムとも呼ばれており，観光情報システムにおいては，特定の旅行者が必要とする情報を効果的に提供したいというニーズや，旅行者が必要とする情報をタイムリーに欲しいというニーズに合致したレコメンドシステムが必要になると考えられています。ところが，観光情報のように，ある旅行者にとって重要な情報であっても，他の旅行者にはまったく興味がないなどという場合や，同じ対象に関する情報であっても表現に用いる言葉によって，その印象がまったく異なってしまうことがある場合には，旅行者の必要としているものを予測するためのユーザプロファイルをどのように獲得して，どのように情報を選別していくフィルタを構成すればよいかという点が難しく，情報処理技術だけではなく，言語，感性や心理といった側面を踏まえた学際的な課題となっていくと考えられます。

ところで，筆者の所属する研究グループでは，1994 年ごろからの数年の間，当時研究室に導入されたばかりの WWW を使って何か面白いことをしてみたいと考え，地域の観光地案内の情報発信をテーマに，鳥取県の観光地案内システム1)とともに，このサービスのユーザに対する一対比較アンケートの結果を用いて，ユーザごとにその人の好みに合った観光地を推薦するシステムを構築

1) 当時，筆者は鳥取大学に勤務しており，そのため鳥取県が題材に選ばれた。

し，実際に実験的にWWWサーバによるサービス提供を行ってきました。まず，ここでは，このシステムの開発の動機をたとえ話で説明してみましょう。

いま，コーヒーの味や香りがマメの種類，挽き方や焙煎の深さではなく，コーヒーを淹れるときのフィルタで決まると考えてみましょう。そうすると，深い香りと苦味があるコーヒーが飲みたい人のためのフィルタは，アメリカンコーヒーが欲しい人には適しません。お客さんが飲みたいコーヒーを淹れることができるフィルタを選ばなければ，お客さんには満足してもらえないことになってしまいます。もし，喫茶店ならば，お客さんの注文を聞いて，マスターがフィルタを選べばよいでしょう。しかし，喫茶店ではなく自動販売機ならばどうすればよいでしょうか。お客さんごとに好みを登録すれば簡単かもしれませんが，朝と食後では飲みたいコーヒーが違うかもしれませんし，体調によっても違うかもしれません。まして，はじめてのお客さんでは登録された情報すらありません。そこで，店のマスターがお客さんの顔を見て会話をするように，販売機が簡単な質問を表示し，お客さんからの回答を獲得することで，販売機自身がお客さんの望むコーヒーを予想するのです。そして，その予想に合ったフィルタを使ってコーヒーを提供するような販売機を考えればよいのです。

このように，このシステムの研究開発は，簡単なやりとりからお客さんがどんな人であるかを見抜き，その人の好みに合ったサービスが提供されるちょっといいお店のような情報検索サービスは，どうすれば実現するだろうかという興味からスタートしたものです。以下では，このシステムの概要を紹介していきます。

11.3　観光地推薦システム

観光地の推薦システムは，おおまかに分けると階層化意思決定法で用いられる一対比較アンケートを利用した検索システムと観光地のデータベースから，図11.1のように構成されています。ユーザが一対比較アンケートに回答するとお薦めの観光地リストや観光ルートが提示され，リンクをクリックすることにより，データベースからその観光地情報を得ることができるというものです。

階層化意思決定法（AHP ; Analytic Hierarchy Process）[5]は，T. L. Saatyにより導入された意思決定のための手法です。モデル化することや定量化する

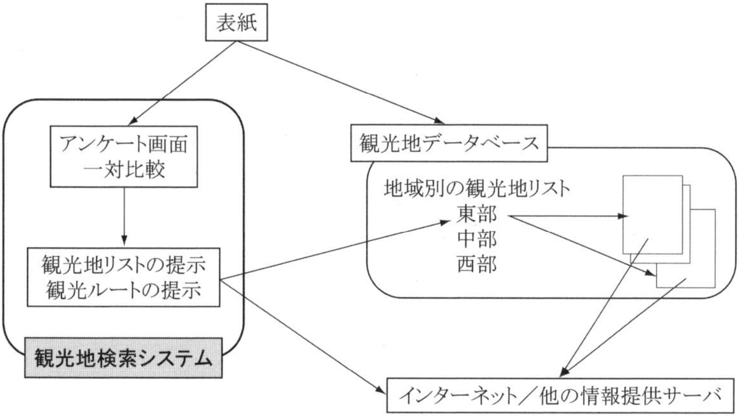

図11.1　観光地推薦システムの構成

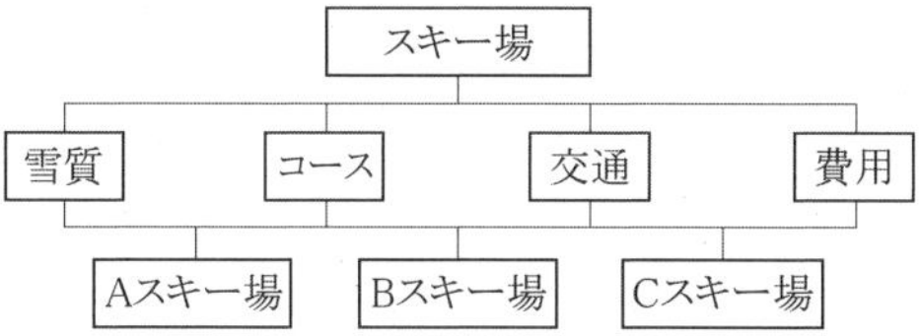

図11.2　AHPにおける階層図の例

ことが困難であるとされる個人の興味や経験に基づいた判断が扱えるといわれています。AHPでは問題の要素を最終目標，評価基準，代替案の関係で捉えることを考えます。図11.2に示すような階層構造に基づいて，最終的にいちばん上の階層の最終目的からみたときに，いちばん下の階層にある複数の代替案からの最良の選択を示すことが可能となります。図11.2は，スキー場を選択するために，まず，雪質，ゲレンデのコース，交通アクセスおよび費用を評価基準にとり，A，B，Cの三つのスキー場を代替案として，どのスキー場を選択すればよいのかということを合理的に決めようとする場合の階層図です。ユーザは評価基準の各項目について，雪質とコースのどちらを重要視するかという一対比較アンケートにまず回答していきます。また，雪質からみた三つのスキー場の重要度を同様に一対比較していきます。これらの結果から，それぞれの評価基準からみた代替案の重要度が得られ，代替案の重要度と評価基準の重要度の荷重和が最大となる代替案を選択するというものです。すなわち，意思決定者に対して代替案と評価基準のそれぞれのペアごとにどちらがどれくらい重要かを尋ねていき，最終的にそれぞれの代替案の重要度が定められていきます。階層図の構成法やアンケートから重要度を算出する詳しい過程，AHPの応用例など，AHPの詳細については割愛します。興味のある読者には文献[5]〜[7]などが参考になります。

このシステムは，観光旅行のためのお薦めの観光地をリストアップすることを目的としているので，最終目標が観光プランや観光地となります。代替案は個別の観光地となり，図11.3のような階層図を考えます。また，ここでの意思決定者は観光地の推薦を受けるシステムのユーザとなります。評価基準は，旅行者の旅行の目的や興味と行動の様式の二つに分けられています。前者は旅行のたびに異なると想定した項目です。後者はその人の個性のようなものを表し，ユーザプロファイルとして保存することができれば，その都度アンケートに回答する必要はないとも考えられます。また，それぞれに対して，表11.4と表11.5のような代替案を取り上げています。一般に代替案の数が増えると，一対比較アンケートの設問数が急激に増加します。たとえば，項目数を五つとするとユーザの傾向はより詳しく調べることができるかもしれませんが，アンケートの設問数が9となりユーザへの負担が大きくなります。このことを考慮して，代替案の数はそれぞれ四つ（アンケートの設問数はそれぞれ6となる）としてキーワードが選定されています。また，一対比較法では，回答に矛盾が生じることがしばしばありますが，本システムでは，藤原らの提案した手法[8]により回答

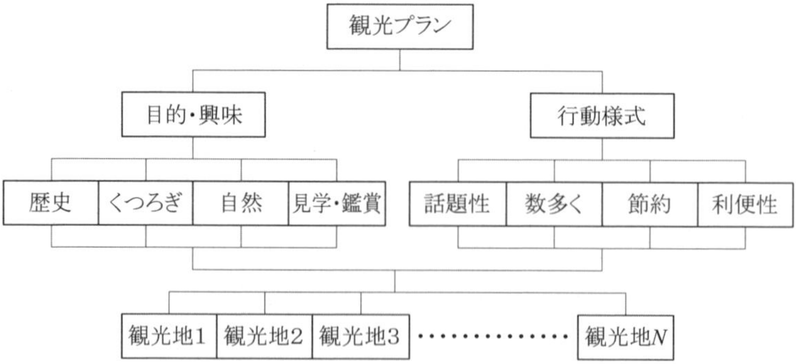

図11.3　観光地評価のための階層構造図

表11.4　旅行者の趣味や観光の目的に関する評価基準

歴史にふれる	史跡や社寺などの歴史を感じる観光地を訪れることに興味や目的がある
くつろぐ・体を休める	保養や休養あるいは温泉に興味や目的がある
自然に接する	美しい景色を楽しむことやアウトドアライフに興味や目的がある
見学する・観賞する	博物館や美術館などの見学に興味や目的がある

表11.5　旅行者の行動の様式に関する評価基準

話題性がある・有名である	有名なところ，定番の観光地，注目されているところを回ることに重点を置く
数多く回る	できるだけ多くの観光地を見て回ることに重点を置く
節約する	交通費や入場料などを節約することに重点を置く
交通の便	交通の便の良いところに行くことに重点を置く

に矛盾のある場合の重要度を自動的に修正するようにして，ユーザへの再アンケートなどの負担を軽減しています。

代替案は，観光客に推薦する候補の観光資源となります。ここでは，鳥取県の観光地から，代表的な36カ所を選びました。鳥取県では，県域を東部・西部あるいは東部・中部・西部と分けることがよくあるので，図11.4には，東部・中部・西部と区分けして，選ばれた36の観光地を示しています。鳥取県のように面積がさほど広くない県であっても，このように多数の候補地を数え上げることができます。AHPでは，このような多数の代替案に対しても，本来は一対比較アンケート検討を行う必要がありますが，このように代替案の数が多く，しかも旅行者が観光地に関する知識を十分に持っているわけではないので，代替案に対する比較を各旅行者に対して実施することは現実的ではありません。そこで，このシステムでは，あらかじめ鳥取県在住者を対象に，それぞれの観光地について，評価基準の条件をどのくらい満たしていると思うかをアンケートで調査し，その結果から観光地の各項目への重要度を定めることとしています。このため，代替案の観光地の数には制限はなく，新たな観光地の追加などの拡張も容易です。

趣味目的と行動様式も同じ重要度と仮定して，比較を省いています。このため，実際にユーザが回答する一対比較アンケートは，趣味や観光の目的に関する評価基準と行動の様式に関する評価基準のそれぞれ6問，合計12問の設問がWebページに表示され，CGIを利用して回答を処理するシステムとなっていま

図11.4　鳥取県の観光地

す。

観光地の各評価基準からみた重要度を決めるためのアンケートでは，各観光地に関して，1.歴史を感じる，2.くつろげる，3.自然が豊か，4.見学できる，5.話題性がある・有名である，6.利便性が高い・行きやすい，の6項目について調査しています。「節約する」の項目に関しては施設の入場料などで評価できると考え，また，「数多く回る」の項目については，その観光地を基準に他に観光地が回れるか否かという観点から，近くに他の観光地があるかどうかを調べて決定できると考え，それぞれアンケート調査を省いています。実際のアンケートでは，それぞれの項目に関して，その観光地が満たしている度合いを10段階で回答してもらい，その結果から個々の観光地を大まかに特徴づけることを検討しました。図11.5に実際のアンケートを示し，続いていくつかの観光地に対する結果を示します。

	1	2	3	4	5	6
鳥取砂丘						
浦富海岸						
雨滝						
芦津渓						
氷ノ山						

図11.5　観光地評価のためのアンケート回答票（一部）

ここでは，鳥取県東部と西部を代表する氷ノ山と大山に対するアンケート評価の結果を例として示します。大山は伯耆富士とも呼ばれ，標高1710 mを誇る中国地方の最高峰として知られています。大山隠岐国立公園に属し，登山やスキーなど一年を通じて賑わいを見せる鳥取砂丘と並ぶ鳥取県有数の観光地です。一方で，氷ノ山は兵庫県と鳥取県の県境に位置し，氷ノ山後山那岐山国定公園に属します。標高1510 mは中国地方で大山に次ぐ第2位で，大山と同様に登山やキャンプのほか，京阪神からもアクセスの良いスキー場があります。

この両者について，アンケート結果を平均化してチャートに表現したものを図11.6に示します。図11.6の右側のチャートは大山の10段階の評価の平均を取ったものを，左側のチャートは氷ノ山の10段階の評価の平均を取ったものをそれぞれ示しています。一目みた印象では，両者に大きな違いはなく，よく似た特徴を持っている観光地とみなすことができます。実際に，観光案内の写真などの印象は似通っています。しかし，当然のことながら実際にその観光地について，私たちが受ける印象は，必ずしも同じではありません。とくに，大山は鳥取を代表する有名な観光地であるのに対して，氷ノ山に鳥取県東部を代表する観光地というような印象を持っている人は少ないように感じられます。

そこで，このままでは観光地のイメージ抽出が不十分であると考え，まず無回答の項目がある回答を除去し，残りの回答に対して，よく似た回答をまとめるためにクラスター分析を施し，クラスターに属さない孤立点を除外したのちに，得られたクラスターの重心に基づいて観光地の重要度を決定するという手順のデータ処理を行い，その結果から，あらためて観光地の特性を数値化していきます。

図11.7には，このようなデータ処理の後の大山と氷ノ山の評価を示します。図11.6では両者の差異が明確ではなかったのに対して，図11.7のチャートは大

氷ノ山(スキー場)

大山(スキー場)

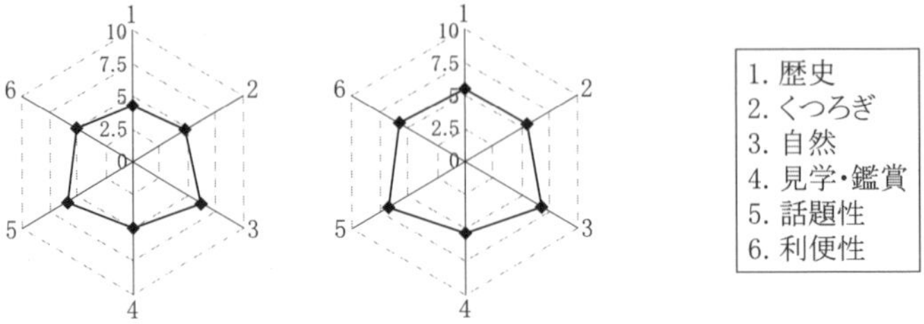

図 11.6 氷ノ山(左)と大山(右)の平均点による評価

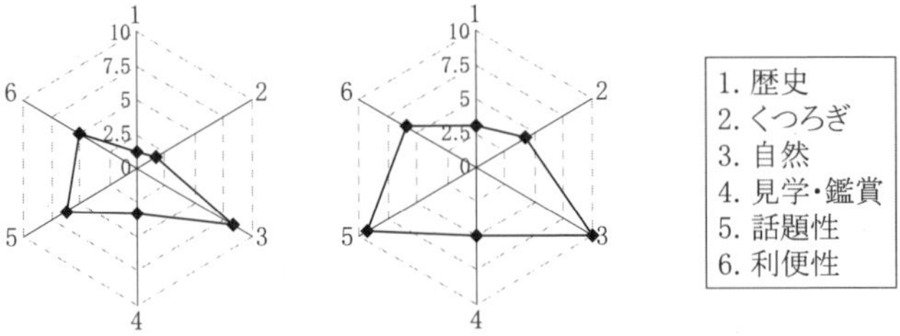

図 11.7 氷ノ山(左)と大山(右)の修正後の評価

山の「話題性がある・有名である」という特徴を表現していることがわかります。

この評価法を利用することにより，有名な観光地に重点を置く旅行者には大山がより推薦されやすくなることが期待されます。

同様にいくつかの代表的な観光地について，データ処理後にその傾向が変化した様子を図 11.8〜11.15 に示します。いずれにおいても，左側が平均点，右側がデータ処理後の評価を表しています。なお，観光地のイメージの参考に観光地の写真あるいは簡単な紹介メモを記載しています。

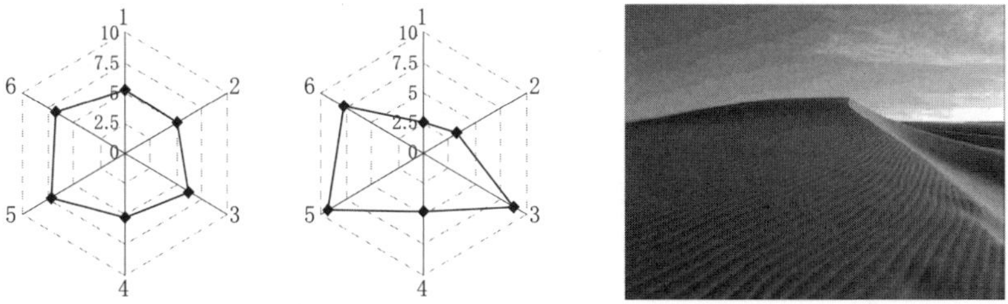

図 11.8　鳥取砂丘

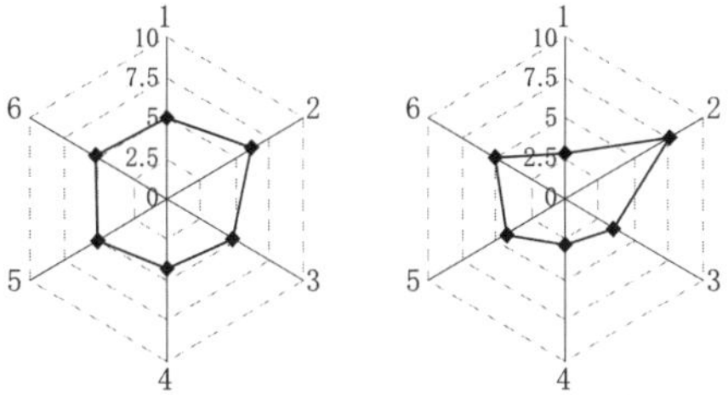

メモ：約1000年の歴史がある山あいの閑静な温泉郷です。湯治場として知られてきました。梅雨の時期には源氏ボタルが見られるなど，風情が感じられます。旅館のほか近隣の住民も利用する公衆浴場があります。

図 11.9　吉岡温泉

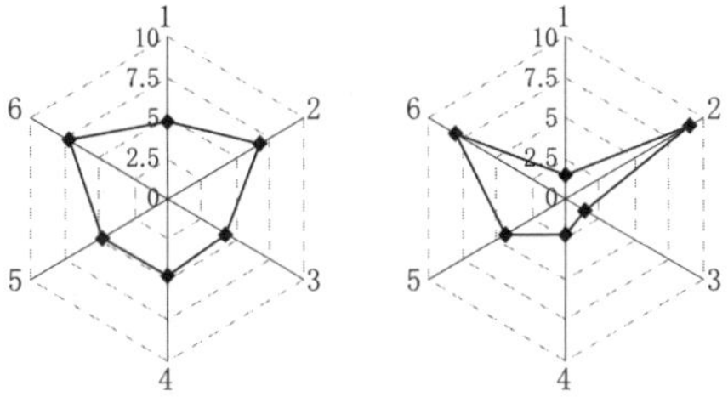

メモ：鳥取市の繁華街に位置する市街地の温泉です。明治37年に飲用の井戸の掘削工事中に80℃の温泉が湧出したことに由来します。温泉旅館，ホテル，公衆浴場があり，駅から徒歩圏内に位置し，出張客にも観光客にも便利のいい温泉です。

図 11.10　鳥取温泉

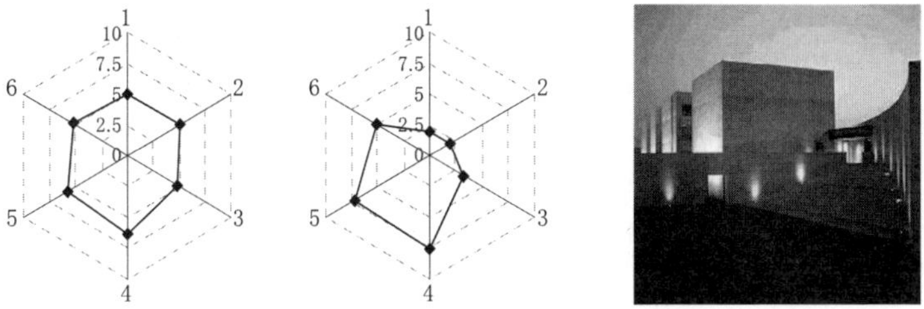

図 11.11　植田正治写真美術館

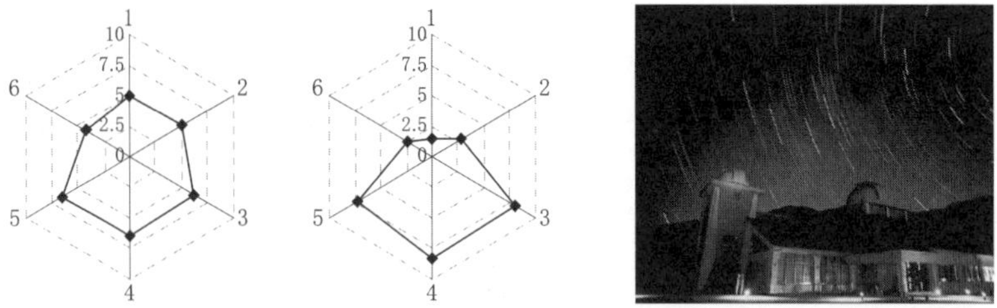

図11.12　さじアストロパーク

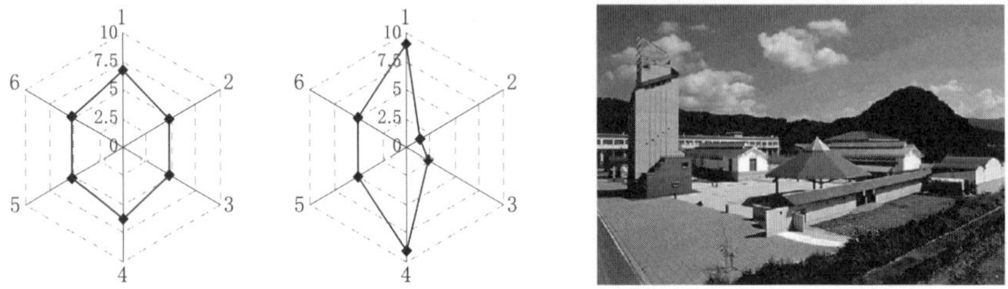

図11.13　因幡万葉歴史館

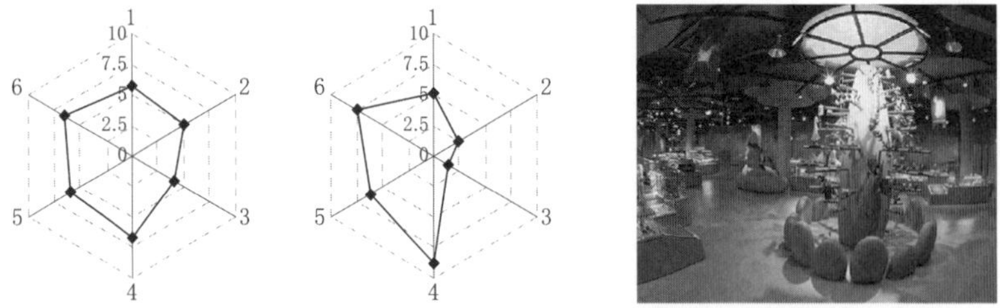

図11.14　わらべ館

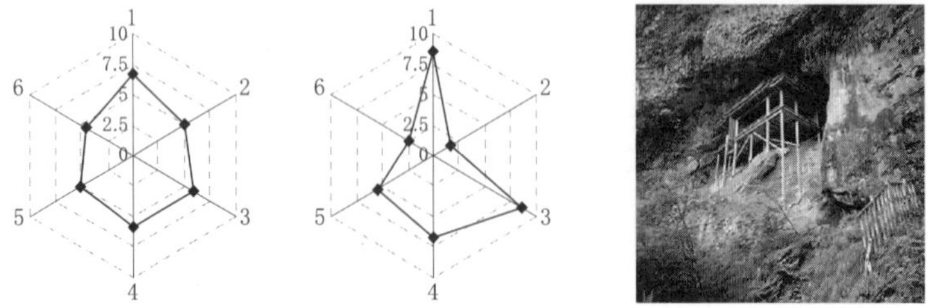

図11.15　三徳山･投入堂

たとえば，鳥取を代表する観光地の鳥取砂丘では，話題性と利便性が自然とともに強調されています。温泉では「くつろぎ」が強調され，立地条件による利便性に差がついている様子が見られます。図11.9，図11.10のようにJR鳥取駅から路線バスで30分以上要する吉岡温泉と鳥取駅前に立地する鳥取温泉を比較すると，強調された効果が顕著に現れていることがわかります。

植田正治写真美術館，さじアストロパーク（公開天文台），わらべ館（おもちゃの博物館），因幡万葉歴史館（大伴家持ゆかりの歴史博物館）の四つは，他に類を見ない独特の観光資源です。これらの結果を比較してみると，それぞれの施設の特徴が現れていることが感じられます。しかし，特定の趣味に特化した施設を表現するという観点からは，必ずしも十分ではないとも思われ，このような例は今後の検討課題として残っています。また，世界遺産登録の機運の高まっている三徳山・投入堂は，アンケート時点が古いこともあり，話題性の評価が低いものの，歴史と自然で高いスコアを得て，その特徴が明確になっていることがわかります。

このように，単にアンケートによる10段階評価の平均点を利用するのではなく，同じ傾向のいくつかの回答者グループをクラスター化した結果を利用することにより，観光地の持つ特性をより強調して表すことが可能となることが示されました。一方で，ユーザに対する一対比較アンケートは図11.16に示すようなフォーマットで，Webページ上に表示されるようになっています。ユーザは対になった二つの評価基準に対して，どちらが重要であるかをクリックにより回答していきます。

	重要	やや重要	どちらでもない	やや重要	重要	
歴史						くつろぎ
歴史						自然
歴史						見学・鑑賞
くつろぎ						自然
くつろぎ						見学・鑑賞
自然						見学・鑑賞

図11.16　アンケート画面

たとえば，その結果として図11.17のようにチェックが入ったとしましょう。このとき，計算過程の詳細は割愛しますが，たとえば，「重要」を5，「やや重要」を3，「どちらでもない」を1と点数化し，図11.17の回答の場合には，表11.6のように評点による一対比較行列が構成されます。

	重要	やや重要	どちらでもない	やや重要	重要	
歴史	✓					くつろぎ
歴史		✓				自然
歴史			✓			見学・鑑賞
くつろぎ			✓			自然
くつろぎ			✓			見学・鑑賞
自然				✓		見学・鑑賞

図11.17 アンケート画面（回答例）

表11.6 アンケート結果による一対比較行列

	歴史	くつろぎ	自然	見学・鑑賞
歴史	1	5	3	1
くつろぎ	1/5	1	1	1
自然	1/3	1	1	1/3
見学・鑑賞	1	1/3	3	1

そして，一対比較行列

$$\begin{bmatrix} 1 & 5 & 3 & 1 \\ 1/5 & 1 & 1 & 1 \\ 1/3 & 1 & 1 & 1/3 \\ 1 & 1 & 3 & 1 \end{bmatrix}$$

の固有値を求めることにより，各項目の重要度が次のように求められます．

歴史	自然	くつろぎ	見学・鑑賞
0.44	0.14	0.23	0.18

この結果を用いて，各観光地のチャートに示される観光地の特徴量との適合度を求めていくことができます。具体的に，たとえば，次に示したような特徴を持つ観光地を二つ考えてみます。

	歴史	自然	くつろぎ	見学・鑑賞
観光地 A	2	3	7	8
観光地 B	9	2	3	8

このとき，それぞれの観光地のこのユーザの重要度からみたスコアは，重要度同士の積の総和として与えることができ，具体的には，観光地 A のスコアは

$$0.44 \times 2 + 0.14 \times 3 + 0.23 \times 7 + 0.18 \times 8 = 4.35$$

となります。同様に観光地 B のスコアは

$$0.44 \times 9 + 0.14 \times 2 + 0.23 \times 3 + 0.18 \times 8 = 6.37$$

となり，このユーザにはスコアの高い観光地 B がより適した観光地であることが定量的に表されます。旅行者の行動様式についても，同様にスコアの計算がなされ，観光地の評点として，これらの二つの評価基準からみた観光地のスコアが合算されます。

最終的にすべての観光地に対して，同様の計算を行い，すべての観光地をランキングすることが可能となります。

観光地案内システムでは，このようにして観光地をランキングし，その上位から数個の観光地リストを提示する機能と，合計のスコアが高くなるように観光地を回る 1 泊 2 日の観光ルートを作成する機能を実装しています。そして，「たくさん回る」を重要とするユーザには，提示する観光地のリストを多くし，そうでないユーザには少なめに表示するなどして，ユーザごとにお薦めの観光地リストを図 11.18 のように表示します。図は，歴史に関心があり，有名な観光地を多く回りたいと診断された結果であり，大山寺をはじめとする 7 カ所の観光地が推薦されています。図 11.19 は，同じユーザに対して，ルートを構成した例です。ルート作成のためのアルゴリズムの詳細は省略しますが，観光地ごとの滞在時間と観光地間の移動時間を考慮した上で，スコアが最大になるルートを探索し，初日の最終訪問地から近い温泉地に宿泊するプランが構成されます。

図11.18　観光地紹介の例

図11.19　観光ルート紹介の例

ユーザは表示されたリストのリンクをクリックして，実際にその観光地案内を閲覧できます。

おわりに

本章では，旅行者の嗜好などに関する一対比較アンケートに基づいて，観光地の推薦を行うシステムの概要について紹介しました。

余暇の過ごし方の重要性はますます高まりをみせ，余暇を過ごす立場からも，地域振興を進める立場からも，観光旅行への期待は大きくなっています。このため，的確な情報を旅行者にタイムリーに提供することは，観光地にとっては観光客誘致につながり，旅行者にとっては満足度の向上につながっていくと思われます。ここで紹介したシステムは，インターネットが現在のようには普及していない時代に設計したものですが，基本的な考え方はいまでも通用するものだと考えています。また，このような試みは観光以外のさまざまな分野でも取り組まれてきており，リコメンドシステムや協調フィルタリングとして発展しています。また，観光情報学も研究分野として認められるようになってきました。今後もWWWを利用した観光情報の提供サービスがますます多機能化していくことに疑いの余地はなく，ブログやSNSの利用，また地理情報システムとの連携を図るなどして，新しい観光情報の発信方法が開発されていくと考えられます。とくに，多数の個人が発信するブログから効率的に情報を収集し，情報を加工・編集して再発信することや，地理情報システムと観光情報システムの連動には，大きな可能性が秘められていると考えています。このようなシステムを構築していくためには，自然言語処理，感性情報処理，知的エージェントなどの技術が必要だと考えられ，現在でも非常に挑戦的な研究課題となりうると考えています。また，このような仕組みが単なる観光振興だけではなく，地域に埋もれている観光資源の発掘，地域ブランドの確立，さらには，地域と地域の交流の促進へ寄与する可能性に期待を寄せています。

〔謝辞〕 この観光案内システムの研究と開発は，鳥取大学工学部知能情報工学科知識工学講座において，魚崎勝司教授（現・福井工業大学教授）のご指導のもとで行われました。ここで紹介した内容の一部は，同研究室の在籍者，岡本博知氏（構想とプロトタイプ），田中雅臣氏（システム構築と観光地の評価法の改善），柿元洋司氏（観光ルートの作成アルゴリズムの開発）の卒業研究として開発され，大学院博士前期課程に進学した田中雅臣氏と筆者との共同研究によって，まとめられたものです。AHPの利用に関しては，田中正敏先生（現・松本大学准教授）の助言をいただきました。また，アンケートには当時の研究室所属の学生諸氏の多大な協力を得ました。本章をまとめるにあたって，田中雅臣氏の修士論文[9]を参考としました。本文中に掲載した観光地の紹介写真は，鳥取県庁のホームページ「とりネット」内の鳥取県の観光地などの地域資源を紹介する目的に公開されている「鳥取写真ライブラリ」(http://www.pref.tottori.jp/kouhou/sphoto/）から転載したものです。ここに，感謝の意を表します。

【参考文献】

[1] 国土交通省総合政策局旅行振興課編：“旅行・観光産業の経済効果に関する調査研究V”(2005)

[2] 波多野精紀：“「ネットロコミ」マーケティング” すばる舎（2006）

[3] たとえば，文部科学省科学研究費補助金「特定領域研究」情報爆発時代に向けた新しいIT基盤技術の研究

[4] N. J. Belkin and W. B. Croft：Information filtering and information retrieval: two sides of the same coin?, *Communications of the ACM*, Vol.35, No.12, pp.29–38 (1992)

[5] 刀根：“ゲーム感覚意思決定法—AHP入門—” 日科技連出版社（1986）

[6] 高萩，中嶋：“Excelで学ぶAHP入門” オーム社（2005）

[7] 刀根，真鍋：“AHP事例集” 日科技連出版社（1990）

[8] 藤原，幸田，井上：階層化意思決定手法（AHP）における新しい整合度とその応用，計測自動制御学会論文集，Vol.31，No.9，pp.1502–1509（1995）

[9] 田中雅臣：個人の嗜好に合わせた観光情報提供システムの開発，1997年度鳥取大学大学院工学研究科修士論文（1998）

第12章

インターネット宿泊予約サイトに見る観光業界におけるIT革命

今日，デジタル技術を基本とする情報技術（Information Technology；IT）の進展は，日常生活の隅々まで普及しつつあります。観光業界においても例外ではありません。

本章では，ITによる産業革命の特徴を知るために，ITとは何か，ITの特徴について考えます。次に，観光について，その定義と観光業の特徴について考えます。そして，観光業界におけるすさまじいIT化の例として，インターネット宿泊予約サイトの変遷を概観します。最後に，著者が研究している宿泊業界における新しいビジネスモデルについて紹介します。

12.1　IT社会

私たちはいま，IT社会で暮らしています。社会のIT化はますます加速する方向にあります。ITについて考えてみます。

12.1.1　ITとは

現在はIT革命の時代といわれています。私たちもよくITという言葉を使います。ところで，“ITとは何でしょう？”この答えは簡単です。“Information

Technology の頭文字を取って IT です"。それでは "Information Technology とは何でしょう？" この質問に答えるためには少し調査が必要です。

図12.1は，最近の経済新聞から拾ったIT関連用語です。これらのキーワードからITの概念をまとめてみましょう。

IT関連用語	デジタルカメラ, カメラつき携帯, DVD, フラッシュメモリー, CD, CD-R, CD-RW, PC, モバイル, ネットワーク, ウインドウズ, エクセル, Java, Linux, インターネット, サーバー, クライアント, 電子認証, 電子署名, 情報セキュリティ, 電子決済, eコマース, iPod, ブログ, SCM, ビジネスモデル, ウェブ2.0

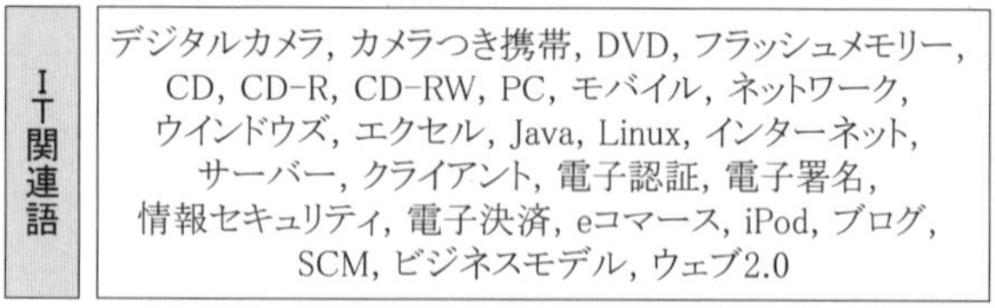

図12.1 IT関連用語（ある経済新聞から）

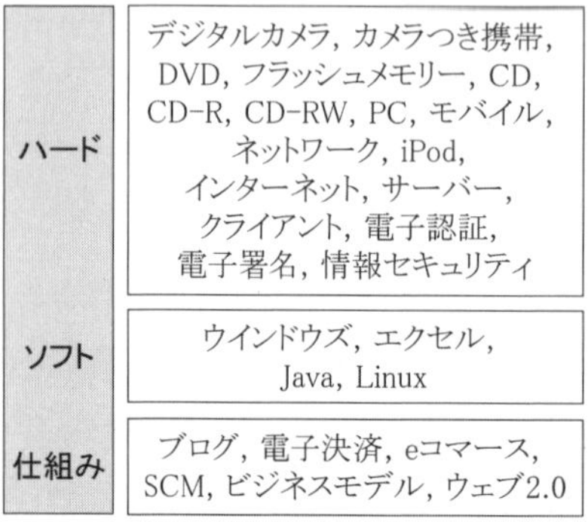

ハード	デジタルカメラ, カメラつき携帯, DVD, フラッシュメモリー, CD, CD-R, CD-RW, PC, モバイル, ネットワーク, iPod, インターネット, サーバー, クライアント, 電子認証, 電子署名, 情報セキュリティ
ソフト	ウインドウズ, エクセル, Java, Linux
仕組み	ブログ, 電子決済, eコマース, SCM, ビジネスモデル, ウェブ2.0

図12.2 IT関連用語分類キーワード

デジタル技術	デジタルカメラ, カメラつき携帯, DVD, フラッシュメモリー, CD, CD-R, CD-RW, PC, モバイル, ネットワーク, iPod, インターネット, サーバー, クライアント, 電子認証, 電子署名, 情報セキュリティ
	ウインドウズ, エクセル, Java, Linux
	ブログ, 電子決済, eコマース, SCM, ビジネスモデル, ウェブ2.0

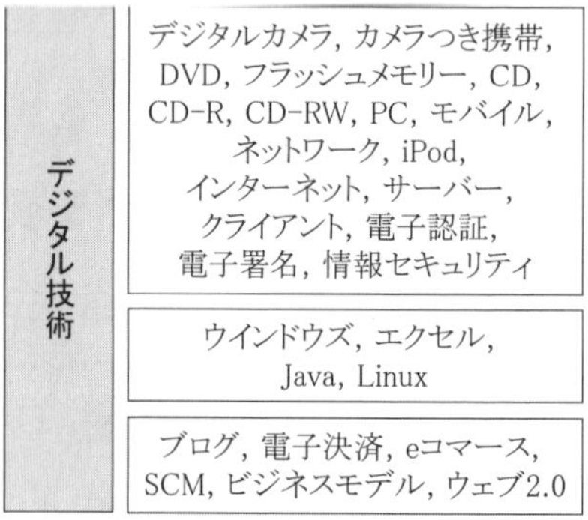

図12.3 ITの共通技術

```
10101001011010101010001101000110 1010
10101001001010101010001101000110101000
00101001011010001010100110100010010101
10101001001010101010001101000110101010
00101001010100001010100010001101001000
10101001011101001010101010100011001010
01100100101010010010101010001100101
10100001011101010010101010001100100
10101001010100001001010100010001010
00100101001101001001010101000000010
00101001001101001001010101000000010
00101001001101001001101010100001010
10100100100010100100101010100010001010
```

図12.4 コンピュータ, 音楽, 映像, 地上デジタル放送に使われるデジタルデータ

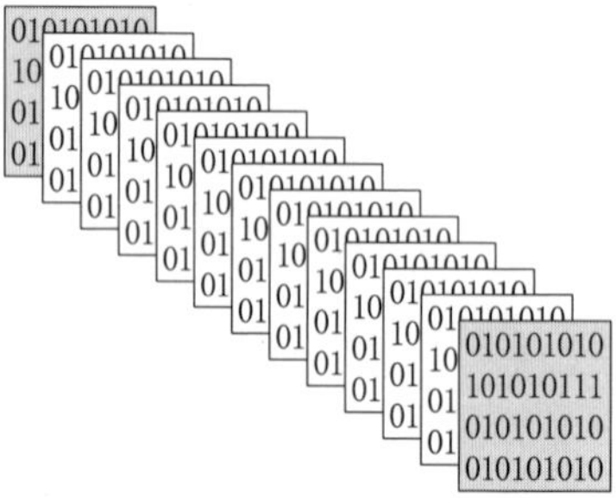

図12.5 無限回コピーできるデジタルデータ

このままでは，渾然としていてわかりません。関連用語をよく読むと，これらの用語は図12.2のように，ハードウエア，ソフトウエア，仕組みの三つのキイワードにより分類できることがわかります。

次に，これらの三つのキイワードに共通する概念を考えます。そうすると，そこにはコンピュータが見えてきます。しかし，地上デジタル放送などはコンピュータばかりではないように思えます。コンピュータの背後にある本質は何でしょう。それはデジタルデータとそれを取り扱うデジタル技術です（図12.3，図12.4）。こうして，現在のIT革命の本質は，デジタルであることが理解できます。

ついでに，デジタルの本質について考えてみましょう。デジタルの対は，アナログです。デジタルとアナログの本質的相違は何でしょう。それは，コピーの回数です。アナログデータはコピーする毎に原データの情報が消えてしまいます。一方，デジタルデータは無限回コピーしても忠実に原データを再現します（図12.5）。ビデオテープのダビングとDVDのダビングを考えるとよく理解できると思います。

以上の議論をまとめると，ITとはデジタル技術であり，その本質はコピー可能性にあるということになります。

12.1.2　第3次産業革命

技術がもたらす社会の劇的な変革を産業革命といいます。たとえば，物流，労働形態，企業形態，経済システム，ライフスタイルなど，あらゆる身の回りの形態（システム）がこの技術によって変革されます。これまでの産業革命の例として，図12.6のように，蒸気機関の発明による第1次産業革命，内燃機関の発明による第2次産業革命がありました。そしていまはIT技術よる第3次産業革命の最中といわれています。

IT革命の特徴は図12.7に示すように

- 規模が世界規模である
- 変革のスピードが速い
- 相反する現象が同時進行する2極化

です。

技術がもたらす社会の変革 物流　労働　企業形態　経済システム　ライフスタイル		
第1次産業革命	第2次産業革命	第3次産業革命 第3の波
蒸気機関の発明 製鉄業 鉄道 労働形態	電力 内燃機関 自動車 個人輸送	IT 製造業 サービス業 市民生活

図12.6　産業革命とIT革命

- 規模が世界的(グローバル)
- 変革のスピードが速い(コンピュータイヤー)
- 2極化(相反する現象が同時進行)
  集中化と多様化
  地方と世界
  公共性と個人性
- プロシューマーの出現

図12.7　IT革命の特徴

規模が世界規模であることは，世界中のあらゆる情報が瞬時にして伝わり，その情報を基にしてさまざまなビジネスが世界的にほぼ同時に起こる現状がそれを表しています。

変革のスピードが速いことも，ここ数年のIT化の様子を見ると理解できます。ホームページからブログの普及などは身近な例です。人間の世界では10年一昔ですが，コンピュータイヤーは3年で大昔です。

相反する現象が同時進行する2極化の典型は，いわゆるIT弱者とIT強者です。IT世代の人々はITを特別なものとは捉えず，自然に受け入れています。一方，以前の人々はITに対して感覚的に敬遠する傾向にあり，その利便性の享受において差が見られます。ITの普及により，全体のレベルアップは進みますが，この2極化は将来も続くものと思われます。しかし，人々は現在よりはるかにITになじみ，日常生活においてはほとんど問題なく使いこなせるようになるものと考えられます。

12.1.3　文化としてのIT

現代の三種の神器は，{パソコン，携帯電話，メールアドレス} といわれています。これらはすべてIT（したがって，デジタル技術）の申し子です。パソコンはソフトウエアを，携帯電話はハードウエアを，そしてメールアドレスはシステム（仕組み）を代表していると考えられます。メールアドレスの背後にはインターネットで代表されるサイバー世界と呼ばれる巨大な世界が存在しています。この世界は，明るい未来と不透明な未来が混在する混沌とした世界であり，メールアドレスはサイバー世界へ入るための鍵です。

ITは，確実に日常生活に浸透し，もはやそれは文化と呼べる段階に来ていると思います。文化は受け入れるも拒否するも個人の自由です。もし，それを受け入れるならば，ITの利便性を享受することができるでしょう。もし，それを拒否しても，自身が不便な思いをするだけで誰も非難はしません。IT社会を受け入れるか否か，それは自身の決めることです。

12.2　観光

小泉内閣において2003年3月に訪日外国人観光客の増大（倍増，1000万人）を目指す「ビジットジャパンキャンペーン」が発表されて以来，わが国でも観光に対する認識が高まり，観光に対するさまざまな取り組みが活発化してきました。各省庁が観光振興を推進するさまざまなプロジェクトを起こし（表12.1），また，全国の大学に観光学科の設立や設立計画が相次ぎました。本節では，観光の定義と特徴についてまとめます。

表12.1　各省の観光振興政策名称

国土交通省（ビジットジャパン）
経済産業省（集客・交流産業育成）
農林水産省（グリーンツーリズム）
環境省（エコツーリズム）
総務省（ICT利活用）
文部科学省（人材育成）
地方自治体（観光振興課）

12.2.1　観光の定義

観光はTourismの日本語訳です。そのいわれは，古代中国の周易経にあるなどと議論されていますが，著者は必ずしも正しい日本語訳とは考えていません。しかし，とりあえず，観光をTourismの日本語訳として話を進めます。

日本における観光の定義は，観光政策審議会において，以下のように定義されています[1]。

> 余暇時間の中で，日常生活圏を離れて行う様々な活動であって，触れ合い，学び，遊ぶということを目的とするもの
> 観光政策審議会前文（答申第39号，平成7年6月2日）

また，世界観光機関（World Tourism Organization ; UNWTO）では，以下のように定義されています[2]。

Tourism is defined as the activities of persons traveling to and staying in places outside their usual environment for not more than one consecutive year for leisure, business and other purposes not related to the exercise of an activity remunerated from within the place visited. (World Tourism Organization ; UNWTO)

これらをまとめると，観光とは以下のような行動であると定義してよさそうです。

空間：非日常生活圏において 時間：おおよそ1年以内に 目的：レジャー，ビジネスのために行う 行動である

すなわち，観光は，非日常生活圏である地域が基本にあり，そこにおいて短期滞在して行う行動と理解できます。ITを展開する場がグローバルであることと対称的に，観光はあくまで地域というローカルな場において展開されるものです。このことから，観光が地域振興の重要な産業として位置づけられ，全国のほとんどの地方自治体に観光振興課なる部署が設置されていることも理解できると思います。しかし，このことと全国どの地域でも観光による地域活性化が可能であるということは別です。観光による地域活性化はその語感とは異なり，相当に困難であることの認識はまだまだ薄いように思われます。

12.2.2 観光産業

日本の産業分類には観光産業という分類はありません。上の定義から見えてくる観光産業は，非日常生活圏へ移動するための交通産業，非日常生活圏に滞在し活動する（生活する）ための衣・食・住産業など，ほとんどすべての産業が関連する総合産業であり，観光産業という分類ができないこともうなずけます。俗にいう顎・足・枕を観光産業と捉えてよいと思います。

12.3　観光におけるIT革命

観光におけるIT革命はもちろんITの技術革新そのものではありません。ITによる観光情報の発信と収集，ITを応用した観光ビジネスの仕組みなどです。以下では観光におけるIT革命の典型的事例として，宿泊予約におけるIT革命，インターネット宿泊予約サイトについて説明します。

背景

インターネット人口は2000年末現在4708万人であり，2005年には8720万人になると予測されている。（社）日本旅行業協会の調査によれば，インターネットユーザーの約8割が旅行関連サイトを見たことがある。その利用方法としては，「旅行情報の収集」，「宿泊施設の検索」が上位を占めている。約4割が旅行関連サイトを通じて予約した経験がある。（平成14年度観光白書）

日本のインターネット人口は2006年2月調査時点で7361万9千人になった[10]。

omScore Networksは2006年5月4日，世界のオンライン利用動向調査に基づく初の推計を発表した。それによると，世界のインターネット利用者は推計6億9400万人であるという[11]。

12.3.1　ホテル客室販売の従来ビジネスモデル

ホテルの客室販売は未来のある日における客室の予約販売です。当日を過ぎると客室としての商品価値はゼロになり，在庫は効かないことが特徴です。したがって，当日までにいかに需給状況を見ながら適正価格で完売することができるかが客室販売の戦略目標となります。

ホテルの客室販売は，旅行代理店に委託する委託販売と自身で販売する自販売に分かれます。委託販売は，あらかじめ客室を代理店に提供し，それを代理店に販売してもらう方法です。代理店は販売した価格の10％前後を販売手数料と

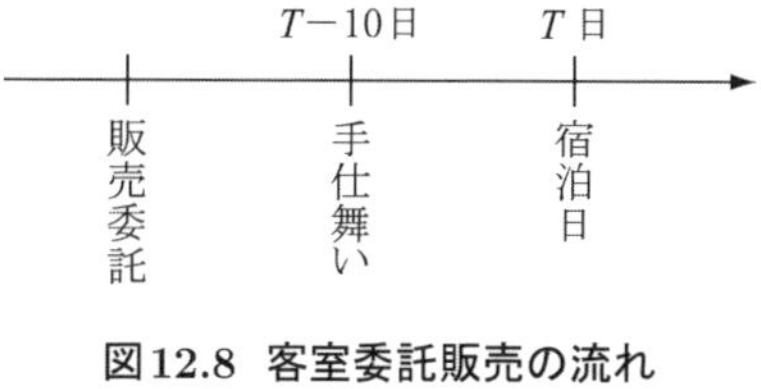

図12.8　客室委託販売の流れ

して取ります。代理店は，当日のほぼ10日前に手仕舞いと称して，売れ残った客室をホテルへ戻します（図12.8）。それ以後はホテルが自ら営業努力により販売を行わなければなりません。

12.3.2 インターネット宿泊予約サイト

インターネット宿泊予約サイト（以下，宿泊予約サイト）とは，宿泊施設の空室状況と価格などを一覧で提供し，利用者はそのサイトから宿を予約できる，そのようなサイトのことです。楽天，Yahoo!トラベルなどがよく知られています。

わが国における宿泊予約サイトは，1996年1月，日立造船情報システム部の社内ベンチャー「マイトリップ・ネット」から始まりました。このサイトはそれまでの旅行代理店の手数料のほぼ半額で代理予約を行う仕組みを提供しました。「マイトリップ・ネット」はその後，「旅の窓口」として，とくにビジネスマンに歓迎され，あっという間に予約実績数百万件のサイトに成長しました。その仕組みには，ITの特性であるところの

- 大量のデータ整理を可能とする
- リアルタイムに情報を管理できる

がほとんどそのまま生かされていました。具体的には

- 日本全国の地域における当日の空室情報を一覧として閲覧できる
- 残室数の多い順，室料の高い順／安い順など，利用者の要求する形で情報を提供する

ことなどができます。

また，双方向即時性により，手仕舞い後の客室も当日ぎりぎりまで販売することが可能となり，客室は当日まで商品価値を持ち続けることができるようになりました。

こうして，当初はさほど注目されていなかった宿泊予約サイトは脚光を浴び，新規参入業者が加わり急成長しました。公開されている主な宿泊予約サイトの概要と予約数を表12.2に示します。これで見ると第1位の楽天はダントツで多く，2位のじゃらんと3位のYahoo!トラベルを合わせても及ばないことがわかります。

表12.2　主なインターネット宿泊予約サイトの概要

サイト名	登録施設数	予約数
楽天トラベル (2005年8月)	国内17,319軒 海外11,473軒	月間予約160万件 (2005年7月実績)
じゃらん (2006年7月)	国内14,100軒	1,267万人泊 (2005年10月～2006年9月実績)
Yahoo!トラベル	85,000軒	年間160万件(2004年)
一休	900軒	63万件(宿泊数)
ベストリザーブ	5100軒	8万件(月間予約数)

出典：楽天トラベル http://travel.rakuten.co.jp/news/1686.html
じゃらん http://www.jalan.net/jalan/doc/news/data/yado_data.html
Yahoo!トラベル http://www.ir-watcher.jp/archives/000535.html
一休 http://www.ikyu.co.jp/
ベストリザーブ http://www.bestrsv.com/

また，世界最大のネット旅行代理店「エクスペディア」(http://www.expedia.com) が2007年，日本市場に参入すると発表しています。エクスペディアは，宿泊や交通手段を一括予約できる「ダイナミック・パッケージ」が人気で，2005年度の同社の予約総額は1兆7500億円を突破したと報道されています[12]。

12.3.3　インターネット宿泊予約サイトの変遷

マイトリップ・ネットから始まった宿泊予約サイトの変遷を図12.9に示します。図には描かれていませんが，これらの他に，旅行代理店のサイト，航空会社のサイトもあります。

注目すべきは，最近行われた，楽天・ANAとYahoo!トラベル・JALの提携です。顎・足・枕のうち，足はJRの「みどりの窓口」，航空会社の予約システムなど，早くからIT化が進んでいました。それに宿泊施設の予約サイトが普及して，足と枕のIT化は歩調を合わせる状況になりました。楽天とANA，Yahoo!とJALの提携は，起こるべくして起こった提携と考えられます。

旅行は宿泊と交通が同時に満足されなければ成立しません。宿が取れても，飛行機が取れなければ結局，旅行は成立しません。これまで旅行者は，宿泊の予約と，交通の予約を別々に行わなければなりませんでした。それが，一度に可能になります。

しかし，宿と交通を同じサイトから予約できることはよいのですが，楽天・ANAでは，利用できる航空会社はANAのみ，Yahoo!・JALではJALのみと

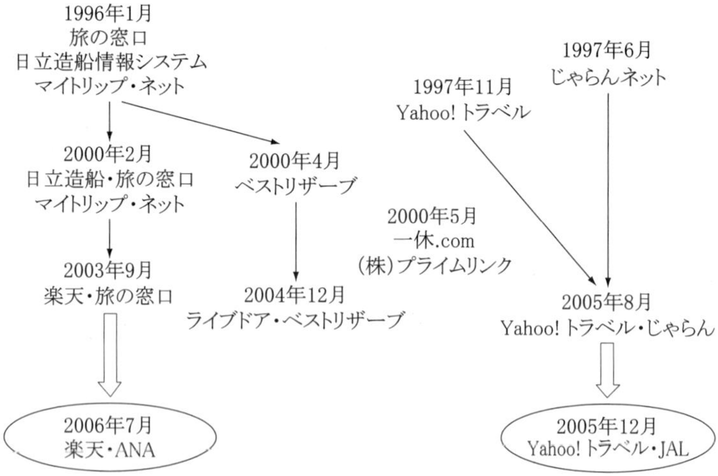

図12.9 主なインターネット宿泊予約サイトの変遷

いうことでは，利用者の利便性を損ねることになります。

この意味では，宿と交通をまったく自由に選択できるエクスペディアのような旅行サイトの進出の可能性は大であると思われます。

足と枕の提携は，業界側にとっては商品品揃えの戦略が格段に難しくなることを意味します。宿と交通の組み合わせはそれまでの宿のみ，交通のみの商品品揃えから，それらの組み合わせの数を対象にして商品構成を考えなければなりません。

12.3.4 予約サイト普及の功罪

宿泊予約サイトの普及は，利用者にとっては，施設に関する規模，価格など，宿泊施設に関する情報公開となり，宿選択の利便性を上げました。一方，宿泊施設にとっては，同業他社との価格競争を引き起こしました。いまや宿泊施設は対宿泊予約サイトの担当者を置き，他社の表示価格を見ながら自社の提供する客室の価格を決めるという状況にまでなっています。この結果，地方によっては施設の質によらず単なる価格競争で利益も出ない状況にさえなっています。

12.3.5 今後の展開

宿泊業者にとっての客室の販売計画は，従来の旅行代理店，宿泊予約サイトへの販売委託比率の調整に加えて，自社販売の比率を上げることがますます重要になってくると思われます。そのためには，自社の特徴を利用者にアピールしなければなりません。自社の商品ブランドに対する明確な戦略が要求されます。低価格であるが清潔な部屋を提供できる，価格は高いが相応の高品質のサービスを提供できるなどです。このような状況を迎え，観光情報学会が取り組んでいる北海道の宿泊施設ビジネスモデルの提案について，次節で簡単に紹介します。

12.4 宿泊業におけるB・Cビジネスモデル

12.4.1 背景

現在，日本の宿泊業界は，東京を除いて厳しい状況にあります。その原因の一つが以下の背景から生ずる客室単価の異常とも思われる低価格化です。

1. 客室の売上をほとんど旅行代理店に依存する形態から，発地の旅行代理店によって企画される格安パック旅行における低価格での客室の提供を余儀なくされている。
2. 近年の団体旅行から個人旅行へのシフトによるインターネット予約者の増加に伴って，大手宿泊予約サイトの画一的データによる低価格競争が激化している。

これらの影響からシーズンによる料金格差の増大や当日割引による極端な低料金など，利用客にさえ大きな不信感を与えており，異常な低価格化は宿泊施設側にとどまらず旅行代理店側にとっても対策を講じなければならない状況に陥っています。

単に客室を低価格で提供すれば利用客が増えるという短絡的な思考は，価格のみの過当競争を激化させるばかりでなく，旅行関係業界全体の首を絞めかねない状況であるといえます。冷静に見れば，B＆Bやビジネス特化型の宿泊施設と，温泉，ショップ，レストランを持つ総合施設としてのホテルが同じレベルで価格競争すること自体，ナンセンスと思われます。

以上のような背景から生ずる低価格競争を，健全な価格におけるサービス内容の質の競争へと移行させるためには，旅行者と宿泊施設との直接契約による売上部分の割合を上げて，旅行代理店による売上部分との適切なバランスを取ることが必要となります。すなわち，宿泊施設と利用者のB2CとC2Bの相互ビジネスモデル（B·Cと書き，BドットCと読みます）を確立することが必要となると考えました。

以下の研究は上述の低価格競争を健全な価格におけるサービス内容の質の競争へと移行させるために，宿泊施設と利用者のB・Cビジネスモデルを確立することを目的としたものです。その方法は

a. 宿泊施設の自己点検評価と特徴分類法

b. オフィシャルゲート検索サイトの利用

c. オンライン契約・決済のアウトソーシング

の3点からソリューションを提案するものです。

aは宿泊施設側がその特徴を自ら明示する仕組みであり，bは宿泊施設のホームページに利用者側が直接アクセスすることを可能にする仕組みを提供するものです。cは高セキュリティを必要とし，コストのかかるオンライン決済を，専門企業に委託する仕組みです。これら三つの仕組みを合わせることにより，利用者と宿泊施設が直接取引を行う機会を増大させることが可能になると考えました。

12.4.2　宿泊施設の自己点検評価と特徴分類

諸外国においては，宿泊施設のランク付けが行われています。一般に評価という行為は，{正確なデータ，評価項目，評価基準，厳正な評価者}のすべてが完全にそろわなければ正しい結果は得られません。これらの中の一つでも不完全なものがあればその評価は正しく行われずに，むしろ，その結果によって評価対象は多大の損害を被ることになります。

本研究において提案する宿泊施設の評価方式は自己点検評価と情報公開に基づくものです。すなわち，宿泊施設評価は

データ：自らのデータ

評価項目：観光情報学会による専門家によって選定された評価項目

評価基準：観光情報学会による専門家によって選定された評価基準
評価者：宿泊施設自身
評価結果：公開

の形態をとるように設計されています。

評価結果の公開は，正しい結果へ収束することを意図したものです。通常，自己評価は客観性が問題になります。自己評価結果を公開することにより，宿泊施設の自己評価結果とその宿泊施設の利用者の評価の間に相違が生じた場合は，利用者からの口コミや宿泊施設への直接投書などによりその違いが指摘され，宿泊施設は評価結果を修正し，正しい評価結果を公開せざるをえなくなります。すなわち，情報公開により生ずる情報フィードバックが正しい評価結果へ収束させると考えられます。

さっぽろ–観光情報学研究会では，「宿泊施設の自己点検評価項目作成プロジェクト」において，専門家を中心とするグループが自己点検評価項目を作成し，学会ホームページで「宿泊施設の自己点検評価法」として公開しています[6]。専門家により検討された項目を使用し，中立な立場にある学会が提案する基準であることに重要な意味があると考えます。

適切な自己点検項目が作成されれば，各宿泊施設は，実際に自己点検評価を行い，従来の価格や利便性だけではなく，サービス，雰囲気，清潔感，接客，レストラン，備品，付帯設備など，さまざまな観点から自己アピールすることが可能になります。

12.4.3　オフィシャルゲート検索サイト

宿泊施設の自己点検評価結果は自施設のホームページに掲載されて公開されることになります。利用者は候補となる宿泊施設のホームページへアクセスし，内容を確認し，予約を行います。このとき，問題となるのは利用者が宿泊施設自身のホームページへアクセスする方法です。現在のほとんどの検索サイトは，利用者が入力したキイワードから候補となるサイトの URL 一覧を表示し，利用者はその中から目指すサイトと思われる URL にアクセスする方法となっています。しかしながら，候補となるサイトは相当数に上り，その中からターゲットとなるサイトを見いだすまでには多くの試行錯誤を繰り返さなければなりませ

図12.10　officialgate.com

ん。利用者が宿泊施設自身のサイトにアクセスできなければ，せっかくの情報も利用されないことになってしまいます。

オフィシャルゲートとは宿泊施設自身のホームページと定義します。すると，上の問題は利用者がいかに速やかにオフィシャルゲートを見いだすかということになります。できればキイワードから検索される宿泊施設候補はオフィシャルゲートのみであることが望ましいのです。

ソリューションテクノロジー社[8] が提供する検索サイト “officialgate.com” [7] は，利用者の入力キイワードからオフィシャルゲートを高確率で提示するサイトです（図12.10）。ここで応用されているITは最新のネットワークテクノロジーです。詳細は同社のホームページを御覧ください。

12.4.4　オンライン決済のアウトソーシング

大手の宿泊施設は自前でオンライン決済の仕組みを導入することが可能でしょう。しかしながらそのシステムの点検・保守・改良は，スタッフの確保や費用の面からかなりの負担となります。まして，中小の宿泊施設にとっては，ホームページを立ち上げることまでは可能ですが，その上の決済システムを自社で開発し，導入することはほとんど不可能であると思われます。北海道全体の80％を占める中小施設も利用できるオンライン決済システムの導入が必要です。幸い，トランスネット社[9]のように妥当な価格でオンライン決済を代行する企業が出てきています。

まとめ

本章では，IT社会の特徴から始めて，宿泊予約サイトの変遷を通して観光業界におけるIT革命を紹介し，最後にIT社会における宿泊ビジネスモデルを紹介しました。ここで紹介した例は，観光業におけるIT活用のほんの一例です。

他に重要なIT活用としては，基礎的な観光データの収集があります。たとえば，これまで旅行者の入込み客数などの観光統計は，収集項目も，その定義も，地域により異なり，全国の比較などは不可能な状況にありました[3]。その原因はデータ収集が人手に頼らざるをえなかったからです。たとえば，GPSを利用することにより，大量の正確なデータを収集することも可能になります[4]。

さらに，観光地における観光スポットをめぐる地図情報を活用したツアー支援システム，観光地の風評被害対策など[5]，観光におけるIT活用は研究，ビジネス，地域振興のいずれに対してもその成果が期待されています。観光情報学はいま，ようやくその緒についたばかりです。

現在，わが国において，観光におけるITの重要性を認識している学術団体として，観光情報学会があります。どのような活動をしているか，どのような研究をしているかなど，ぜひ観光情報学会のホームページを覗いてください。きっと興味を持たれることでしょう。

【参考文献】

[1] 今後の観光政策の基本的な方向について（答申第39号）前文，観光政策審議会（平成7年6月2日）

[2] System of tourism statistics and tourism satellite account: overview1.1, Tourism Satellite Account: Recommended Methodological Framework (2001)

[3] 大内：観光と情報の融合を目指して，国土交通（国土交通省広報誌），pp.4–5, No.39 (Mar. 2004)

[4] 長尾他：GPS ログマイニングに基づく観光動態情報の獲得，観光情報学会誌，第 1 巻 (2005)

[5] 長尾他：新潟県中越地震風評被害に対する越後湯沢の取り組み，観光情報学会誌，第 2 巻（2006）

[6] さっぽろ-観光情報学研究会「宿泊施設の自己点検評価項目作成プロジェクト」 http://www.sti-jpn.org

[7] オフィシャルゲート http://www.officialgate.com

[8] ソリューションテクノロジー社 http://www.stc.com

[9] トランスネット社 http://www.tni.co.jp/

[10] 財団法人インターネット協会:インターネット白書 2006，http://www.iajapan.org/iwp/

[11] ITmediaNews http://www.itmedia.co.jp/news/articles/0605/05/news010.html

[12] 夕刊フジ BLOG（2006 年 7 月 3 日）http://www.yukan-fuji.com/mt/

[13] エクスペディア http://www.expedia.com

索　引

■編者

大藪　多可志（おおやぶ　たかし）
1973年　工学院大学工学研究科修士課程修了
1975年　早稲田大学第二文学部英文学科卒業
現在　　金沢星稜大学経営戦略研究科 教授
　　　　観光情報学会副会長
　　　　工学博士

大内　東（おおうち　あずま）
1976年　北海道大学大学院工学研究科博士課程修了
1989年　北海道大学工学部 教授
1997年　北海道大学大学院工学研究科 教授
現在　　北海道大学大学院情報科学研究科 教授
　　　　観光情報学会会長
　　　　工学博士

ISBN978-4-303-56300-4
北東アジア観光の潮流

2008年4月1日　初版発行　　© 2008

編　者　大藪多可志・大内 東　　検印省略
発行者　岡田吉弘
発行所　海文堂出版株式会社
　本　社　東京都文京区水道2-5-4（〒112-0005）
　　　　　電話 03(3815)3292　FAX 03(3815)3953
　　　　　http://www.kaibundo.jp/
　支　社　神戸市中央区元町通3-5-10（〒650-0022）
　　　　　電話 078(331)2664
日本書籍出版協会会員・工学書協会会員・自然科学書協会会員

PRINTED IN JAPAN　　印刷　田口整版／製本　小野寺製本